여러분의 합격을 응원하

해커스경찰의 특별

FREE 경찰 **형사소송법 특강**

해커스경찰(police.Hackers.com) 접속 후 로그인 ▶ 상단의 [무료강좌 → 경찰 무료강의] 클릭하여 이용

해커스경찰 온라인 단과강의 **20% 할인쿠폰**

9E28CE9A3A54TJ27

해커스경찰(police.Hackers.com) 접속 후 로그인 ▶ 상단의 [내강의실] 클릭 ▶
[쿠폰/포인트] 클릭 ▶ 쿠폰번호 입력 후 이용

* 등록 후 7일간 사용 가능(ID당 1회에 한해 등록 가능)

합격예측 **온라인 모의고사 응시권 + 해설강의 수강권**

7CDB3FE47AWBDJTX

해커스경찰(police.Hackers.com) 접속 후 로그인 ▶ 상단의 [내강의실] 클릭 ▶
[쿠폰/포인트] 클릭 ▶ 쿠폰번호 입력 후 이용

* ID당 1회에 한해 등록 가능

쿠폰 이용 관련 문의 **1588-4055**

단기 합격을 위한

해커스 커리큘럼

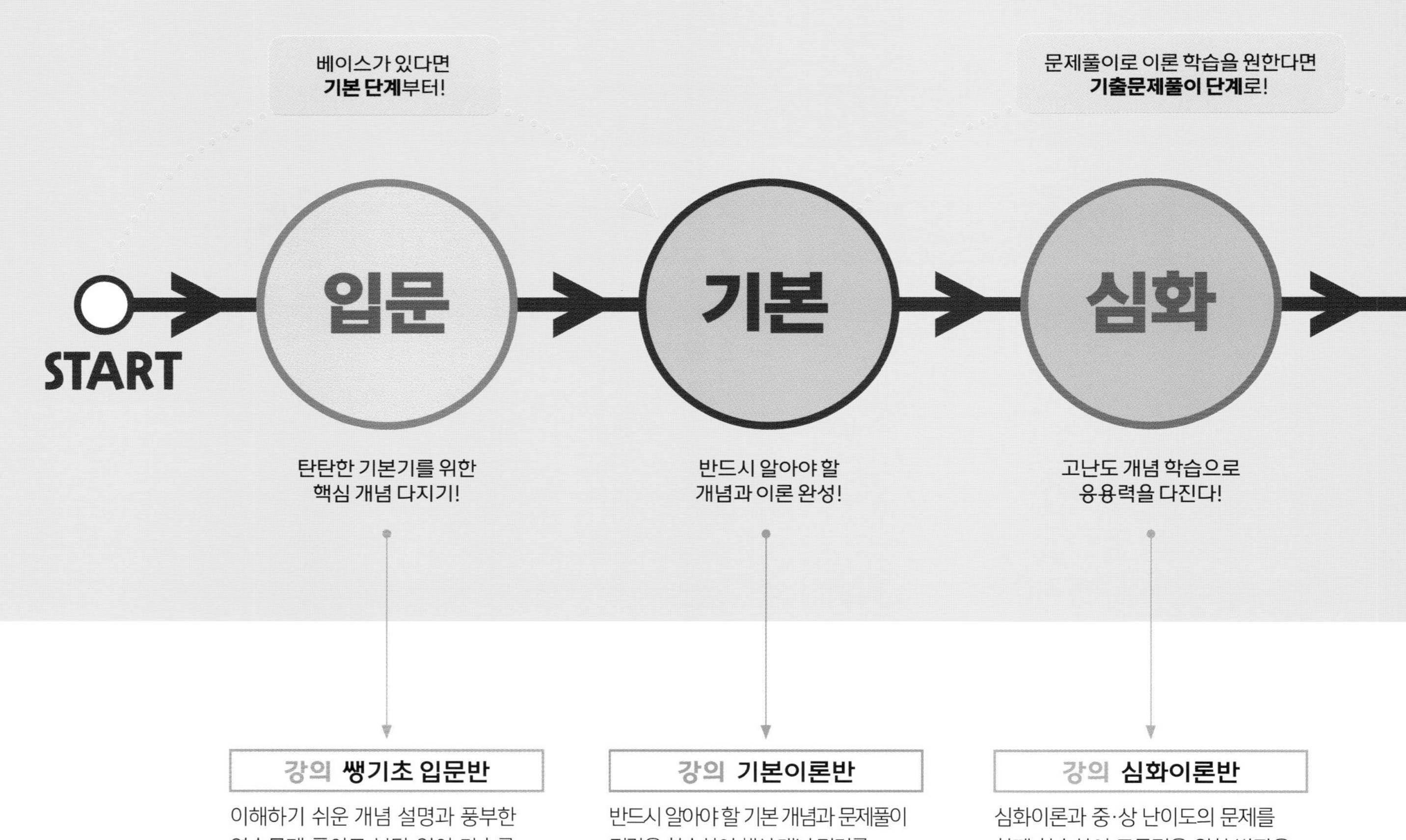

베이스가 있다면
기본 단계부터!
문제풀이로 이론 학습을 원한다면
기출문제풀이 단계로!
START
입문
기본
심화
탄탄한 기본기를 위한
핵심 개념 다지기!
반드시 알아야 할
개념과 이론 완성!
고난도 개념 학습으로
응용력을 다진다!

강의 쌩기초 입문반

이해하기 쉬운 개념 설명과 풍부한 연습문제 풀이로 부담 없이 기초를 다질 수 있는 강의

강의 기본이론반

반드시 알아야 할 기본 개념과 문제풀이 전략을 학습하여 핵심 개념 정리를 완성하는 강의

강의 심화이론반

심화이론과 중·상 난이도의 문제를 함께 학습하여 고득점을 위한 발판을 마련하는 강의

단계별 교재 확인 및
수강신청은 여기서!

police.Hackers.com

* 커리큘럼은 과목별·선생님별로 상이할 수 있으며, 자세한 내용은 해커스경찰 사이트에서 확인하세요.

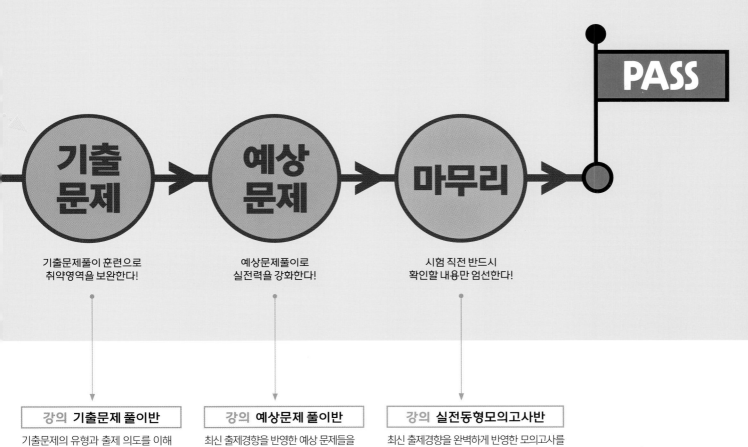

기출문제 → 예상문제 → 마무리 → PASS

기출문제
기출문제풀이 훈련으로
취약영역을 보완한다!

예상문제
예상문제풀이로
실전력을 강화한다!

마무리
시험 직전 반드시
확인할 내용만 엄선한다!

강의 기출문제 풀이반

기출문제의 유형과 출제 의도를 이해하고, 본인의 취약영역을 파악 및 보완하는 강의

강의 예상문제 풀이반

최신 출제경향을 반영한 예상 문제들을 풀어보며 실전력을 강화하는 강의

강의 실전동형모의고사반

최신 출제경향을 완벽하게 반영한 모의고사를 풀어보며 실전 감각을 극대화하는 강의

강의 봉투모의고사반

시험 직전에 실제 시험과 동일한 형태의 모의고사를 풀어보며 실전력을 완성하는 강의

"갓대환 유튜브 명강의 모두보기!"

01
[경찰공무원]
시험 당일 실력 발휘를 못한다면?

02
증거재판주의 총정리!

03
경찰공무원 형사법 I 기본VS심화
어떤 것을 들어야 하나요?

04
6개월 단기 합격생은
이렇게 했습니다.

05
친족상도례

06
형사법 고소불가분

해커스경찰

갓대환 형사법

형사소송법 (수사와 증거)

핵심요약집

해커스경찰

김대환

약력

현 | 해커스 경찰학원 형사법 · 형법 · 형사소송법 강의
전 | 경찰공제회 경찰 채용 형법 · 형사소송법 강의
김대환 경찰학원 형법 · 형사소송법 강의
아모르이그잼경찰 / 메가CST 형사소송법 대표교수
경찰대학교 행정학과 졸업(16기)
용인대학교 경찰행정학과 석사 수료
사법시험 최종합격(제46회, 2004)
사법연수원 수료(제36기)

저서

갓대환 형사법 기본서 1권 형법, 해커스경찰
갓대환 형사법 기본서 2권 형사소송법(수사와 증거), 해커스경찰
갓대환 형사법 기본서 3권 형사소송법(공판), 해커스경찰
갓대환 형사법 핵심요약집 형법, 해커스경찰
갓대환 형사법 핵심요약집 형사소송법(수사와 증거), 해커스경찰
갓대환 형사법 핵심요약집 형사소송법(공판), 해커스경찰
갓대환 형사법 기출총정리, 해커스경찰
갓대환 형법 기출1200제, 해커스경찰
갓대환 형사소송법 기출1000제, 해커스경찰
갓대환 형법 기적의 특강, 해커스경찰
갓대환 형사소송법 기적의 특강, 해커스경찰
갓대환 형사법 진도별 문제풀이 1000제 1차 시험 대비, 해커스경찰
갓대환 형사법 진도별 문제풀이 1000제 2차 시험 대비, 해커스경찰
갓대환 형사법 심화문제집, 해커스경찰
갓대환 형사법 전범위 모의고사, 해커스경찰
갓대환 형법/형사소송법 진도별 문제풀이 500제, 해커스경찰
갓대환 형법/형사소송법 기본서, 해커스경찰
갓대환 핵심 요약집 형법/형사소송법, 해커스경찰
갓대환 형법 기출 1200제, 멘토링
갓대환 형법 기적의 특강 with 5개년 최신판례, 멘토링
갓대환 형법, 형사소송법 승진 삼삼 모의고사, 멘토링
갓대환 형법, 형사소송법 경찰 오오 모의고사, 멘토링
갓대환 형법 적중 모의고사: 시즌1, 시즌2
갓대환 형법/형사소송법 단원별 문제풀이

기적의 적중률로 합격을 이끌어 내라!

저자는 2007년부터 노량진에서 형법강의를 시작하였으며, 현재는 형사소송법까지 강의하고 있습니다. 2022년부터 과목개편이 있어, 형법과 형사소송법을 포함한 교재인 형사법으로 출간하였습니다.

공무원 시험은 판례와의 싸움입니다. 시험문제마다 '다툼이 있으면 판례에 의함'이라는 전제가 붙어 있습니다. 중요한 판례는 모두 담아서 굳이 기본서를 다시 확인할 필요가 없도록 하였습니다. 또한 판례의 키워드만 적시한 기존의 요약서와는 달리 판결요지까지 수록하였으며, 그중에 중요한 내용은 색자와 볼드로 구분하여 그것만 읽어도 판례를 이해할 수 있도록 구성하였습니다.

〈2024 해커스경찰 갓대환 형사법 핵심요약집 형사소송법(수사와 증거)〉의 특징을 간략히 소개하면 다음과 같습니다.

첫째, 2023년 최신 판례와 최신 기출문제를 반영하였습니다.

둘째, 판례마다 경찰채용, 경찰간부, 경찰승진, 국가직 7급·9급, 사법시험, 변호사시험 등의 기출문제를 반영하여 표시하였습니다.

더불어 경찰공무원 시험 전문 해커스경찰(police.Hackers.com)에서 학원강의나 인터넷 동영상강의를 함께 이용하여 꾸준히 수강한다면 학습효과를 극대화할 수 있을 것입니다.

이 책이 세상 밖으로 나올 수 있도록 도와주신 모든 분들께 고마움을 전합니다. 더불어 이 책이 공무원 수험준비로 힘든 생활 속에서도 열심히 공부하는 모든 수험생들에게 합격의 초석이 되길 간절히 기원합니다.

2024년 4월
김대환

목차

형사소송법 - 수사와 증거

police.Hackers.com

해커스경찰

police.Hackers.com

2024 해커스경찰
갓대환 형사법 핵심요약집
형사소송법(수사와 증거)

형사소송법

제1편 | 수사
제2편 | 증거
부록 | 공수처법

해커스경찰

police.Hackers.com

제1편

수사

제1장 수사

제1절 서론

01 수사의 의의 및 수사기관

1. 수사의 의의

의의	범죄혐의 유무를 명백히 하여 공소의 제기와 유지 여부를 결정하기 위하여 범인을 발견·확보하고 증거를 수집·보전하는 수사기관의 활동(≪주의 수사는 공소제기 전에만 가능하다. ×) 17. 경찰채용
구별개념	① 수사기관의 활동이 아닌 것은 수사가 아님 ㉠ 검사가 공판정에서 당사자로서 행하는 피고인신문, 증인신문 등 ㉡ 사인의 현행범체포 ㉢ 법원의 피고인구속, 압수·수색·검증 ② 범죄인지 전의 활동은 수사가 아님 ㉠ 내사 ㉡ 불심검문, 변사자검시

2. 수사기관

(1) 수사기관의 종류

<table>
<tr><td>검사</td><td colspan="4">수사의 주재자로서 범죄의 혐의가 있다고 사료하는 때에는 범인·범죄사실과 증거를 수사해야 함</td></tr>
<tr><td rowspan="5">사법경찰관리</td><td rowspan="4">일반</td><td rowspan="2">형사소송법</td><td>사법경찰관</td><td>경무관, 총경, 경정, 경감, 경위</td></tr>
<tr><td>사법경찰리</td><td>경사, 경장, 순경</td></tr>
<tr><td rowspan="2">검찰청법</td><td>사법경찰관</td><td>검찰주사, 마약수사주사, 검찰주사보, 마약수사주사보</td></tr>
<tr><td>사법경찰리</td><td>검찰서기, 마약수사서기, 검찰서기보, 마약수사서기보</td></tr>
<tr><td>특별</td><td colspan="3">① 특수분야의 수사를 담당하는 사법경찰관리(예 교도소장, 구치소장, 소년원장, 세무공무원, 근로감독관 등)
② '조세범칙조사를 담당하는 세무공무원'은 특별사법경찰관리에 규정이 없고 현행 법령상 조세범칙조사의 법적 성질은 기본적으로 행정절차에 해당하므로 조세범 처벌절차법등 관련 법령에 조세범칙조사를 담당하는 세무공무원에게 압수·수색 및 혐의자 또는 참고인에 대한 심문권한이 부여되어 있어 그 업무의 내용과 실질이 수사절차와 유사한 점이 있고, 이를 기초로 수사기관에 고발하는 경우에는 형사절차로 이행되는 측면이 있다 하여도 달리 특별한 사정이 없는 한 이를 형사절차의 일환으로 볼 수는 없다(대판 2022.12.15, 2022도8824 범칙혐의자심문조서 사건).</td></tr>
</table>

(2) 검사와 사법경찰관리의 관계

관계	① 검사와 사법경찰관은 수사, 공소제기 및 공소유지에 관하여 **서로 협력관계**. 일반적 수사준칙은 대통령령으로 정함 ② 상호협력의 원칙 ③ 중요사건 협력절차 ㉠ 검사와 사법경찰관은 **공소시효가 임박한 사건이나 내란, 외환, 선거, 테러, 대형참사, 연쇄살인 관련사건, 주한 미합중국 군대의 구성원 · 외국인군무원 및 그 가족이나 초청계약자의 범죄 관련사건 등 많은 피해자가 발생하거나 국가적 · 사회적 피해가 큰 중요한 사건**의 경우에는 송치 전에 수사할 사항, 증거수집의 대상, 법령의 적용 등에 관하여 **상호의견을 제시 · 교환할 것을 요청할 수 있다**(수사준칙 제7조). 검사와 사법경찰관은 수사와 사건의 송치, 송부 등에 관한 이견의 조정이나 협력 등이 필요한 경우 **서로 협의를 요청할 수 있다**. 다만, **다음 어느 하나에 해당하는 경우에는 상대방의 협의요청에 응해야 한다**(수사준칙 제8조). ⓐ 공소시효가 임박한 사건 ⓑ 내란, 외환, 대공(對共), 선거(정당 및 정치자금 관련 범죄를 포함한다), 노동, 집단행동, 테러, 대형참사 또는 연쇄살인 관련 사건 ⓒ 범죄를 목적으로 하는 단체 또는 집단의 조직 · 구성 · 가입 · 활동 등과 관련된 사건 ⓓ 주한 미합중국 군대의 구성원 · 외국인군무원 및 그 가족이나 초청계약자의 범죄 관련 사건 ⓔ 그 밖에 많은 피해자가 발생하거나 국가적 · 사회적 피해가 큰 중요한 사건 ㉡ 검사와 사법경찰관은 다음의 어느 하나에 따른 공소시효가 적용되는 사건에 대해서는 공소시효 만료일 3개월 전까지 ㉠의 ⓐ~ⓔ 외의 부분 전단에 규정된 사항 등에 관하여 상호 의견을 제시 · 교환해야 한다. 다만, 공소시효 만료일 전 3개월 이내에 수사를 개시한 때에는 지체 없이 상호 의견을 제시 · 교환해야 한다. ⓐ 「공직선거법」 제268조 ⓑ 「공공단체등 위탁선거에 관한 법률」 제71조 ⓒ 「농업협동조합법」 제172조 제4항 ⓓ 「수산업협동조합법」 제178조 제5항 ⓔ 「산림조합법」 제132조 제4항 ⓕ 「소비자생활협동조합법」 제86조 제4항 ⓖ 「염업조합법」 제59조 제4항 ⓗ 「엽연초생산협동조합법」 제42조 제5항 ⓘ 「중소기업협동조합법」 제137조 제3항 ⓙ 「새마을금고법」 제85조 제6항 ⓚ 「교육공무원법」 제62조 제5항 ④ 체임요구권 등 ㉠ **서장이 아닌 경정 이하**의 사법경찰관리가 직무집행에 관하여 부당한 행위를 하는 경우에는 지방검찰청 검사장은 당해 사건의 수사중지를 명하고 임용권자에게 그 교체임용을 요구할 수 있음 15. 국가직 9급 ㉡ 임용권자는 정당한 이유를 제시하지 아니하는 한 교체임용의 요구에 응해야 함

검사 수사 개시할 수 있는 범죄의 범위	부패범죄, 경제범죄 등 대통령령으로 정하는 중요 범죄와 경찰공무원 및 고위공직자범죄수사처 소속 공무원이 범한 범죄와 사법경찰관이 송치한 범죄와 관련하여 인지한 각 해당 범죄와 직접관련성이 있는 범죄에 대하여 검사가 수사를 개시할 수 있음 ① 부패범죄: 다음의 어느 하나에 해당하는 범죄로서 별표 1에 규정된 죄 ㉠ 사무의 공정을 해치는 불법 또는 부당한 방법으로 자기 또는 제3자의 이익이나 손해를 도모하는 범죄 ㉡ 직무와 관련하여 그 지위 또는 권한을 남용하는 범죄 ㉢ 범죄의 은폐나 그 수익의 은닉에 관련된 범죄 ② 경제범죄: 생산 · 분배 · 소비 · 고용 · 금융 · 부동산 · 유통 · 수출입 등 경제의 각 분야에서 경제질서를 해치는 불법 또는 부당한 방법으로 자기 또는 제3자의 경제적 이익이나 손해를 도모하는 범죄로서 별표 2에 규정된 죄 ③ 다음의 어느 하나에 해당하는 죄 ㉠ 무고 · 도주 · 범인은닉 · 증거인멸 · 위증 · 허위감정통역 · 보복범죄 및 배심원의 직무에 관한 죄 등 국가의 사법질서를 저해하는 범죄로서 별표 3에 규정된 죄 ㉡ 개별 법률에서 국가기관으로 하여금 검사에게 고발하도록 하거나 수사를 의뢰하도록 규정된 범죄
권한의 차이	① 검사에게만 인정되는 권한: 각종 영장청구권, 증거보전청구권, 증인신문청구권, 감정유치청구권, 형집행장 발부 등 ② 검사, 사법경찰관 모두에게 인정되는 권한 ㉠ 강제수사: 피의자 체포 · 구속, 압수 · 수색 · 검증 등 ㉡ 임의수사: 피의자신문, 참고인조사, 감정 등의 위촉, 공무소 등에 대한 조회 등

(3) 검사의 형사소송법상 일반사법경찰관에 대한 통제

보완수사 요구	① 검사는 다음 어느 하나에 해당하는 경우에 사법경찰관에게 **보완수사를 요구할 수 있음** ㉠ 송치사건의 공소제기 여부 결정 또는 공소의 유지에 관하여 필요한 경우 ㉡ 사법경찰관이 신청한 영장의 청구 여부 결정에 관하여 필요한 경우 ② 사법경찰관은 요구가 있는 때에는 정당한 이유가 없는 한 지체 없이 이를 이행하고, 그 결과를 검사에게 통보하여야 함 ③ 검사는 사법경찰관으로부터 송치받은 사건에 대해 보완수사가 필요하다고 인정하는 경우에는 직접 보완수사를 하거나 사법경찰관에게 보완수사를 요구할 수 있음. 다만, 송치사건의 공소제기 여부 결정에 필요한 경우로서 다음의 어느 하나에 해당하는 경우에는 특별히 사법경찰관에게 보완수사를 요구할 필요가 있다고 인정되는 경우를 제외하고는 검사가 직접 보완수사를 하는 것을 원칙으로 함 ④ 검사가 보완수사 하는 경우 ㉠ 사건을 수리한 날(이미 보완수사요구가 있었던 사건의 경우 보완수사 이행 결과를 통보받은 날을 말한다)부터 **1개월**이 경과한 경우 ㉡ 사건이 송치된 이후 검사가 해당 피의자 및 피의사실에 대해 상당한 정도의 보완수사를 한 경우 ㉢ 사법경찰관으로부터 사건을 송치받은 경우 ㉣ 검사와 사법경찰관이 사건 송치 전에 수사할 사항, 증거수집의 대상 및 법령의 적용 등에 대해 협의를 마치고 송치한 경우 ⑤ 사법경찰관은 보완수사요구가 접수된 날부터 **3개월** 이내에 보완수사를 마쳐야 함 ⑥ 사법경찰관은 보완수사를 이행한 결과 사건을 불송치하거나 수사중지할 수 있음

시정조치 요구 및 사건송치 요구	① 검사는 사법경찰관리의 수사과정에서 법령위반, 인권침해 또는 현저한 수사권 남용이 의심되는 사실의 신고가 있거나 그러한 사실을 인식하게 된 경우에는 사법경찰관에게 사건기록 등본의 송부를 요구할 수 있음 ② 송부요구를 받은 사법경찰관은 지체 없이 검사에게 사건기록 등본을 송부하여야 함 ③ 송부를 받은 검사는 필요하다고 인정되는 경우에는 사법경찰관에게 **시정조치를 요구할 수 있음** ④ 사법경찰관은 시정조치 요구가 있는 때에는 정당한 이유가 없는 한 지체 없이 이를 이행하고, 그 결과를 검사에게 통보하여야 함 ⑤ 통보를 받은 검사는 시정조치 요구가 정당한 이유 없이 이행되지 않았다고 인정되는 경우에는 사법경찰관에게 **사건을 송치할 것을 요구할 수 있음**
수사경합시 사건송치 요구	① 검사는 사법경찰관과 동일한 범죄사실을 수사하게 된 때에는 사법경찰관에게 **사건을 송치할 것을 요구할 수 있음** ② 송치요구를 받은 사법경찰관은 지체 없이 검사에게 사건을 송치하여야 함. 다만, 검사가 영장을 청구하기 전에 동일한 범죄사실에 관하여 사법경찰관이 영장을 신청한 경우에는 해당 영장에 기재된 범죄사실을 계속 수사할 수 있음
불송치 사건 재수사 요청	① 검사는 사법경찰관이 사건을 송치하지 아니한 것이 위법 또는 부당한 때에는 그 이유를 문서로 명시하여 사법경찰관에게 **재수사를 요청할 수 있음** ② 사법경찰관은 재수사의 요청이 있는 때에는 재수사하여 제245조의5 각 호에 따라 처리하여야 함

(4) 검사와 사법경찰관의 상호협력과 일반적 수사준칙에 관한 규정

검사와 사법경찰관의 상호협력과 일반적 수사준칙에 관한 규정

제1조【목적】이 영은 형사소송법 제195조에 따라 검사와 사법경찰관의 상호협력과 일반적 수사준칙에 관한 사항을 규정함으로써 수사과정에서 국민의 인권을 보호하고, 수사절차의 투명성과 수사의 효율성을 보장함을 목적으로 한다.

제2조【적용 범위】검사와 사법경찰관의 협력관계, 일반적인 수사의 절차와 방법에 관하여 다른 법령에 특별한 규정이 있는 경우를 제외하고는 이 영이 정하는 바에 따른다.

제6조【상호협력의 원칙】① 검사와 사법경찰관은 상호 존중해야 하며, 수사, 공소제기 및 공소유지와 관련하여 협력해야 한다.
② 검사와 사법경찰관은 수사와 공소제기 및 공소유지를 위해 필요한 경우 수사 · 기소 · 재판 관련 자료를 서로 요청할 수 있다.
③ 검사와 사법경찰관의 협의는 신속히 이루어져야 하며, 협의의 지연 등으로 수사 또는 관련 절차가 지연되어서는 안 된다.

제7조【중요사건 협력절차】① 검사와 사법경찰관은 다음 각 호의 어느 하나에 해당하는 사건(이하 “중요사건”이라 한다)의 경우에는 송치 전에 수사할 사항, 증거 수집의 대상, 법령의 적용, 범죄수익 환수를 위한 조치 등에 관하여 상호 의견을 제시 · 교환할 것을 요청할 수 있다. 이 경우 검사와 사법경찰관은 특별한 사정이 없으면 상대방의 요청에 응해야 한다. 21. 경찰채용

1. 공소시효가 임박한 사건
2. 내란, 외환, 대공(對共), 선거(정당 및 정치자금 관련 범죄를 포함한다), 노동, 집단행동, 테러, 대형참사 또는 연쇄살인 관련 사건
3. 범죄를 목적으로 하는 단체 또는 집단의 조직 · 구성 · 가입 · 활동 등과 관련된 사건

4. 주한 미합중국 군대의 구성원 · 외국인군무원 및 그 가족이나 초청계약자의 범죄 관련 사건
5. 그 밖에 많은 피해자가 발생하거나 국가적 · 사회적 피해가 큰 중요한 사건

② 제1항에도 불구하고 검사와 사법경찰관은 다음 각 호의 어느 하나에 따른 공소시효가 적용되는 사건에 대해서는 공소시효 만료일 3개월 전까지 제1항 각 호 외의 부분 전단에 규정된 사항 등에 관하여 상호 의견을 제시 · 교환해야 한다. 다만, 공소시효 만료일 전 3개월 이내에 수사를 개시한 때에는 지체 없이 상호 의견을 제시 · 교환해야 한다.

1. 「공직선거법」 제268조
2. 「공공단체등 위탁선거에 관한 법률」 제71조
3. 「농업협동조합법」 제172조 제4항
4. 「수산업협동조합법」 제178조 제5항
5. 「산림조합법」 제132조 제4항
6. 「소비자생활협동조합법」 제86조 제4항
7. 「염업조합법」 제59조 제4항
8. 「엽연초생산협동조합법」 제42조 제5항
9. 「중소기업협동조합법」 제137조 제3항
10. 「새마을금고법」 제85조 제6항
11. 「교육공무원법」 제62조 제5항

제8조【검사와 사법경찰관의 협의】① 검사와 사법경찰관은 수사와 사건의 송치, 송부 등에 관한 이견의 조정이나 협력 등이 필요한 경우 서로 협의를 요청할 수 있다. 다만, 다음 각 호의 어느 하나에 해당하는 경우에는 **상대방의 협의 요청에 응해야 한다.**

1. 중요사건에 관하여 상호의견을 제시 · 교환하는 것에 대해 이견이 있거나, 제시 · 교환한 의견의 내용에 대해 이견이 있는 경우
2. 형사소송법(이하 '법'이라 한다) 제197조의2 제2항 및 제3항에 따른 정당한 이유의 유무에 대해 이견이 있는 경우
3. 법 제197조의3 제4항 및 제5항에 따른 정당한 이유의 유무에 대해 이견이 있는 경우
4. 법 제197조의4 제2항 단서에 따라 사법경찰관이 계속 수사할 수 있는지 여부나 사법경찰관이 계속 수사할 수 있는 경우 수사를 계속할 주체 또는 사건의 이송 여부 등에 대해 이견이 있는 경우
5. 법 제222조에 따라 변사자 검시를 하는 경우에 수사의 착수 여부나 수사할 사항 등에 대해 이견의 조정이나 협의가 필요한 경우
6. 법 제245조의8 제2항에 따른 재수사의 결과에 대해 이견이 있는 경우
7. 법 제316조 제1항에 따라 사법경찰관이 조사자로서 공판준비 또는 공판기일에서 진술하게 된 경우

② 제1항 제1호, 제2호, 제4호 또는 제6호의 경우 해당 검사와 사법경찰관의 협의에도 불구하고 이견이 해소되지 않는 경우에는 해당 검사가 소속된 검찰청의 장과 해당 사법경찰관이 소속된 경찰관서(지방해양경찰관서를 포함한다. 이하 같다)의 장의 협의에 따른다.

제9조【수사기관협의회】① 대검찰청, 경찰청 및 해양경찰청간에 수사에 관한 제도 개선방안 등을 논의하고, 수사기관간 협조가 필요한 사항에 대해 서로 의견을 협의 · 조정하기 위해 수사기관협의회를 둔다.

② 수사기관협의회는 다음 각 호의 사항에 대해 협의 · 조정한다.

1. 국민의 인권보호, 수사의 신속성 · 효율성 등을 위한 제도 개선 및 정책 제안
2. 국가적 재난 상황 등 관련 기관간 긴밀한 협조가 필요한 업무를 공동으로 수행하기 위해 필요한 사항
3. 그 밖에 제1항의 어느 한 기관이 수사기관협의회의 협의 또는 조정이 필요하다고 요구한 사항

③ 수사기관협의회는 반기마다 정기적으로 개최하되, 제1항의 어느 한 기관이 요청하면 수시로 개최할 수 있다.

④ 제1항의 각 기관은 수사기관협의회에서 협의 · 조정된 사항의 세부 추진계획을 수립 · 시행해야 한다.
⑤ 제1항부터 제4항까지의 규정에서 정한 사항 외에 수사기관협의회의 운영 등에 필요한 사항은 수사기관협의회에서 정한다.

제16조【수사의 개시】① 검사 또는 사법경찰관이 다음 각 호의 어느 하나에 해당하는 행위에 착수한 때에는 수사를 개시한 것으로 본다. 이 경우 검사 또는 사법경찰관은 해당 사건을 즉시 입건해야 한다.

1. **피혐의자의 수사기관 출석조사**
2. **피의자신문조서의 작성**
3. **긴급체포**
4. **체포 · 구속영장의 청구 또는 신청**
5. **사람의 신체, 주거, 관리하는 건조물, 자동차, 선박, 항공기 또는 점유하는 방실에 대한 압수 · 수색 또는 검증영장(부검을 위한 검증영장은 제외한다)의 청구 또는 신청**

제18조【검사의 사건 이송 등】① 검사는 다음 각 호의 어느 하나에 해당하는 때에는 사건을 검찰청 외의 수사기관에 이송해야 한다.

1. 검찰청법 제4조 제1항 제1호 각 목에 해당되지 않는 범죄에 대한 고소 · 고발 · 진정 등이 접수된 때
2. 검사의 수사개시 범죄 범위에 관한 규정 제2조 각 호의 범죄에 해당하는 사건 수사 중 범죄 혐의 사실이 검찰청법 제4조 제1항 제1호 각 목의 범죄에 해당되지 않는다고 판단되는 때. 다만 구속영장이나 사람의 신체, 주거, 관리하는 건조물, 자동차, 선박, 항공기 또는 점유하는 방실에 대하여 압수 · 수색 또는 검증영장이 발부된 경우는 제외한다.

② 검사는 다음 각 호의 어느 하나에 해당하는 때에는 사건을 검찰청 외의 수사기관에 이송할 수 있다.

1. 법 제197조의4 제2항 단서에 따라 사법경찰관이 범죄사실을 계속 수사할 수 있게 된 때
2. 그 밖에 다른 수사기관에서 수사하는 것이 적절하다고 판단되는 때

③ 검사는 제1항 또는 제2항에 따라 사건을 이송하는 경우에는 관계 서류와 증거물을 해당 수사기관에 함께 송부해야 한다.

제45조【시정조치요구의 방법 및 절차 등】① 검사는 법 제197조의3 제1항에 따라 사법경찰관에게 사건기록 등본의 송부를 요구할 때에는 그 내용과 이유를 구체적으로 적은 서면으로 해야 한다.
② 사법경찰관은 제1항에 따른 요구를 받은 날부터 **7일 이내에 사건기록 등본을 검사에게 송부해야 한다.**
③ 검사는 제2항에 따라 사건기록 등본을 송부받은 날부터 30일(사안의 경중 등을 고려하여 10일의 범위에서 한 차례 연장할 수 있다) 이내에 법 제197조의3 제3항에 따른 시정조치요구 여부를 결정하여 사법경찰관에게 통보해야 한다. 이 경우 시정조치요구의 통보는 그 내용과 이유를 구체적으로 적은 서면으로 해야 한다.
④ 사법경찰관은 제3항에 따라 시정조치요구를 통보받은 경우 정당한 이유가 있는 경우를 제외하고는 지체 없이 시정조치를 이행하고, 그 이행 결과를 서면에 구체적으로 적어 검사에게 통보해야 한다.
⑤ 검사는 법 제197조의3 제5항에 따라 사법경찰관에게 사건송치를 요구하는 경우에는 그 내용과 이유를 구체적으로 적은 서면으로 해야 한다.
⑥ 사법경찰관은 제5항에 따라 서면으로 사건송치를 요구받은 날부터 **7일 이내에 사건을 검사에게 송치해야 한다.** 이 경우 관계 서류와 증거물을 함께 송부해야 한다.
⑦ 제5항 및 제6항에도 불구하고 검사는 공소시효 만료일의 임박 등 특별한 사유가 있을 때에는 제5항에 따른 서면에 그 사유를 명시하고 별도의 송치기한을 정하여 사법경찰관에게 통지할 수 있다. 이 경우 사법경찰관은 정당한 이유가 있는 경우를 제외하고는 통지받은 송치기한까지 사건을 검사에게 송치해야 한다.

제46조【징계요구의 방법 등】① 검찰총장 또는 각급 검찰청 검사장은 법 제197조의3 제7항에 따라 사법경찰관리의 징계를 요구할 때에는 서면에 그 사유를 구체적으로 적고 이를 증명할 수 있는 관계 자료를 첨부하여 해당 사법경찰관리가 **소속된 경찰관서의 장**(이하 '경찰관서장'이라 한다)에게 통보해야 한다.
② 경찰관서장은 제1항에 따른 징계요구에 대한 처리 결과와 그 이유를 징계를 요구한 검찰총장 또는 각급 검찰청 검사장에게 통보해야 한다.

제47조【구제신청 고지의 확인】**사법경찰관은 법 제197조의3 제8항에 따라 검사에게 구제를 신청할 수 있음을 피의자에게 알려준 경우에는 피의자로부터 고지 확인서를 받아 사건기록에 편철한다**. 다만, 피의자가 고지 확인서에 기명날인 또는 서명하는 것을 거부하는 경우에는 사법경찰관이 고지 확인서 끝부분에 그 사유를 적고 기명날인 또는 서명해야 한다.

제48조【동일한 범죄사실 여부의 판단 등】① 검사와 사법경찰관은 법 제197조의4에 따른 수사의 경합과 관련하여 동일한 범죄사실 여부나 영장(통신비밀보호법 제6조 및 제8조에 따른 통신제한조치허가서 및 같은 법 제13조에 따른 통신사실 확인자료제공 요청 허가서를 포함한다. 이하 이 조에서 같다) 청구 · 신청의 시간적 선후관계 등을 판단하기 위해 필요한 경우에는 그 필요한 범위에서 사건기록의 상호 열람을 요청할 수 있다.
② 제1항에 따른 영장 청구 · 신청의 시간적 선후관계는 검사의 영장청구서와 사법경찰관의 영장신청서가 각각 법원과 검찰청에 접수된 시점을 기준으로 판단한다.
③ 검사는 제2항에 따른 사법경찰관의 영장신청서의 접수를 거부하거나 지연해서는 안 된다.

제49조【수사경합에 따른 사건송치】① 검사는 법 제197조의4 제1항에 따라 사법경찰관에게 사건송치를 요구할 때에는 그 내용과 이유를 구체적으로 적은 서면으로 해야 한다.
② 사법경찰관은 제1항에 따른 요구를 받은 날부터 **7일 이내에 사건을 검사에게 송치해야 한다**. 이 경우 관계 서류와 증거물을 함께 송부해야 한다.

제53조【수사결과의 통지】① 검사 또는 사법경찰관은 제51조 또는 제52조에 따른 결정을 한 경우에는 그 내용을 고소인 · 고발인 · 피해자 또는 그 법정대리인(피해자가 사망한 경우에는 그 배우자 · 직계친족 · 형제자매를 포함한다. 이하 '고소인 등'이라 한다)과 피의자에게 통지해야 한다. 다만, 제51조 제1항 제4호 가목에 따른 피의자중지 결정 또는 제52조 제1항 제3호에 따른 기소중지 결정을 한 경우에는 고소인 등에게만 통지한다.
② 고소인 등은 법 제245조의6에 따른 통지를 받지 못한 경우 사법경찰관에게 불송치 통지서로 통지해 줄 것을 요구할 수 있다.
③ 제1항에 따른 통지의 구체적인 방법 · 절차 등은 법무부장관, 경찰청장 또는 해양경찰청장이 정한다.

제54조【수사중지 결정에 대한 이의제기 등】① 제53조에 따라 사법경찰관으로부터 제51조 제1항 제4호에 따른 수사중지 결정의 통지를 받은 사람은 해당 사법경찰관이 **소속된 바로 위 상급경찰관서의 장에게 이의를 제기할 수 있다**.
② 제1항에 따른 이의제기의 절차 · 방법 및 처리 등에 관하여 필요한 사항은 경찰청장 또는 해양경찰청장이 정한다.
③ 제1항에 따른 통지를 받은 사람은 해당 수사중지 결정이 법령위반, 인권침해 또는 현저한 수사권 남용이라고 의심되는 경우 검사에게 법 제197조의3 제1항에 따른 신고를 할 수 있다.
④ 사법경찰관은 제53조에 따라 고소인 등에게 제51조 제1항 제4호에 따른 수사중지 결정의 통지를 할 때에는 제3항에 따라 신고할 수 있다는 사실을 함께 고지해야 한다.

제55조【소재수사에 관한 협력 등】① 검사와 사법경찰관은 소재불명(所在不明)인 피의자나 참고인을 발견한 때에는 해당 사실을 통보하는 등 서로 협력해야 한다.

② 검사는 법 제245조의5 제1호 또는 법 제245조의7 제2항에 따라 송치된 사건의 피의자나 참고인의 소재 확인이 필요하다고 판단하는 경우 피의자나 참고인의 주소지 또는 거소지 등을 관할하는 경찰관서의 사법경찰관에게 소재수사를 요청할 수 있다. 이 경우 요청을 받은 사법경찰관은 이에 협력해야 한다.

③ 검사 또는 사법경찰관은 제51조 제1항 제4호 또는 제52조 제1항 제3호 · 제4호에 따라 수사중지 또는 기소중지 · 참고인중지된 사건의 피의자 또는 참고인을 발견하는 등 수사중지 결정 또는 기소중지 · 참고인중지 결정의 사유가 해소된 경우에는 즉시 수사를 진행해야 한다.

제56조【사건기록의 등본】① 검사 또는 사법경찰관은 사건 관계 서류와 증거물을 분리하여 송부하거나 반환할 필요가 있으나 해당 서류와 증거물의 분리가 불가능하거나 현저히 곤란한 경우에는 그 서류와 증거물을 등사하여 송부하거나 반환할 수 있다.

② 검사 또는 사법경찰관은 제45조 제1항, 이 조 제1항 등에 따라 사건기록 등본을 송부받은 경우 이를 다른 목적으로 사용할 수 없으며, 다른 법령에 특별한 규정이 있는 경우를 제외하고는 그 사용 목적을 위한 기간이 경과한 때에 즉시 이를 반환하거나 폐기해야 한다.

제58조【사법경찰관의 사건송치】① 사법경찰관은 관계 법령에 따라 검사에게 사건을 송치할 때에는 송치의 이유와 범위를 적은 송치 결정서와 압수물 총 목록, 기록목록, 범죄경력 조회 회보서, 수사경력 조회 회보서 등 관계 서류와 증거물을 함께 송부해야 한다.

② 사법경찰관은 피의자 또는 참고인에 대한 조사과정을 영상녹화한 경우에는 해당 영상녹화물을 봉인한 후 검사에게 사건을 송치할 때 봉인된 영상녹화물의 종류와 개수를 표시하여 사건기록과 함께 송부해야 한다.

③ 사법경찰관은 사건을 송치한 후에 새로운 증거물, 서류 및 그 밖의 자료를 추가로 송부할 때에는 이전에 송치한 사건명, 송치 연월일, 피의자의 성명과 추가로 송부하는 서류 및 증거물 등을 적은 추가송부서를 첨부해야 한다.

제59조【보완수사요구의 대상과 범위】① 검사는 법 제245조의5 제1호에 따라 사법경찰관으로부터 송치받은 사건에 대해 보완수사가 필요하다고 인정하는 경우에는 **특별히 직접 보완수사를 할 필요가 있다고 인정되는 경우를 제외하고는 사법경찰관에게 보완수사를 요구하는 것을 원칙으로 한다**.

② 검사는 법 제197조의2 제1항 제1호에 따라 사법경찰관에게 송치사건 및 관련사건(법 제11조에 따른 관련사건 및 법 제208조 제2항에 따라 간주되는 동일한 범죄사실에 관한 사건을 말한다. 다만, 법 제11조 제1호의 경우에는 수사기록에 명백히 현출(現出)되어 있는 사건으로 한정한다)에 대해 다음 각 호의 사항에 관한 보완수사를 요구할 수 있다.

1. 범인에 관한 사항
2. 증거 또는 범죄사실 증명에 관한 사항
3. 소송조건 또는 처벌조건에 관한 사항
4. 양형 자료에 관한 사항
5. 죄명 및 범죄사실의 구성에 관한 사항
6. 그 밖에 송치받은 사건의 공소제기 여부를 결정하는 데 필요하거나 공소유지와 관련해 필요한 사항

제60조【보완수사요구의 방법과 절차】① 검사는 법 제197조의2 제1항에 따라 보완수사를 요구할 때에는 그 이유와 내용 등을 구체적으로 적은 서면과 관계 서류 및 증거물을 사법경찰관에게 함께 송부해야 한다. 다만, 보완수사 대상의 성질, 사안의 긴급성 등을 고려하여 관계 서류와 증거물을 송부할 필요가 없거나 송부하는 것이 적절하지 않다고 판단하는 경우에는 해당 관계 서류와 증거물을 송부하지 않을 수 있다.

② 보완수사를 요구받은 사법경찰관은 제1항 단서에 따라 송부받지 못한 관계 서류와 증거물이 보완수사를 위해 필요하다고 판단하면 해당 서류와 증거물을 대출하거나 그 전부 또는 일부를 등사할 수 있다.

③ 사법경찰관은 법 제197조의2 제2항에 따라 보완수사를 이행한 경우에는 그 이행 결과를 검사에게 서면으로 통보해야 하며, 제1항 본문에 따라 관계 서류와 증거물을 송부받은 경우에는 그 서류와 증거물을 함께 반환해야 한다. 다만, 관계 서류와 증거물을 반환할 필요가 없는 경우에는 보완수사의 이행 결과만을 검사에게 통보할 수 있다.

④ 사법경찰관은 법 제197조의2 제1항 제1호에 따라 보완수사를 이행한 결과 법 제245조의5 제1호에 해당하지 않는다고 판단한 경우에는 제51조 제1항 제3호에 따라 사건을 불송치하거나 같은 항 제4호에 따라 수사중지할 수 있다.

제61조【직무배제 또는 징계요구의 방법과 절차】① 검찰총장 또는 각급 검찰청 검사장은 법 제197조의2 제3항에 따라 사법경찰관의 직무배제 또는 징계를 요구할 때에는 그 이유를 구체적으로 적은 서면에 이를 증명할 수 있는 관계 자료를 첨부하여 해당 사법경찰관이 소속된 경찰관서장에게 통보해야 한다.

② 제1항의 직무배제 요구를 통보받은 경찰관서장은 정당한 이유가 있는 경우를 제외하고는 그 요구를 받은 날부터 **20일 이내에 해당 사법경찰관을 직무에서 배제해야 한다**.

③ 경찰관서장은 제1항에 따른 요구의 처리 결과와 그 이유를 직무배제 또는 징계를 요구한 검찰총장 또는 각급 검찰청 검사장에게 통보해야 한다.

제62조【사법경찰관의 사건불송치】① 사법경찰관은 법 제245조의5 제2호 및 이 영 제51조 제1항 제3호에 따라 불송치결정을 하는 경우 불송치의 이유를 적은 불송치 결정서와 함께 압수물 총 목록, 기록목록 등 관계 서류와 증거물을 검사에게 송부해야 한다.

② 제1항의 경우 영상녹화물의 송부 및 새로운 증거물 등의 추가 송부에 관하여는 제58조 제2항 및 제3항을 준용한다.

제63조【재수사요청의 절차 등】① 검사는 법 제245조의8에 따라 사법경찰관에게 재수사를 요청하려는 경우에는 법 제245조의5 제2호에 따라 관계 서류와 증거물을 송부받은 날부터 **90일 이내에 해야 한다**. 다만, 다음 각 호의 어느 하나에 해당하는 경우에는 관계 서류와 증거물을 송부받은 날부터 90일이 지난 후에도 재수사를 요청할 수 있다.

1. 불송치결정에 영향을 줄 수 있는 명백히 새로운 증거 또는 사실이 발견된 경우
2. 증거 등의 허위, 위조 또는 변조를 인정할 만한 상당한 정황이 있는 경우

② 검사는 제1항에 따라 재수사를 요청할 때에는 그 내용과 이유를 구체적으로 적은 서면으로 해야 한다. 이 경우 법 제245조의5 제2호에 따라 송부받은 관계 서류와 증거물을 사법경찰관에게 반환해야 한다.

③ 검사는 법 제245조의8에 따라 재수사를 요청한 경우 그 사실을 고소인 등에게 통지해야 한다.

제64조【재수사 결과의 처리】① 사법경찰관은 법 제245조의8 제2항에 따라 재수사를 한 경우 다음 각 호의 구분에 따라 처리한다.

1. 범죄의 혐의가 있다고 인정되는 경우: 법 제245조의5 제1호에 따라 검사에게 사건을 송치하고 관계 서류와 증거물을 송부
2. 기존의 불송치결정을 유지하는 경우: 재수사 결과서에 그 내용과 이유를 구체적으로 적어 검사에게 통보

② 검사는 사법경찰관이 제1항 제2호에 따라 재수사 결과를 통보한 사건에 대해서 다시 재수사를 요청을 하거나 송치요구를 할 수 없다. 다만, 사법경찰관의 재수사에도 불구하고 관련 법리에 위반되거나 송부받은 관계 서류 및 증거물과 재수사 결과만으로도 공소제기를 할 수 있을 정도로 명백히 채증법칙에 위반되거나 공소시효 또는 형사소추의 요건을 판단하는 데 오류가 있어 사건을 송치하지 않은 위법 또는 부당이 시정되지 않은 경우에는 **재수사 결과를 통보받은 날부터 30일 이내에 법 제197조의3에 따라 사건송치를 요구할 수 있다**.

제65조【재수사 중의 이의신청】사법경찰관은 법 제245조의8 제2항에 따라 재수사 중인 사건에 대해 법 제245조의7 제1항에 따른 이의신청이 있는 경우에는 재수사를 중단해야 하며, 같은 조 제2항에 따라 해당 사건을 지체 없이 검사에게 송치하고 관계 서류와 증거물을 송부해야 한다.

제67조【형사사법정보시스템의 이용】검사 또는 사법경찰관은 형사사법절차 전자화 촉진법 제2조 제1호에 따른 형사사법업무와 관련된 문서를 작성할 때에는 형사사법정보시스템을 이용해야 하며, 그에 따라 작성한 문서는 형사사법정보시스템에 저장 · 보관해야 한다. 다만, 다음 각 호의 어느 하나에 해당하는 문서로서 형사사법정보시스템을 이용하는 것이 곤란한 경우는 그렇지 않다.

1. 피의자나 사건관계인이 직접 작성한 문서
2. 형사사법정보시스템에 작성 기능이 구현되어 있지 않은 문서
3. 형사사법정보시스템을 이용할 수 없는 시간 또는 장소에서 불가피하게 작성해야 하거나 형사사법정보시스템의 장애 또는 전산망 오류 등으로 형사사법정보시스템을 이용할 수 없는 상황에서 불가피하게 작성해야 하는 문서

제70조【영의 해석 및 개정】① 이 영을 해석하거나 개정하는 경우에는 **법무부장관은 행정안전부장관과 협의하여 결정해야 한다**.

② 제1항에 따른 해석 및 개정에 관한 법무부장관의 자문에 응하기 위해 법무부에 외부전문가로 구성된 자문위원회를 둔다.

02 피의자

의의	① 수사기관에 의하여 범죄의 혐의를 받고 수사의 대상이 되어 있는 자 ② 당사자인 피고인이 될 수 있다는 점에서 **준당사자**라고 할 수 있음
피의자의 권리	① 변호인선임권 ② 피의자신문에 있어서의 권리 ㉠ 진술거부권 ㉡ 피의자신문조서 열람권 및 증감 · 변경청구권 ③ 강제수사에 있어서의 권리 ㉠ 체포 · 구속적부심사청구권 ㉡ 구속취소청구권 ㉢ 접견교통권 ㉣ 압수 · 수색 · 검증에의 참여권 ④ 구속영장등본 등 청구권 ⑤ 증거보전청구권 ⑥ 고문을 받지 아니할 권리, 무죄추정권 등

03 수사의 조건

의의	수사기관이 수사를 개시하거나 실행을 하기 위하여 갖추어야 할 조건
수사의 필요성 (허용의 측면)	① 수사는 수사의 목적달성을 위하여 필요한 때에만 할 수 있음 ㉠ 범죄혐의 ㉡ 공소제기의 가능성 ② **친고죄 등에 있어 고소 · 고발 전 수사의 허용 여부** ㉠ 원칙적으로 허용 ㉡ 고소 · 고발을 받을 가능성이 없는 경우에는 불허
수사의 상당성 (실행의 측면)	① 수사는 목적을 달성하기 위한 상당한 방법이어야 함 ㉠ 비례의 원칙 ㉡ 수사상 신의칙 ② **함정수사의 허용 여부** ㉠ 기회제공형은 적법 · 허용 ㉡ 범의유발형은 위법 · 불허. 공소제기시 공소는 무효이므로 법원은 공소기각판결 선고

아동 · 청소년의 성보호에 관한 법률(2021.1.12. 법률 제17893호로 일부개정된 것)

제25조의2【아동 · 청소년대상 디지털 성범죄의 수사 특례】① 사법경찰관리는 다음 각 호의 어느 하나에 해당하는 범죄(이하 '디지털 성범죄'라 한다)에 대하여 신분을 비공개하고 범죄현장(정보통신망을 포함한다) 또는 범인으로 추정되는 자들에게 접근하여 범죄행위의 증거 및 자료 등을 수집(이하 '**신분비공개수사**'라 한다)할 수 있다.

1. 제11조 및 제15조의2의 죄
2. 아동 · 청소년에 대한 성폭력범죄의 처벌 등에 관한 특례법 제14조 제2항 및 제3항의 죄

② 사법경찰관리는 디지털 성범죄를 계획 또는 실행하고 있거나 실행하였다고 의심할 만한 충분한 이유가 있고, 다른 방법으로는 그 범죄의 실행을 저지하거나 범인의 체포 또는 증거의 수집이 어려운 경우에 한정하여 수사 목적을 달성하기 위하여 부득이한 때에는 다음 각 호의 행위(이하 '**신분위장수사**'라 한다)를 할 수 있다.

1. 신분을 위장하기 위한 문서, 도화 및 전자기록 등의 작성, 변경 또는 행사
2. 위장 신분을 사용한 계약 · 거래
3. 아동 · 청소년성착취물 또는 성폭력범죄의 처벌 등에 관한 특례법 제14조 제2항의 촬영물 또는 복제물(복제물의 복제물을 포함한다)의 소지, 판매 또는 광고

판례 |

1 친고죄 등에 있어서 고소나 고발이 있기 전에 행해진 수사가 위법한지의 여부(소극)

친고죄나 세무공무원 등의 고발이 있어야 논할 수 있는 죄에 있어서 고소 또는 고발은 이른바 소추조건에 불과하고 당해 범죄의 성립요건이나 수사의 조건은 아니므로 위와 같은 범죄에 관하여 고소나 고발이 있기 전에 수사를 하였다고 하더라도 **그 수사가 장차 고소나 고발이 있을 가능성이 없는 상태하에서 행해졌다는 등의 특단의 사정이 없는** 한 고소나 고발이 있기 전에 수사를 하였다는 이유만으로 **그 수사가 위법하다고 볼 수는 없다**(대판 2011.3.10, 2008도7724 **강사 불법채용 사건**). 16. 경찰승진, 17 · 20. 경찰채용, 21. 경찰간부

2 위법한 수사에 해당하지 않는 경우

① **출입국관리법 위반 사건을 입건한 지방경찰청이 지체 없이 관할 출입국관리사무소장 등에게 인계하지 아니한 채 그 고발 없이 수사를 진행**하였고, 이후 위 사무소장이 지방경찰청장의 고발의뢰에 따라 고발하면서 그 사유를 '지방경찰청의 고발의뢰 공문 등에 의해 명백히 입증되었다'라고만 기재한 경우, 사무소장이 한 고발은 구체적인 검토에 따라 재량으로 행하여진 것이어서 무효로 볼 수 없고, 지방경찰청 및 검찰의 수사가 위법하다거나 공소제기의 절차가 법률의 규정에 위배되어 무효인 때에 해당하지 않는다(대판 2011.3.10, 2008도7724 **강사 불법채용 사건**).

② **수사기관이 고발에 앞서 수사를 하고 피고인에 대한 구속영장을 발부받은 후** 검찰의 요청에 따라 세무서장이 고발조치를 하였다고 하더라도 공소제기 전에 고발이 있은 이상 조세범처벌법 위반 사건 피고인에 대한 공소제기의 절차가 법률의 규정에 위반하여 무효라고 할 수 없다(대판 1995.3.10, 94도3373 **고발 전 구속 사건**). 20. 경찰채용

③ **검사 작성의 피고인에 대한 피의자신문조서, 다른 피의자에 대한 각 피의자신문조서등본 및 제3자에 대한 각 진술조서등본이 조세범처벌법 위반죄에 대한 세무서장의 고발이 있기 전에 작성된 것**이라 하더라도 피고인이나 그 피의자 및 제3자 등에 대한 신문이 피고인의 조세범처벌법 위반 범죄에 대한 고발의 가능성이 없는 상태하에서 이루어졌다고 볼 아무런 자료도 없다면 그들에 대한 신문이 고발 전에 이루어졌다는 이유만으로 그 조서나 각 조서등본의 증거능력을 부정할 수는 없다(대판 1995.2.24, 94도252 **고발 전 신문 사건**).

④ 인지절차(범죄인지서 작성 등)를 밟기 전에 수사를 하였다고 하더라도 그 수사가 장차 인지의 가능성이 전혀 없는 상태하에서 행해졌다는 등의 특별한 사정이 없는 한 인지절차가 이루어지기 전에 수사를 하였다는 이유만으로 그 수사가 위법하다고 볼 수는 없고 따라서 그 수사과정에서 작성된 피의자신문조서나 진술조서 등의 증거능력도 이를 부인할 수 없다(대판 2001.10.26, 2000도2968 **인지서 작성 전 신문 사건**). 15. 변호사, 16 · 19 · 20. 경찰간부, 20. 경찰채용 · 경찰승진

3 함정수사의 의의(= 이른바 '범의유발형' 함정수사에 한정)

① 함정수사라 함은 **본래 범의를 가지지 아니한 자**에 대하여 수사기관이 사술이나 계략 등을 써서 범죄를 유발하게 하여 범죄인을 검거하는 수사방법을 말하는 것이므로, **범의를 가진 자**에 대하여 범행의 기회를 주거나 단순히 사술이나 계략 등을 써서 범죄인을 검거하는 데 불과한 경우에는 이를 함정수사라고 할 수 없다(대판 2007.7.26, 2007도4532). 15. 경찰승진, 16. 경찰채용, 17. 경찰간부

② **범의를 가진 자**에 대하여 단순히 범행의 기회를 제공하거나 범행을 용이하게 하는 것에 불과한 수사방법이 경우에 따라 허용될 수 있음은 별론으로 하고 **본래 범의를 가지지 아니한 자**에 대하여 수사기관이 사술이나 계략 등을 써서 범의를 유발케 하여 범죄인을 검거하는 함정수사는 위법함을 면할 수 없다(대판 2007.7.13, 2007도3672). 15. 경찰승진, 17. 국가직 9급 · 법원직 9급

4 함정수사의 위법성 판단기준

[1] **수사기관과 직접 관련이 있는 유인자**가 피유인자와의 개인적인 친밀관계를 이용하여 피유인자의 동정심이나 감정에 호소하거나 금전적 · 심리적 압박이나 위협 등을 가하거나 거절하기 힘든 유혹을 하거나 또는 범행방법을 구체적으로 제시하고 범행에 사용될 금전까지 제공하는 등으로 과도하게 개입함으로써 **피유인자로 하여금 범의를 일으키게 하는 것은 위법한 함정수사에 해당**하여 허용되지 않지만 [2] **유인자가 수사기관과 직접적인 관련을 맺지 않은 상태에서** 피유인자를 상대로 단순히 수차례 반복적으로 범행을 부탁하였을 뿐 수사기관이 사술이나 계략 등을 사용하였다고 볼 수 없는 경우에는 설령 그로 인하여 **피유인자의 범의가 유발되었다 하더라도 위법한 함정수사에 해당하지 않는다**(대판 2013.3.28, 2013도1473). 14. 변호사 · 국가직 7급, 14 · 16 · 17. 경찰승진, 14 · 15. 경찰채용, 17 · 18. 경찰간부

5 위법한 함정수사에 해당하는 경우

① **경찰관이** 노래방의 도우미 알선 영업 단속 실적을 올리기 위하여 그에 대한 제보나 첩보가 없는데도 **손님을 가장하고 들어가 도우미를 불러낸 경우**(대판 2008.10.23, 2008도7362 **안산 노래방 사건**) ➜ 음악산업진흥에 관한 법률 위반 15. 경찰채용, 16. 국가직 7급 · 경찰승진 · 경찰간부, 17. 변호사, 18. 국가직 9급

② **피고인 甲 · 乙이 마약정보원(서울지방검찰청 마약수사주사) 丙의** "수사기관이 수사에 사용할 히로뽕을 구해야 하니 히로뽕을 좀 구해 달라. 히로뽕을 구입하여 오면 검찰에서 甲 · 乙의 안전을 보장한다고 하였다."라는 **부탁과 함께 히로뽕 구입자금을 교부받은 후** 중국에 건너가 히로뽕을 매수하고 인천국제공항으로 귀국하던 중 체포된 경우(대판 2004.5.14, 2004도1066 **막장 애인 사건**) ➜ 마약류관리법 위반

③ **수사기관인 검찰 계장 D가** 구속된 남편 C의 공적이 필요했던 B와 함께 "**협조하면 당신 형의 변호사 선임비용을 제공하겠다. 필리핀에 있는 마약 공급책을 연결해 주는 것은 처벌하지 않겠다." 등으로 A에게 제안**을 하자, A가 이를 승낙하고 피고인에게 부탁하여 필로폰을 수입하게 한 경우(대판 2006.9.28, 2006도3464) ➜ 마약류관리법 위반

④ **피고인 甲 · 乙이 마약정보원(서울지방검찰청 마약수사주사) 丙의** "수사기관이 수사에 사용할 히로뽕을 구해야 하니 히로뽕을 좀 구해 달라. 히로뽕을 구입하여 오면 검찰에서 甲, 乙의 안전을 보장한다고 하였다."라는 **부탁과 함께 히로뽕 구입자금을 교부받은 후** 중국에 건너가 히로뽕을 매수한 경우(대판 2004.5.14, 2004도1066) ➜ 마약류관리법 위반

⑤ 게임장 운영자인 피고인이 게임장에 잠복근무 중인 **경찰관으로부터 게임점수를 환전해 줄 것을 요구받고 거절하였음에도 경찰관의 지속적인 요구에 어쩔 수 없이 게임점수를 현금으로 환전해 준 것은** 본래 범의를 가지지 않은 자에 대하여 수사기관이 계략으로 범의를 유발한 경우(대판 2021.7.29, 2017도16810 **불법게임장 잠복수사 사건**)

6 위법한 수사에 해당하지 않는 경우

① 甲 · 乙 · 丙 등은 새롭게 당선된 군수인 **피고인을 함정에 빠뜨리겠다는 의사로 뇌물을 공여**하였고, 피고인이 뇌물을 수수하자 **서둘러 이 사실을 검찰에 신고한 경우**. 甲 · 乙 · 丙 등은 지방선거에서 군수 자리를 놓고 피고인과 경합을 벌였던 다른 후보자의 지시를 받아 뇌물을 공여했다는 사실을 배제할 수 없음(대판 2008.3.13, 2007도10804 **강종만 영광군수 사건**) ➜ 수뢰죄 14. 경찰채용, 16. 경찰승진

② 甲이 수사기관에 체포된 동거남의 석방을 위한 **공적을 쌓기** 위하여 乙에게 필로폰 밀수입에 관한 정보제공을 부탁하면서 대가의 지급을 약속하고, 이에 **乙이 丙에게, 丙은 피고인에게 순차 필로폰 밀수입을 권유하여 이를 승낙하고 필로폰을 받으러 나온 피고인을 체포**한 경우. 다만, **乙 · 丙 등은 각자의 사적인 동기에 기하여 수사기관과 직접적인 관련이 없이 독자적으로 피고인을 유인한 것임**(대판 2007.11.29, 2007도7680 **동거남 공적 사건**) ➜ 마약류관리법 위반 16. 경찰간부 · 국가직 7급, 20. 해경채용

③ 수사기관이 **피고인의 범죄사실(절도)을 인지하고도 바로 체포하지 않고** 추가 범행을 지켜보고 있다가 **범죄사실이 많이 늘어난 뒤에야 체포**한 경우(대판 2007.6.29, 2007도3164) ➜ 절도죄 14 · 17. 경찰승진, 15 · 17. 경찰채용, 18. 경찰간부, 20. 해경채용

④ **이미 범행(마약법 위반)을 저지른 피고인**을 검거하기 위하여 수사기관이 정보원을 이용하여 **피고인을 검거장소로 유인한 후 체포**한 경우(대판 2007.7.26, 2007도4532) ➜ 마약류관리법 위반 16 · 17. 경찰간부

⑤ 경찰관이 취객을 상대로 한 이른바 **부축빼기 절도범**을 단속하기 위하여, 공원 인도에 쓰러져 있는 **취객 근처에서 감시하고 있다가 마침 피고인이 나타나 취객을 부축하여 10m 정도를 끌고 가 지갑을 뒤지자 현장에서 피고인을 체포**한 경우(대판 2007.5.31, 2007도1903 **부축빼기 사건**) ➜ 절도죄 14 · 15 · 16 · 17. 경찰승진, 14 · 15. 경찰채용, 14. 법원직 9급, 16. 국가직 7급, 16 · 17 · 18. 경찰간부

⑥ 경찰관은 게임장 운영자인 피고인의 게임 결과물 환전행위를 적발하기 위해 게임장에 여러 차례에 걸쳐 잠입수사를 하였는데, 그 과정에서 **게임장 종업원의 제안에 따라 회원카드를 발급받아 게임점수를 적립하였을 뿐** 피고인 등에게 회원카드 발급 및 게임점수 적립을 적극적으로 요구하거나 다른 손님들과 게임점수의 거래를 시도한 적은 없고, 그후에도 **피고인에게 회원카드 발급 및 게임점수 적립 등을 통한 사행행위의 조장을 요구하거나 종용한 사실이 없는 경우**(대판 2021.7.29, 2017도16810 **불법게임장 잠복수사 사건**)

⑦ 물품반출 업무담당자 A가 물품을 밀반출하는 甲의 행위를 소속회사에 사전에 알리고 그 정확한 증거를 확보하기 위하여 甲의 **밀반출행위를 묵인한 경우 이는 함정수사에 해당하지 아니한다**(대판 1987.6. 9, 87도915). 22. 경찰채용

7 위법한 함정수사에 의한 공소제기의 효력(= 공소제기는 무효, 공소기각판결 선고)

본래 범의를 가지지 아니한 자에 대하여 수사기관이 사술이나 계략 등을 써서 범의를 유발케 하여 범죄인을 검거하는 함정수사는 위법함을 면할 수 없고 이러한 함정수사에 기한 **공소제기는 그 절차가 법률의 규정에 위반하여 무효**인 때에 해당한다고 볼 것이다(대판 2008.10.23, 2008도7362 **안산 노래방 사건**). 14·15·16·17. 경찰승진, 14·15·16·20. 경찰채용, 14·18. 경찰간부, 15·16·17·18·20. 국가직 9급, 17. 법원직 9급, 17·20변호사, 20. 해경채용

04 수사의 단서

1. 의의

의의	수사기관이 범죄의 혐의를 두게 된 원인 또는 수사개시의 원인
종류	① 수사기관 자신의 체험에 의한 수사의 단서 ㉠ 수사의 능동적 · 자율적 개시 ㉡ 현행범체포(발견), 변사자검시, 불심검문, 기사, 풍설, 세평, 다른 사건 수사 중 범인의 발견 등 ② 타인 체험 청취에 의한 수사의 단서 ㉠ 수사의 수동적 · 타율적 개시 ㉡ 고소, 고발, 자수, 진정, 피해신고, 투서 등

2. 변사자검시

의의	① 지방검찰청 검사가 변사자의 상황을 조사하는 것을 말함 ② 변사자란 통상의 병사 또는 자연사가 아닌 사체로서 범죄로 인한 사망의 의심이 있는 사체를 말함
주체	① **주체는 관할 지방검찰청 검사임**(≪주의 사법경찰관이 주체 ×) ② 검사는 사법경찰관에게 검시에 관한 처분을 명할 수 있음 14. 경찰간부, 15. 경찰승진
절차	① 변사자검시는 수사의 단서에 불과하므로 **영장을 요하지 않음** ② 변사자검시로 범죄의 혐의를 인정하고 긴급을 요할 때에는 **영장 없이 검증할 수 있음** 14·16. 경찰승진, 18. 경찰채용, 19. 경찰간부

3. 불심검문 등

의의	경찰관이 거동불심자를 정지시켜 질문하는 것
방법	① 경찰관은 다음 어느 하나에 해당하는 사람을 **정지시켜 질문할 수 있음** 15·17·18. 경찰승진, 16. 경찰채용 ㉠ 수상한 행동이나 그 밖의 주위 사정을 합리적으로 판단하여 볼 때 어떠한 죄를 범하였거나 범하려 하고 있다고 의심할 만한 상당한 이유가 있는 사람 ㉡ 이미 행하여진 범죄나 행하여지려고 하는 범죄행위에 관한 사실을 안다고 인정되는 사람 ② 경찰관은 사람을 정지시킨 장소에서 질문을 하는 것이 **그 사람에게 불리하거나 교통에 방해가 된다고 인정될 때에는** 질문을 하기 위하여 가까운 **경찰관서로 동행할 것을 요구할 수 있음**. 이 경우 동행을 요구받은 사람은 그 요구를 거절할 수 있음 14·15. 국가직 9급, 15. 경찰승진, 16. 경찰채용 ③ 경찰관은 질문을 할 때에 그 사람이 흉기를 가지고 있는지를 조사할 수 있음 14. 국가직 9급, 15. 경찰승진
절차	① **경찰관은 질문을 하거나 동행을 요구할 경우 자신의 신분을 표시하는 증표를 제시**하면서 소속과 성명을 밝히고 질문이나 동행의 목적과 이유를 설명하여야 하며, 동행을 요구하는 경우에는 동행 장소를 밝혀야 함 15·18. 경찰승진, 16. 경찰채용 ② 경찰관은 동행한 사람의 가족이나 친지 등에게 동행한 경찰관의 신분, 동행장소, 동행목적과 이유를 알리거나 본인으로 하여금 즉시 연락할 수 있는 기회를 주어야 하며, **변호인의 도움을 받을 권리가 있음을 알려야 함** 14. 경찰간부·국가직 9급, 15·18. 경찰승진, 16. 경찰채용 ③ 경찰관은 동행한 사람을 **6시간**을 초과하여 경찰관서에 머물게 할 수 없음(«주의 6시간 동안 구금을 허용한다는 의미이다. ×) 15·17. 경찰승진 ④ 질문을 받거나 동행을 요구받은 사람은 형사소송에 관한 법률에 따르지 아니하고는 신체를 구속당하지 아니하며, **그 의사에 반하여 답변을 강요당하지 아니함**

판례 |

1 불심검문 대상자 해당 여부를 판단하는 기준

경찰관이 **불심검문 대상자 해당 여부를 판단할 때에는** 불심검문 당시의 구체적 상황은 물론 사전에 얻은 정보나 전문적 지식 등에 기초하여 불심검문 대상자인지를 **객관적·합리적인 기준에 따라 판단하여야 하나, 반드시 불심검문 대상자에게 형사소송법상 체포나 구속에 이를 정도의 혐의가 있을 것을 요한다고 할 수는 없다**(대판 2014.2.27, 2011도13999 **대전 월평동 불심검문 사건**). 15. 국가직 9급, 17. 경찰승진, 17·19. 경찰채용

2 경찰관이 불심검문에 불응하는 상대방을 사회통념상 용인될 수 있는 방법으로 정지시킬 수 있는지의 여부(적극)

경찰관은 불심검문 대상자에게 질문을 하기 위하여 범행의 경중, 범행과의 관련성, 상황의 긴박성, 혐의의 정도, 질문의 필요성 등에 비추어 목적 달성에 필요한 최소한의 범위 내에서 **사회통념상 용인될 수 있는 상당한 방법으로 대상자를 정지시킬 수 있고**, 질문에 수반하여 흉기의 소지 여부도 조사할 수 있다(대판 2014.12.11, 2014도7976 **카페 불심검문 사건**).

3 적법한 불심검문에 해당하는 경우

① 술값 문제로 시비가 있다는 신고를 받고 출동한 수내파출소 소속 순경 A와 경사 B가 여종업원과 여사장으로부터 피고인이 술값을 내지 않고 가려다 여종업원과 실랑이가 있었다는 경위를 듣고, 순경 A가 **음식점 밖으로 나가려는 피고인의 앞을 막으며 "상황을 설명해 주십시오."라고 말한 것은** 목적 달성에 필요한 최소한의 범위에서 사회통념상 용인될 수 있는 방법에 의한 것으로 **적법한 공무집행에 해당한다**(대판 2014.12.11, 2014도7976 **카페 불심검문 사건**).

② 인근에서 자전거를 이용한 날치기 사건이 발생한 직후 검문을 하던 경찰관들이 날치기 사건의 **범인과 흡사한 인상착의인 피고인을 발견하고 앞을 가로막으며 진행을 제지한 행위는** 목적 달성에 필요한 최소한의 범위 내에서 사회통념상 용인될 수 있는 상당한 방법에 의한 것으로 **적법한 공무집행에 해당한다**(대판 2012.9.13, 2010도6203 **인천 부평 불심검문 사건**). 14·16·19. 경찰채용

4 불심검문시 증표제시를 하지 않은 것이 위법하지 않은 경우

경찰관 직무집행법 제3조 제4항은 "경찰관이 불심검문을 하고자 할 때에는 자신의 신분을 표시하는 증표를 제시하여야 한다."고 규정하고, 법 시행령 제5조는 소정의 신분을 표시하는 증표는 경찰관의 공무원증이라고 규정하고 있는바, 불심검문을 하게 된 경위, 불심검문 당시의 현장상황과 검문을 하는 경찰관들의 복장, 피고인이 공무원증 제시나 신분확인을 요구하였는지 여부 등을 종합적으로 고려하여, **검문하는 사람이 경찰관이고 검문하는 이유가 범죄행위에 관한 것임을 피고인이 충분히 알고 있었다고 보이는 경우에는 신분증을 제시하지 않았다고 하여 그 불심검문이 위법한 공무집행이라고 할 수 없다**(대판 2014.12.11, 2014도7976 **카페 불심검문 사건**). 15·20. 국가직 9급, 16·19. 경찰채용, 17·18·20. 경찰승진, 20. 해경채용, 21. 경찰간부

5 경찰관 직무집행법 제3조 제6항이 임의동행한 자를 6시간 동안 경찰관서에 구금하는 것을 허용하는 것인지의 여부(소극)

[1] 임의동행은 상대방의 동의 또는 승낙을 그 요건으로 하는 것이므로 경찰관으로부터 임의동행 요구를 받은 경우 상대방은 이를 거절할 수 있을 뿐만 아니라 임의동행 후 언제든지 경찰관서에서 퇴거할 자유가 있다 할 것이고, **경찰관 직무집행법 제3조 제6항**이 "임의동행한 경우 당해인을 6시간을 초과하여 경찰관서에 머물게 할 수 없다."고 규정하고 있다고 하여 그 규정이 **임의동행한 자를 6시간 동안 경찰관서에 구금하는 것을 허용하는 것은 아니다**. [2] 피고인이 송도파출소까지 임의동행한 후 조사받기를 거부하고 파출소에서 나가려고 하다가 경찰관이 이를 제지하자 이에 항거하여 그 경찰관을 폭행한 경우라도 공무집행방해죄는 성립하지 않는다(대판 1997.8.22, 97도1240 **송도파출소 경찰관 폭행 사건**). 14. 경찰간부, 17. 경찰채용

4. 고소

SUMMARY | 친고죄 vs 반의사불벌죄 vs 전속고발범죄

친고죄		반의사불벌죄	전속고발범죄
피해자의 고소가 있어야 공소를 제기할 수 있는 범죄		피해자 등의 명시한 의사에 반하여 처벌할 수 없는 범죄	관계 공무원의 고발이 있어야 공소를 제기할 수 있는 범죄
절대적 친고죄	① 비밀침해죄 ② 업무상 비밀누설죄 ③ 사자명예훼손죄 ④ 모욕죄 ⑤ 친고죄 규정이 있는 법률 ㉠ 특허법 ㉡ 저작권법 ㉢ 실용신안법 등	① 과실치상죄 ② (존속, 외국원수) 폭행·협박죄 ③ 명예훼손죄 ④ 출판물명예훼손죄 ⑤ 외국원수모욕·명예훼손죄 ⑥ 외국국기·국장모독죄 ⑦ 반의사불벌죄 규정이 있는 법률 ㉠ 근로기준법 ㉡ 부정수표단속법 ㉢ 교통사고처리특례법 ㉣ 정보통신망법 등	전속고발범죄 규정이 있는 법률 ① 관세법 ② 조세범처벌법 ③ 출입국관리법 ④ 근로기준법 ⑤ 독점규제 및 공정거래에 관한 법률 등
상대적 친고죄	절도·사기·공갈·횡령·배임·장물·권리행사방해죄 등 재산범죄(강도죄, 손괴죄, 강제집행면탈죄는 제외)		

(1) 의의

의의	범죄의 피해자 또는 그와 일정한 관계에 있는 고소권자가 **수사기관에 범죄사실을 신고**하여 범인의 처벌을 구하는 의사표시를 말함(≪주의 고소권자가 법원에 범죄사실을 신고하는 것도 고소에 해당한다. ×)
구별개념	① 피해자가 아닌 제3자의 고발이나 범인의 자수는 고소가 아님 ② 수사기관이 아닌 법원에 범인처벌을 구하는 의사표시는 고소가 아님 ③ 고소는 범죄사실의 신고이므로 범인이 누구인지, 나아가 범인 중 처벌을 구하는 자가 누구인지를 적시할 필요가 없음 ④ 범인처벌의 의사표시가 없는 단순한 도난신고, 피해신고 등은 고소가 아님 ⑤ 고소를 하기 위해서는 의사표시를 할 수 있는 고소능력을 요함
고소의 성질	① 친고죄에서는 수사의 단서이자 소송조건에 해당함(예 모욕죄, 저작권법 위반죄 등) ② 비친고죄에서는 수사의 단서에 불과함(예 살인죄, 강도죄 등)

판례 |

1 고소의 의의 및 적법한 고소에 해당하지 않는 경우

① 고소는 서면 또는 구술로써 검사 또는 사법경찰관에게 하여야 하는 것이므로 피해자가 피고인을 심리하고 있는 **법원에 대하여 "피고인을 엄벌에 처하라."**는 내용의 진술서를 제출하거나 증인으로서 증언하면서 판사의 신문에 대해 **"피고인의 처벌을 바란다."는 취지의 진술을 하였다 하더라도 이는 고소로서의 효력이 없다**(대판 1984.6.26, 84도709).

② 고소라 함은 수사기관에 단순히 피해사실을 신고하거나 수사 및 조사를 촉구하는 것에 그치지 않고 범죄사실을 신고하여 범인의 소추 · 처벌을 요구하는 의사표시이므로, 저작권법 위반죄의 **피해자가 경찰청 인터넷 홈페이지에 "피고인을 철저히 조사해 달라."는 취지의 민원을 접수하는 형태로 피고인에 대한 조사를 촉구하는 의사표시**를 한 것은 형사소송법에 따른 **적법한 고소로 보기 어렵다**(대판 2012.2.23, 2010도9524). 17. 변호사 · 경찰채용, 20. 경찰승진

③ 고소는 범죄의 피해자 기타 고소권자가 수사기관에 대하여 범죄사실을 신고하여 범인의 소추를 구하는 의사표시를 말하는 것으로서 **단순한 피해사실의 신고**는 소추 · 처벌을 구하는 의사표시가 아니므로 **고소가 아니다**(대판 2008.11.27, 2007도4977 **방이동 모로코모텔 간통 사건**). 15. 경찰승진, 16. 국가직 9급

2 고소에 있어 범인의 적시를 요하는지의 여부(소극)

[1] **고소**는 범죄의 피해자 또는 그와 일정한 관계가 있는 고소권자가 수사기관에 대하여 **범죄사실을 신고**하여 범인의 처벌을 구하는 의사표시이므로 고소인은 범죄사실을 특정하여 신고하면 족하고 **범인이 누구인지 나아가 범인 중 처벌을 구하는 자가 누구인지를 적시할 필요도 없다.**

[2] 친고죄의 경우에 있어서도 **행위자의 범죄에 대한 고소가 있으면 족하고** 나아가 양벌규정에 의하여 처벌받는 자에 대하여 별도의 고소를 요한다고 할 수는 없다(대판 1996.3.12, 94도2423 **양벌규정 고소 사건**). 15. 경찰승진

3 고소에 필요한 범죄사실의 특정 정도

고소는 고소인이 일정한 범죄사실을 수사기관에 신고하여 범인의 처벌을 구하는 의사표시이므로 그 고소한 범죄사실이 특정되어야 할 것이나 **그 특정의 정도는 고소인의 의사가 구체적으로 어떤 범죄사실을 지정하여 범인의 처벌을 구하고 있는 것인가를 확정할 수만 있으면 된다**(대판 2003.10.23, 2002도446 **버니 캐릭터 사건**). 15. 국가직 7급

4 고소능력 또는 고소위임능력의 정도(= 사실상의 의사능력)

고소를 함에는 소송행위능력, 즉 고소능력이 있어야 하는바 **고소능력**은 **피해를 받은 사실을 이해하고 고소에 따른 사회생활상의 이해관계를 알아차릴 수 있는 사실상의 의사능력으로 충분**하므로 민법상의 행위능력이 없는 자라도 위와 같은 능력을 갖춘 자에게는 고소능력이 인정된다고 할 것이고, 고소위임을 위한 능력도 위와 마찬가지라고 할 것이다(대판 1999.2.9, 98도2074 **배임 고소위임 사건**). 14·16. 국가직 9급, 15·17. 경찰승진, 15·17·18·20. 경찰채용, 17. 경찰간부, 17·20 법원직 9급

5 고소능력이 인정되는 경우

① 간음약취죄의 피해자는 **11세 남짓한 초등학교 6학년생**으로서 피해 입은 사실을 이해하고 고소에 따른 사회생활상의 이해관계를 알아차릴 수 있는 사실상의 의사능력이 있다(대판 2011.6.24, 2011도4451 **인천 계산동 11세 여아 약취 사건**). 15. 국가직 7급

취지만 유효

② 강간죄의 피해자가 범행을 당할 때에는 나이 어려(12세) 고소능력이 없었다가 그 후에 (**13세 남짓**되어) 비로소 고소능력이 생겼다면 그 고소기간은 고소능력이 생긴 때로부터 기산되어야 한다(대판 1987.9.22, 87도1707 **철들어 고소한 사건 Ⅰ**). 15. 경찰채용, 17. 법원직 9급

취지만 유효

6 고소능력이 인정되지 않는 경우

① 범행(청소년의 성보호에 관한 법률 위반) 당시 피해자가 **지능지수 49로 정신지체 수준에 해당**하고 **발달성숙도 및 사회적응성이 10세 1개월 수준에 불과**하여 고소능력이 없었다가 그 후에 비로소 고소능력이 생겼다면 그 고소기간은 고소능력이 생긴 때로부터 기산하여야 한다(대판 2007.10.11, 2007도4962 **IQ 49 사건**).

취지만 유효

② 강제추행의 피해자가 범인을 안 날로부터 6월이 경과된 후에 고소 제기하였더라도 범행 당시 피해자가 **11세의 소년**에 불과하여 고소능력이 없었다가 고소 당시에 비로소 고소능력이 생겼다면 그 고소기간은 고소능력이 생긴 때로부터 기산되어야 한다(대판 1995.5.9, 95도696 **철들어 고소 사건 Ⅱ**).

취지만 유효

③ 강간죄의 피해자가 범행을 당할 때에는 **나이 어려(12세)** 고소능력이 없었다가 그 후에 (13세 남짓되어) 비로소 고소능력이 생겼다면 그 고소기간은 고소능력이 생긴 때로부터 기산되어야 한다(대판 1987.9.22, 87도1707 **철들어 고소 사건 Ⅰ**). 15. 경찰채용, 17. 법원직 9급

취지만 유효

(2) 고소권자

피해자	**범죄로 인한 피해자**는 고소할 수 있음 ➜ 직접피해자를 의미 14. 국가직 7급, 15. 경찰승진
피해자의 친족 등	① 피해자의 **법정대리인**은 독립하여 고소할 수 있음(《주의》 법정대리인의 고소권은 고유권이나 피해자의 명시한 의사에 반하여 행사할 수 없다. ×) ② 피해자가 사망한 때에는 그 **배우자, 직계친족, 형제자매**는 고소할 수 있음. 다만, 피해자의 명시한 의사에 반하지 못함 15. 경찰승진, 17. 경찰채용 ③ 피해자의 법정대리인이 피의자이거나 법정대리인의 친족이 피의자인 때에는 피해자의 **친족**은 독립하여 고소할 수 있음 15·16. 경찰승진, 17. 경찰간부·경찰채용 ④ 사자의 명예를 훼손한 범죄에 대하여는 그 **친족 또는 자손**은 고소할 수 있음
지정고소권자	친고죄에 대하여 고소할 자가 없는 경우 이해관계인의 신청이 있으면 **검사가 10일 이내에** 고소할 수 있는 자를 지정함(《주의》 검사가 10일 이내에 고소할 수 있는 자를 지정할 수 있다. ×) 14. 경찰채용, 16·18. 경찰승진

판례 |

1 **법정대리인의 고소권**은 무능력자의 보호를 위하여 **법정대리인에게 주어진 고유권이므로 법정대리인은 피해자의 고소권 소멸 여부에 관계없이 고소할 수 있고**, 이러한 고소권은 피해자의 명시한 의사에 반하여도 행사할 수 있다(대판 1999.12.24, 99도3784 **까치아파트 강간 사건**). 14. 국가직 9급, 17. 경찰승진, 17 · 19. 경찰간부

취지만 유효

2 법정대리인의 고소권은 무능력자의 보호를 위하여 법정대리인에게 주어진 고유권으로서 피해자의 고소권 소멸 여부에 관계없이 고소할 수 있는 것이므로 **법정대리인의 고소기간은 법정대리인 자신이 범인을 알게 된 날로부터 진행한다**(대판 1987.6.9, 87도857). 20. 경찰채용

3 법원이 선임한 부재자 재산관리인이 그 관리대상인 부재자의 재산에 대한 범죄행위에 관하여 **법원으로부터 고소권 행사에 관한 허가를 얻은 경우 부재자 재산관리인은** 형사소송법 제225조 제1항에서 정한 **법정대리인으로서 적법한 고소권자에 해당한다**(대판 2022.5.26, 2021도2488 **부재자 재산관리인 형사고소 사건**). 24. 경찰간부, 23. 변호사 · 경찰채용 · 소방간부

4 **이혼한 생모가 친권자(법정대리인)로서 독립하여 고소할 수 있는지의 여부(적극)**

모자관계는 호적에 입적되어 있는 여부와는 관계없이 자(子)의 출생으로 법률상 당연히 생기는 것이므로 고소 당시 이혼한 생모라도 피해자인 그의 자(子)의 친권자로서 독립하여 고소할 수 있다(대판 1987.9.22, 87도1707). 17. 경찰간부

5 **명의신탁관계에서 고소권자(명의수탁자)**

프로그램저작권이 명의신탁된 경우 대외적인 관계에서는 명의수탁자만이 프로그램저작권자이므로 제3자의 침해행위에 대한 구 컴퓨터프로그램 보호법 제48조 소정의 **고소 역시 명의수탁자만이 할 수 있다**(대판 2013.3.28, 2010도8467). 21. 경찰승진

(3) 고소의 제한

원칙	**원칙적으로** 자기 또는 배우자의 직계존속은 고소하지 못함 18. 법원직 9급	
예외	**예외적으로** 성폭력범죄와 가정폭력범죄의 경우 자기 또는 배우자의 직계존속도 고소할 수 있음 (주의 공연음란행위를 한 아버지를 고소할 수 없다. ×) 18. 법원직 9급	
	가정폭력범죄	① (존속)상해 · 특수상해 · (존속)중상해 · (존속)폭행 · 특수폭행 ② (존속)유기 · 영아유기 · (존속)학대 · 아동혹사 ③ (존속)체포감금 · (존속)중체포감금 · 특수체포감금 ④ (존속)협박 · 특수협박 ⑤ 명예훼손 · 사자명예훼손 · 출판물명예훼손 · 모욕 ⑥ 주거침입 · 강요 · 특수강요 · 공갈 · 특수공갈 · 재물손괴 · 특수손괴 ⑦ 강간 · 유사강간 · 강제추행 등 ⑧ 성폭력처벌법 제14조(카메라 등 이용촬영) ⑨ 정보통신망법 제74조 제1항 제3호
	성폭력범죄	① 음행매개 · 음화 등 반포 · 음화 등 제조 · 공연음란 ② 추행 · 간음 · 성매매 · 성적 착취목적 약취 · 유인 · 인신매매 등 ③ 강간 · 유사강간 · 강제추행 등 ④ 강도강간 ⑤ 성폭력처벌법 제3조부터 제15조에 규정된 범죄

(4) 고소의 방법

고소의 방식	① 고소는 **서면 또는 구술로** 검사 또는 사법경찰관에게 해야 함(《주의 고소는 반드시 서면에 의하여야 한다. ×) 15. 경찰채용, 16. 경찰간부 ② 검사 또는 사법경찰관이 구술에 의한 고소를 받은 때에는 조서를 작성해야 함
고소의 대리	① 고소는 **대리인으로 하여금 하게 할 수 있음** 17. 경찰채용 ② 대리의 방식에는 특별한 제한이 없음

판례 |

1 피해자진술조서에 기재된 범인처벌을 요구하는 의사표시가 적법한 고소에 해당하는지의 여부(적극)

고소는 수사기관에 대하여 범죄사실을 신고하고 범인의 처벌을 구하는 의사표시로서 서면뿐만 아니라 구술로도 할 수 있는바, 구술에 의한 고소를 받은 검사 또는 사법경찰관이 작성하는 조서는 독립한 조서일 필요는 없으므로 **고소권자가 수사기관으로부터 피해자 또는 참고인으로서 신문받으면서 범인의 처벌을 요구하는 의사표시가 포함되어 있는 진술을 하고 그 의사표시가 조서에 기재되면, 적법한 고소에 해당한다**(대판 2011.6.24, 2011도4451 **인천 계산동 11세 여아 약취 사건**). 14·16·17. 법원직 9급, 14·15·16. 경찰채용, 15·17. 국가직 7급, 16. 경찰간부, 17·18. 경찰승진

2 대리고소의 방식(= 방식에는 제한이 없음)

① 대리인에 의한 고소의 경우 대리권이 정당한 고소권자에 의하여 수여되었음이 실질적으로 증명되면 충분하고 **그 방식에 특별한 제한은 없다**고 할 것이며, 한편 친고죄에 있어서의 고소는 고소권 있는 자가 수사기관에 대하여 범죄사실을 신고하고 범인의 처벌을 구하는 의사표시로서 서면뿐만 아니라 구술로도 할 수 있는 것이므로 피해자로부터 고소를 위임받은 **대리인은 수사기관에 구술에 의한 방식으로 고소를 제기할 수도 있다**(대판 2002.6.14, 2000도4595 **김홍신 의원 사건**). 15. 국가직 7급

② 대리인에 의한 고소의 경우 대리권이 정당한 고소권자에 의하여 수여되었음이 실질적으로 증명되면 충분하고 **그 방식에 특별한 제한은 없으므로** 고소를 할 때 반드시 위임장을 제출한다거나 '대리'라는 표시를 하여야 하는 것은 아니고 또 **고소기간은 대리고소인이 아니라 정당한 고소권자를 기준으로 고소권자가 범인을 알게 된 날부터 기산한다**(대판 2001.9.4, 2001도3081). 14. 경찰간부, 15. 국가직 7급, 16. 법원직 9급, 17·18·20. 경찰채용, 18. 변호사

(5) 고소기간

고소기간	**범인을 알게 된 날로부터 6개월**이 경과하면 고소하지 못함
고소기간의 기산점	① 원칙적으로 범인을 알게 된 날로부터 기산함 ② 고소할 수 없는 불가항력의 사유가 있는 때에는 그 사유가 없어진 날로부터 기산함 ③ 고소할 수 있는 자가 수인인 경우에는 1인의 기간의 해태는 타인의 고소에 영향이 없음 14·17. 경찰채용

판례 | 형사소송법 제230조 제1항 소정의 '범인을 알게 된 날'의 의미

1 '범인을 알게 된다.' 함은 **범인이 누구인지 특정할 수 있을 정도로 알게 된다는 것**을 의미하고, 범인의 동일성을 식별할 수 있을 정도로 인식함으로써 족하며 범인의 성명 · 주소 · 연령 등까지 알 필요는 없다(대판 1999.4.23, 99도576 **간통 자술서 사건**).

2 '**범인을 알게 된다.**' 함은 통상인의 입장에서 보아 **고소권자가 고소를 할 수 있을 정도로 범죄사실과 범인을 아는 것**을 의미하고, 범죄사실을 안다는 것은 **고소권자가 친고죄에 해당하는 범죄의 피해가 있었다는 사실관계에 관하여 확정적인 인식이 있음을 말한다**(대판 2010.7.15, 2010도4680 **간통녀 아이 친부가 남편 사건**). 16. 경찰채용, 18. 경찰간부, 20. 국가직 7급·해경채용

(6) 고소불가분의 원칙

의의	① 하나의 범죄사실 일부에 대한 고소나 그 취소는 **그 전부에 대하여 효력이 있음**: 객관적 불가분의 원칙 ② 수인의 공범 중 1인 또는 수인에 대한 고소나 그 취소는 **다른 공범자에게도 효력이 있음**: 주관적 불가분의 원칙 14·18. 경찰채용, 15. 법원직 9급, 16. 경찰승진, 18. 변호사	
객관적 불가분	단순일죄(○)	예외 없이 이 원칙이 적용됨
	상상적 경합범(△)	① 각 부분이 모두 친고죄이고 피해자가 동일할 때에만 이 원칙이 적용됨 ② 피해자가 다르거나 일부 범죄만이 친고죄인 경우에는 이 원칙이 적용되지 않음
	실체적 경합범(×)	실체적 경합범의 관계에 있는 수죄에 대해서는 이 원칙이 적용되지 않음
주관적 불가분	절대적 친고죄(○)	보통 친고죄는 절대적 친고죄로서 이 원칙이 적용됨
	상대적 친고죄(×)	상대적 친고죄(친족상도례가 적용되는 재산범죄)에 있어 비신분자에 대한 고소는 신분자에게 효력이 미치지 아니함

판례 |

1 단순일죄에 객관적 불가분의 원칙이 적용되는지의 여부(적극)

① 일죄의 관계에 있는 범죄사실 **일부에 대한 고소의 효력은 일죄 전부에 대하여 미친다**(대판 2011.6.24, 2011도4451 **인천 계산동 11세 여아 약취 사건**). 15. 경찰채용·국가직 7급, 16. 국가직 9급, 17. 법원직 9급, 18. 경찰승진

② 일죄의 관계에 있는 **범죄사실의 일부에 대한 공소제기 및 고발의 효력은 그 일죄의 전부에 대하여 미친다**(대판 2005.1.14, 2002도5411). 16. 국가직 7급

③ 수개의 범칙사실 중 일부만을 범칙사건으로 하는 고발이 있는 경우에 고발장에 기재된 범칙사실과 동일성이 인정되지 않는 다른 범칙사실에 대해서는 고발의 효력이 미치지 않는다(대판 2014.10.15, 2013도5650). 20. 경찰채용, 21. 경찰승진

④ 법인세는 사업연도를 과세기간으로 하는 것이므로 그 포탈범죄는 각 사업연도마다 1개의 범죄가 성립하는데, 일죄의 관계에 있는 **범죄사실의 일부에 대한 공소제기 및 고발의 효력은 그 일죄의 전부에 대하여 미친다**(대판 2020.5.28, 2018도16864). 21. 경찰승진

2 일부 범죄만이 친고죄인 상상적 경합범에 객관적 불가분의 원칙이 적용되는지의 여부(소극)

(강간죄가 친고죄이었던, 개정 형법 시행 전에) 형이 중한 **강간미수죄가 친고죄로서 고소가 취소**되었다 하더라도 **형이 경한 감금죄(폭력행위 등 처벌에 관한 법률 위반)에 대하여는 아무런 영향을 미치지 않는다**(대판 1983.4.26, 83도323 **조개트럭 사건**). 15. 국가직 9급

취지만 유효

3 수죄인 실체적 경합범에 객관적 불가분의 원칙이 적용되는지의 여부(소극)

① 공소가 제기된 **수개의 간통행위 중 일부 간통행위에 대하여만 배우자의 고소**가 있고 다른 일부 간통행위에 대하여는 배우자의 고소가 없는 경우에 **고소가 없는 간통행위에 대하여까지 고소의 효력이 미칠 수는 없다**(대판 1989.9.12, 89도54). 14. 국가직 9급, 15. 변호사

✎ 취지만 유효

② **수개의 범칙사실 중 일부만을 범칙사건으로 하는 고발**이 있는 경우 고발장에 기재된 범칙사실과 동일성이 인정되지 않는 **다른 범칙사실에 대해서까지 그 고발의 효력이 미칠 수는 없다**(대판 2014.10.15, 2013도5650). 20. 경찰채용

4 절대적 친고죄에 있어 공범 1인에 대한 고소취소의 효력이 다른 공범에게도 미치는지의 여부(적극)

① 친고죄에서 고소와 고소취소의 불가분원칙을 규정한 형사소송법 제233조는 당연히 적용되므로 만일 공소사실에 대하여 **피고인과 공범관계에 있는 사람에 대한 적법한 고소취소가 있다면 고소취소의 효력은 피고인에 대하여 미친다**(대판 2015.11.17, 2013도7987). 16 · 20. 경찰채용, 18. 법원직 9급, 19. 경찰간부, 20. 경찰승진

② (저작권법 위반 사건에 있어) 고소불가분의 원칙상 공범 중 일부에 대하여만 처벌을 구하고 나머지에 대하여는 처벌을 원하지 않는 내용의 고소는 적법한 고소라고 할 수 없고, **공범 중 1인에 대한 고소취소는 고소인의 의사와 상관없이 다른 공범에 대하여도 효력이 있다**(대판 2009.1.30, 2008도7462 **나이키 현수막 사건**). 14 · 17. 국가직 9급, 16. 경찰승진

5 상대적 친고죄에 있어 고소취소가 친족관계가 없는 공범자에게 미치는지의 여부(소극)

상대적 친고죄에 있어서의 피해자의 **고소취소는 친족관계 없는 공범자에게는 그 효력이 미치지 아니한다**(대판 1964.12.15, 64도481). 14. 국가직 9급, 16. 경찰승진

6 고소불가분의 원칙을 규정한 형사소송법 제233조의 규정이 반의사불벌죄에도 준용되는지의 여부(소극)

형사소송법이 고소와 고소취소에 관한 규정을 하면서 제232조 제1항 · 제2항에서 고소취소의 시한과 재고소의 금지를 규정하고 제3항에서는 반의사불벌죄에 제1항 · 제2항의 규정을 준용하는 규정을 두면서도 제233조에서 고소와 고소취소의 불가분에 관한 규정을 함에 있어서는 반의사불벌죄에 이를 준용하는 규정을 두지 아니한 것은 **처벌을 희망하지 아니하는 의사표시나 처벌을 희망하는 의사표시의 철회에 관하여 친고죄와는 달리 공범자간에 불가분의 원칙을 적용하지 아니하고자 함에 있다**고 볼 것이지 입법의 불비로 볼 것은 아니다(대판 1994.4.26, 93도1689 **웅진여성 폐간 사건**). 14 · 17. 경찰승진, 14 · 17 · 20. 국가직 9급, 15 · 18. 경찰채용 · 변호사, 15 · 16 · 20. 법원직 9급, 18 · 19. 경찰간부

7 고소불가분의 원칙을 규정한 형사소송법 제233조의 규정이 전속고발범죄에도 준용되는지의 여부(소극)

① **죄형법정주의의 원칙에 비추어 친고죄에 관한 고소의 주관적 불가분 원칙을 규정한 형사소송법 제233조의 유추적용을 통하여 공정거래위원회의 고발이 없는 위반행위자에 대해서까지 형사처벌의 범위를 확장하는 것도 허용될 수 없으므로,** 위반행위자 중 일부에 대하여 공정거래위원회의 고발이 있다고 하여 나머지 위반행위자에 대하여도 위 고발의 효력이 미친다고 볼 수 없고, 나아가 공정거래법 제70조의 양벌규정에 따라 처벌되는 법인이나 개인에 대한 고발의 효력이 그 대표자나 대리인, 사용인 등으로서 행위자인 사람에게까지 미친다고 볼 수도 없다(대판 2011.7.28, 2008도5757 **설탕담합 사건**). 14. 경찰승진, 17 · 18. 경찰간부, 20. 경찰채용

② **조세범처벌법에 의하여 하는 고발에 있어서는 이른바 고소 · 고발 불가분의 원칙이 적용되지 아니하므로** 고발의 구비 여부는 양벌규정에 의하여 처벌받는 자연인인 행위자와 법인에 대하여 개별적으로 논하여야 한다(대판 2004.9.24, 2004도4066). 14. 변호사 · 국가직 9급, 16. 법원직 9급, 21. 경찰간부

(7) 고소의 취소

의의	① 친고죄에 있어서 고소권자가 일단 제기한 고소를 철회하는 소송행위 ② 반의사불벌죄에 있어 처벌희망 의사표시 철회도 고소취소에 준함
취소시기	① 고소취소 및 처벌희망 의사표시의 철회는 **제1심판결선고 전까지** 할 수 있음 14. 국가직 7급, 15. 법원직 9급, 16. 경찰승진 ② **공범 중 일부에 대하여 이미 제1심판결이 선고되어** 그 자에 대하여 고소취소를 할 수 없는 상태가 되면, **다른 공범자가 아직 제1심판결선고 전이라고 하더라도 그에 대하여 고소취소를 할 수 없음**
취소방식	① 고소취소는 고소와 같이 **서면 또는 구술**로 할 수 있음 ② 고소취소는 공소제기 전에는 수사기관에, 공소제기 후에는 법원에 해야 함 ③ **고소취소의 대리도 허용** 16. 국가직 9급
고소취소의 효과	① 고소를 취소하면 고소권은 소멸함 ② **고소를 취소한 자는 다시 고소하지 못함** 16. 경찰승진, 18. 변호사 ③ 고소취소가 있으면 검사는 공소권 없음 불기소처분, 법원은 공소기각판결을 선고함

판례 |

1 의사능력이 있는 피해자인 청소년 등이 단독으로 처벌을 희망하지 않는다는 의사표시를 할 수 있는지의 여부(적극)

① 반의사불벌죄라고 하더라도 **피해자인 청소년에게 의사능력이 있는 이상, 단독으로 피고인 또는 피의자의 처벌을 희망하지 않는다는 의사표시 또는 처벌희망 의사표시의 철회를 할 수 있고**, 거기에 법정대리인의 동의가 있어야 하는 것으로 볼 것은 아니다[대판 2009.11.19, 2009도6058(전합) **14세 가출녀 강간 사건**]. 14. 변호사, 15. 경찰채용, 15·17. 국가직 9급, 19. 경찰간부, 20. 법원직 9급·국가직 7급

취지만 유효

② 폭행죄는 피해자의 명시한 의사에 반하여 공소를 제기할 수 없는 반의사불벌죄로서 **처벌불원의 의사표시는 의사능력이 있는 피해자가 단독으로 할 수 있다**(대판 2010.5.27, 2010도2680). 17·18·20. 경찰채용

2 적법한 고소취소권자 등이 될 수 없는 경우

① 폭행죄에 있어 **피해자가 사망한 후 그 상속인이 피해자를 대신하여 처벌불원의 의사표시를 할 수는 없다**(대판 2010.5.27, 2010도2680 **생일빵 사건**). 14. 변호사, 16. 국가직 9급, 17·18. 경찰채용, 18. 경찰간부

② (교통사고로 의식을 회복하지 못하고 있는) **피해자의 아버지**가 피해자를 대리하여 처벌을 희망하지 아니한다는 의사를 표시하는 것은 허용되지 아니할 뿐만 아니라 피해자가 성년인 이상 의사능력이 없다는 것만으로 피해자의 아버지가 당연히 법정대리인이 된다고 볼 수도 없으므로, 피해자의 아버지가 처벌을 희망하지 아니한다는 의사를 표시하였더라도 소송법적으로 효력이 발생할 수 없다(대판 2013.9.26, 2012도568). 20. 국가직 7급

③ **피해자의 오빠**의 제1심 법정에서의 진술 중에서 피고인의 처벌을 불원하는 의사표시를 하였다는 사실만으로는 처벌희망 의사표시가 철회되었다고 볼 수 없다(대판 1983.9.13, 83도1052 **오빠 고소취소 사건**).

④ (사건 당시 23세인) **피해자의 부친**이 피해자 사망 후에 피해자를 대신하여 그 피해자가 이미 하였던 고소를 취소하더라도 이는 적법한 고소취소라 할 수 없다(대판 1969.4.29, 69도376 **아버지 고소취소 사건**).

취지만 유효

3 (항소심이 제1심을 파기하고 환송한 사례에서) 환송 후 제1심판결의 선고 전에 친고죄의 고소가 취소된 경우 법원이 취해야 할 조치(= 공소기각판결)

상소심에서 형사소송법 제366조 또는 제393조 등에 의하여 제1심의 공소기각판결이 법률에 위반됨을 이유로 이를 파기하고 사건을 제1심 법원에 환송함에 따라 다시 제1심 절차가 진행된 경우, 종전의 제1심판결은 이미 파기되어 그 효력을 상실하였으므로 환송 후의 제1심판결선고 전에는 고소취소의 제한사유가 되는 제1심판결선고가 없는 경우에 해당한다. 따라서 **환송 후 제1심판결선고 전에 고소가 취소**되면 형사소송법 제327조 제5호에 의하여 **판결로써 공소를 기각**하여야 할 것이다(대판 2011.8.25, 2009도9112 **환송 전 고소취소 사건**). 18 · 19. 변호사, 19. 경찰간부

4 친고죄에 있어 고소취소의 시기 및 반의사불벌죄에 있어 처벌희망 의사표시의 철회시기(= 제1심판결 선고 전까지)

① **제1심판결선고 후에** 고소가 취소된 경우에는 그 취소의 효력이 없으므로 공소기각의 재판을 할 수 없다(대판 1985.2.8, 84도2682). 16. 변호사

② **항소심에서** 비로소 공소사실이 친고죄로 변경된 경우에도 항소심을 제1심이라 할 수는 없는 것이므로 항소심에 이르러 고소인이 고소를 취소하였다면 이는 친고죄에 대한 고소취소로서의 효력이 없다(대판 2007.3.15, 2007도210). 14. 변호사, 15 · 18. 경찰채용, 17. 국가직 7급, 20. 국가직 9급 · 법원직 9급

③ 피해자의 명시한 의사에 반하여 죄를 논할 수 없는 사건에서 처벌을 희망하는 의사표시의 철회 또는 처벌을 희망하지 아니하는 의사표시는 **제1심판결선고시까지 할 수 있으므로 그 후의 의사표시**는 효력이 없다(대판 2000.9.29, 2000도2953).

④ 형사소송법 제232조 제1항 · 제3항의 취지는 국가형벌권의 행사가 피해자의 의사에 의하여 좌우되는 현상을 장기간 방치할 것이 아니라 제1심판결선고 이전까지로 제한하자는 데 그 목적이 있다 할 것이므로, 비록 **항소심에 이르러 비로소 반의사불벌죄가 아닌 죄에서 반의사불벌죄로 공소장변경이 있었다 하여 항소심인 제2심을 제1심으로 볼 수는 없다**(대판 1988.3.8, 85도2518). 18. 경찰승진 · 법원직 9급, 18 · 19. 경찰채용, 20. 국가직 9급

⑤ [1] 제1심 법원이 반의사불벌죄로 기소된 피고인에 대하여 소송법 제23조에 따라 피고인의 진술 없이 유죄를 선고하여 판결이 확정된 경우, 만일 피고인이 책임을 질 수 없는 사유로 공판절차에 출석할 수 없었음을 이유로 소송촉진법 제23조의2에 따라 **제1심 법원에 재심을 청구하여 재심개시결정이 내려졌다면 피해자는 재심의 제1심판결선고 전까지 처벌을 희망하는 의사표시를 철회할 수 있다.** [2] 그러나 피고인이 제1심 법원에 소송촉진법 제23조의2에 따른 재심을 청구하는 대신 **항소권회복청구를 함으로써 항소심 재판을 받게 되었다면 항소심을 제1심이라고 할 수 없는 이상 항소심 절차에서는 처벌을 희망하는 의사표시를 철회할 수 없다**(대판 2016.11.25, 2016도9470). 18. 법원직 9급, 20. 경찰채용

5 공범 중 일부에 대한 제1심판결선고 후, 제1심판결선고 전의 다른 공범자에 대하여 고소를 취소할 수 있는지의 여부(소극)

친고죄의 공범 중 그 일부에 대하여 제1심판결이 선고된 후에는 제1심판결선고 전의 다른 공범자에 대하여는 그 고소를 취소할 수 없고 그 고소의 취소가 있다 하더라도 그 효력을 발생할 수 없으며, 이러한 법리는 필요적 공범이냐 임의적 공범이냐를 구별함이 없이 모두 적용된다(대판 1985.11.12, 85도1940 **가리봉동 여중생윤간 사건**). 14 · 18. 변호사, 16. 경찰승진 · 경찰채용, 18. 법원직 9급

6 공소제기 후 고소취소 또는 처벌희망 의사표시 철회의 상대방

고소의 취소나 처벌을 희망하는 의사표시의 철회는 수사기관 또는 법원에 대한 법률행위적 소송행위이므로 **공소제기 전에는 고소사건을 담당하는 수사기관에, 공소제기 후에는 고소사건의 수소법원에 대하여 이루어져야 한다**(대판 2012.2.23, 2011도17264). 14. 법원직 9급

7 고소취소 또는 처벌희망 의사표시 철회의 방법

반의사불벌죄에 있어서 피해자가 **처벌을 희망하지 아니하는 의사표시나 처벌을 희망하는 의사표시의 철회를 하였다고 인정**하기 위해서는 **피해자의 진실한 의사가 명백하고 믿을 수 있는 방법으로 표현되어야 한다**(대판 2010.11.11, 2010도11550 · 2010전도83).

8 고소취소에 해당하는 경우

① 피해자가 가해자와 합의한 후 '이 사건 전체에 대하여 가해자와 원만히 합의하였으므로 피해자는 가해자를 상대로 이 사건과 관련한 어떠한 민 · 형사상의 책임도 묻지 아니한다'는 취지의 **합의서가 경찰에 제출**된 경우(대판 2002.7.12, 2001도6777 **주병진 사건**) ➜ 강간치상죄 ➜ 강간죄 15. 변호사

✎ 취지만 유효

② 강간피해자 명의의 '당사자간에 원만히 합의되어 민 · 형사상 문제를 일체 거론하지 않기로 화해되었으므로 합의서를 제1심 재판장 앞으로 제출한다'는 취지의 **합의서** 및 '피고인들에게 중형을 내리기보다는 법의 온정을 베풀어 사회에 봉사할 수 있도록 관대한 처분을 바란다'는 취지의 **탄원서가 제1심 법원에 제출**된 경우(대판 1981.11.10, 81도1171) ➜ 강간죄

✎ 취지만 유효

③ 피해자가 피고인의 처벌을 구하는 의사를 철회한다는 의사로 **합의서를 제1심 법원에 제출**하였으나, 그 후 피해자가 제1심 법원에 증인으로 출석하여 "합의를 취소하고 다시 피고인의 처벌을 원한다."는 진술을 한 경우(대판 2009.9.24, 2009도6779 **합의금 안줘서 합의를 취소한다 사건**) ➜ 강간죄 17. 국가직 7급

✎ 취지만 유효

9 성년후견인이 의사무능력인 피해자를 대리하여 반의사불벌죄의 처벌불원의사를 표시하거나 처벌희망 의사를 철회할 수 있는지의 여부(소극)

반의사불벌죄에서 성년후견인은 명문의 규정이 없는 한 **의사무능력자인 피해자를 대리하여 피고인 또는 피의자에 대하여 처벌을 희망하지 않는다는 의사를 결정하거나 처벌을 희망하는 의사표시를 철회하는 행위를 할 수 없다.** 이는 성년후견인의 법정대리권 범위에 통상적인 소송행위가 포함되어 있거나 성년후견개시심판에서 정하는 바에 따라 성년후견인이 소송행위를 할 때 가정법원의 허가를 얻었더라도 마찬가지이다[대판 2023.7.17, 2021도11126(전합) **성년후견인 합의서 제출사건**].

10 고소취소에 해당하지 않는 경우

① (단순히) 고소인이 **합의서를 피고인에게 작성하여 준 경우**(대판 1983.9.27, 83도516) ➜ 모욕죄 18. 법원직 9급

② 관련 민사사건에서 **'형사 고소 사건 일체를 모두 취하한다'는 내용이 포함된 조정이 성립**되었으나, 고소인이 조정이 성립된 이후에도 수사기관 및 제1심 법정에서 여전히 피고인의 처벌을 원한다는 취지로 진술하고 있으며, 달리 고소인이 위 조정조서사본 등을 수사기관이나 제1심 법정에 제출하지 아니한 경우(대판 2004.3.25, 2003도8136) ➜ 모욕죄 및 폭행죄

③ 검사가 작성한 피해자에 대한 진술조서기재 중 "피의자들의 처벌을 원하는가요?"라는 물음에 대하여 **"법대로 처벌하여 주기 바랍니다."**로 되어 있고 이어서 "더 할 말이 있는가요?"라는 물음에 대하여 **"젊은 사람들이니 한번 기회를 주시면 감사하겠읍니다."**로 기재되어 있는 경우(대판 1981.1.13, 80도2210) ➜ 강제추행죄

✎ 취지만 유효

11 친고죄에 있어 고소권을 포기할 수 있는지의 여부(소극)

① 친고죄에 있어서의 피해자의 고소권은 공법상의 권리라고 할 것이므로 법이 특히 명문으로 인정하는 경우를 제외하고는 자유처분을 할 수 없고 따라서 일단 한 고소는 취소할 수 있으나, **고소 전에 고소권을 포기할 수 없다**고 함이 상당할 것이다(대판 1967.5.23, 67도471). 16. 경찰간부, 20. 국가직 9급

② 피해자가 고소장을 제출하여 처벌을 희망하는 의사를 분명히 표시한 후 고소를 취소한 바 없다면 비록 **고소 전에 피해자가 처벌을 원치 않았다** 하더라도 **그 후에 한 피해자의 고소는 유효**하다(대판 2008.11.27, 2007도4977 **방이동 모로코모텔 간통 사건**).

제1편 수사 1장

5. 고발

(1) 일반범죄의 고발

의의	고소권자나 범인 이외의 **제3자가 수사기관에 범죄사실을 신고하여 범인의 처벌을 구하는 의사표시**
주체	① 누구든지 범죄가 있다고 사료하는 때에는 고발할 수 있음 ② 공무원은 그 직무를 행함에 있어 범죄가 있다고 사료하는 때에는 고발해야 함
제한	자기 또는 배우자의 직계존속은 고발하지 못함 14. 경찰승진
절차 등	① 고발은 서면 또는 구술로써 검사 또는 사법경찰관에게 해야 함 ② 검사 또는 사법경찰관이 구술에 의한 고발을 받은 때에는 조서를 작성해야 함 ③ 고발의 기간에는 제한이 없음 ④ 고발은 이를 취소할 수 있고 취소한 후에도 재고발할 수 있음

(2) 전속고발범죄의 고발

의의	① 관계 공무원의 고발이 있어야 유효하게 공소를 제기할 수 있는 범죄 ② 조세범처벌법 위반, 관세법 위반, 출입국관리법 위반 등
전속고발의 특칙	① 전속고발범죄의 고발은 제1심판결선고 전까지 취소할 수 있음(판례) ② 고소와 같은 주관적 불가분의 원칙이 적용되지 않음(판례)

판례 | 세무공무원 등의 고발에 따른 조세범처벌법 위반죄 혐의에 대하여 검사가 불기소처분을 하였다가 나중에 공소를 제기하는 경우, 세무공무원 등의 새로운 고발이 있어야 하는지의 여부(소극)

세무공무원 등의 고발이 있어야 공소를 제기할 수 있는 **조세범처벌법 위반죄에 관하여 일단 불기소처분이 있었더라도 세무공무원 등이 종전에 한 고발은 여전히 유효하다**. 따라서 나중에 공소를 제기함에 있어 세무공무원 등의 새로운 고발이 있어야 하는 것은 아니다(대판 2009.10.29, 2009도6614). 14·16·20. 경찰채용, 16·18·20. 경찰승진, 18. 경찰간부

6. 자수

의의	범인 스스로 수사기관에 대하여 자기 범죄사실을 신고하여 소추를 구하는 의사표시
자수의 절차 등	① 자수는 서면 또는 구술로써 검사 또는 사법경찰관에게 해야 함 ② 검사 또는 사법경찰관이 구술에 의한 자수를 받은 때에는 조서를 작성해야 함 ③ 자수는 성질상 대리가 인정되지 아니함 ④ 자수의 취소도 인정되지 않음

판례 |

1 자수에 해당하는 경우 Ⅰ

① 자수의 방법에는 법률상 특별히 제한한 바가 없으므로 꼭 **범인 자신이 할 필요는 없고 제3자를 통하여 할 수도 있다**(대판 1964.8.31, 64도252).

② 자기의 범죄사실을 신고한 이상 그 신고에 있어 **범죄사실의 세부적인 형태에 있어 다소의 차이가 있다 하여도 이는 자수에 해당**한다(대판 1969.4.29, 68도1780).

③ **수개의 범죄사실 중 일부에 관하여만 자수**한 경우에는 **그 부분 범죄사실에 대하여만 자수의 효력이 있다**(대판 1994.10.14, 94도2130).

④ 범인이 **수개의 범죄사실 중의 일부라도 수사기관에 자진 신고**한 이상, **그 동기가 투명치 않고 그 후 공범을 두둔**하더라도 그 자수한 부분 범죄사실에 대하여는 **자수의 효력이 있다**(대판 1969.7.22, 69도779).

⑤ **일단 자수가 성립한 이상 자수의 효력은 확정적으로 발생**하고 그 후에 범인이 번복하여 수사기관이나 법정에서 범행을 부인한다고 하여 일단 발생한 자수의 효력이 소멸하는 것은 아니다(대판 2011.12.22, 2011도12041).

2 자수에 해당하지 않는 경우 Ⅰ

① 경찰관에게 검거되기 전에 **친지(親知)에게 전화로 자수의사를 전달**하였더라도 그것만으로는 자수로 볼 수 없다(대판 1985.9.24, 85도1489).

② 자수는 범인이 수사기관에 의사표시를 함으로써 성립하는 것이므로 **내심적 의사만으로는 부족**하고 외부로 표시되어야 이를 인정할 수 있는 것이다(대판 2011.12.22, 2011도12041).

③ 수사기관의 **직무상의 질문 또는 조사에 응하여 범죄사실을 진술하는 것**은 자백일 뿐 자수가 되는 것은 아니다(대판 2011.12.22, 2011도12041). 16. 법원직 9급, 19. 경찰간부

④ 수사기관에의 **신고가 자발적이라고 하더라도 그 신고의 내용이 자기의 범행을 명백히 부인하는 등의 내용으로 자기의 범행으로서 범죄성립요건을 갖추지 아니한 사실일 경우**에는 자수는 성립하지 않고, 일단 자수가 성립하지 아니한 이상 그 이후의 수사과정이나 재판과정에서 범행을 시인하였다고 하더라도 새롭게 자수가 성립할 여지는 없다(대판 2011.12.22, 2011도12041). 18. 변호사

⑤ **죄의 뉘우침이 없는 자수**는 그 외형은 자수일지라도 법률상 형의 감경사유가 되는 진정한 자수라고는 할 수 없다(대판 1994.10.14, 94도2130).

⑥ **양벌규정에 의하여 법인이 처벌받는 경우** 법인에게 자수감경에 관한 형법 규정을 적용하기 위하여는 법인의 이사 기타 대표자가 수사책임이 있는 관서에 자수한 경우에 한하고, **그 위반행위를 한 직원 또는 사용인이 자수**한 것만으로는 형을 감경할 수 없다(대판 1995.7.25, 95도391). 14. 경찰간부, 16. 경찰채용

3 자수에 해당하는 경우 Ⅱ

① 피고인이 수사기관에 **자진출석하여 스스로 뇌물을 수수하였다는 내용의 자술서를 작성 · 제출하고 수사과정에서 혐의사실을 자백**하였다면, 법정에서 수수한 금원의 직무관련성에 대하여만 수사기관에서의 자백과 차이가 나는 진술을 하였다 하더라도 자수의 효력에는 영향이 없다(대판 1994.12.27, 94도618).

② 피고인이 자진출석하여 사실을 밝히고 처벌을 받고자 담당 검사에게 전화를 걸어 조사를 받게 해달라고 요청하여 출석시간을 지정받은 다음 **자진 출석하여 혐의사실을 인정하는 내용의 진술서를 작성하는 것은 자수에 해당**한다(대판 1994.9.9, 94도619).

③ 피고인이 수사기관으로부터 출석요구를 받기 전에 대검찰청 중앙수사부에 직접 전화를 걸어 출석의사 및 소재지를 밝힌 후 집으로 찾아온 검찰수사관을 따라 **중앙수사부에 출석하여 범행사실을 자백하면서 모든 책임을 지겠으니 엄벌하여 달라는 취지의 자술서를 작성하고 형사소추를 구한 경우는 자수에 해당**한다(대판 1994.5.10, 94도659).

④ 피고인들이 검찰에 조사 일정을 문의한 다음 지정된 일시에 검찰에 출두하는 등의 방법으로 **자진 출석하여 범행을 사실대로 진술하였다면 자수가 성립**되었다고 할 것이고, 그 후 법정에서 범행사실을 부인한다고 하여 뉘우침이 없는 자수라거나 이미 발생한 자수의 효력이 없어진다고 볼 수 없다(대판 2005.4.29, 2002도7262 **대우그룹 재산국외도피 사건**).

4 자수에 해당하지 않는 경우 Ⅱ

① 피고인이 수사기관에 자진 출석하여 **처음 조사를 받으면서는 돈을 차용하였을 뿐이라며 범죄사실을 부인하다가 제2회 조사를 받으면서 비로소 업무와 관련하여 돈을 수수하였다고 자백**한 행위를 자수라고 할 수 없다(대판 2011.12.22, 2011도12041). 16. 경찰채용

② 경찰관이 피고인의 강도상해 등의 범행에 관하여 수사를 하던 중 국립과학수사연구소의 유전자검색감정 의뢰회보 등을 토대로 **피고인의 여죄를 추궁한 끝에 피고인이 강도강간의 범죄사실과 특수강도의 범죄사실을 자백**한 경우 자수라고 할 수 없다(대판 2006.9.22, 2006도4883).

③ 자수서를 소지하고 **수사기관에 자발적으로 출석하였으나 자수서를 제출하지 아니하고 범행사실도 부인**하였다면 자수가 성립하지 아니하고, 그 이후 구속까지 된 상태에서 자수서를 제출하고 범행사실을 시인하더라도 이는 자수에 해당한다고 인정할 수 없다(대판 2004.10.14, 2003도3133). 18. 변호사

④ 피고인이 검찰에 **자진출두서를 제출하고 출석하여 조사를 받았으나 범죄를 부인하다가 긴급체포, 구속되고 계속 수사를 받다가 자진출석 후 10일 이상 경과하여 범죄사실을 시인**하였는바, 피고인의 범죄사실에 대한 진술은 형벌 감경사유로서의 자수에는 해당하지 않는다(대판 2004.7.8, 2002도661).

⑤ 수사기관에 뇌물수수의 범죄사실을 **자발적으로 신고하였으나 그 수뢰액을 실제보다 적게 신고함으로써 적용법조와 법정형이 달라지게 된 경우** 자수에 해당하지 아니한다(대판 2004.6.24, 2004도2003 **5천 받고 3천 자수 사건**). 16. 경찰채용

⑥ 피고인이 세관검색시 금속탐지기에 의해 대마 휴대사실이 발각될 상황에서 **세관검색원의 추궁에 의하여 대마수입 범행을 시인한 경우**, 자발성이 결여되어 자수에 해당하지 않는다(대판 1999.4.13, 98도4560).

7. 성폭력처벌법상의 성폭력범죄의 특례(청소년성보호법도 이에 준함)

수사절차의 특례	① 고소의 특례: 성폭력범죄에 대하여는 **자기 또는 배우자의 직계존속을 고소할 수 있음** ② 검사와 사법경찰관은 국민의 알권리 보장 등 오로지 공공의 이익을 위하여 필요한 때에는 얼굴, 성명 및 나이 등 피의자의 신상에 관한 정보를 공개할 수 있음 ③ 영상물의 촬영 · 보존 등 ㉠ 성폭력범죄의 피해자가 **19세 미만이거나** 신체적인 또는 정신적인 장애로 **사물을 변별하거나 의사를 결정할 능력이 미약한 경우**에는 피해자의 진술내용과 조사과정을 비디오녹화기 등 **영상물 녹화장치로 촬영 · 보존해야 함** 15. 변호사, 17. 경찰간부, 19. 경찰채용 영상물녹화는 피해자 또는 법정대리인이 이를 원하지 아니하는 의사를 표시한 경우에는 촬영을 하여서는 아니 되지만, 가해자가 친권자 중 일방인 경우에는 그러하지 않음 14. 경찰간부, 15. 변호사 · 경찰승진

	㉡ 영상물에 수록된 '19세 미만 성폭력범죄 피해자'의 진술에 관하여 조사 과정에 동석하였던 신뢰관계인 내지 진술조력인의 법정진술에 의하여 그 성립의 진정함이 인정된 경우에도 증거능력을 인정할 수 있도록 정한 '성폭력범죄의 처벌 등에 관한 특례법' 제30조 제6항 중 '제1항에 따라 촬영한 영상물에 수록된 피해자의 진술은 공판준비기일 또는 공판기일에 조사 과정에 동석하였던 신뢰관계에 있는 사람 또는 진술조력인의 진술에 의하여 그 성립의 진정함이 인정된 경우에 증거로 할 수 있다' 부분 가운데 **19세 미만 성폭력범죄 피해자에 관한 부분이 과잉금지원칙을 위반하여 공정한 재판을 받을 권리를 침해하여 위헌결정됨** (헌재 2021.12.23, 2018헌바524) ㉢ 19세 미만 피해자 등의 진술이 영상녹화된 영상녹화물은 정한 절차와 방식에 따라 영상녹화된 것으로서 다음의 어느 하나의 경우에 증거로 할 수 있다(제30조의2 제1항). ⓐ 증거보전기일, 공판준비기일 또는 공판기일에 그 내용에 대하여 피의자, 피고인 또는 변호인이 피해자를 신문할 수 있었던 경우. 다만, 증거보전기일에서의 신문의 경우 법원이 피의자나 피고인의 방어권이 보장된 상태에서 피해자에 대한 반대신문이 충분히 이루어졌다고 인정하는 경우로 한정한다. ⓑ 19세 미만 피해자 등이 사망 · 외국 거주 · 신체적 정신적 질병 장애 · 소재불명 · 그 밖에 이에 준하는 사유로 공판준비기일 또는 공판기일에 출석하여 진술할 수 없는 경우. 다만, 영상녹화된 진술 및 영상녹화가 특별히 신빙(信憑)할 수 있는 상태에서 이루어졌음이 증명된 경우로 한정한다. 15 · 17. 변호사, 18. 국가직 9급 법원은 위에 따라 증거능력이 있는 영상녹화물을 유죄의 증거로 할지를 결정할 때에는 피고인과의 관계, 범행의 내용, 피해자의 나이, 심신의 상태, 피해자가 증언으로 인하여 겪을 수 있는 심리적 외상, 영상녹화물에 수록된 19세 미만 피해자 등의 진술 내용 및 진술 태도 등을 고려하여야 한다. 이 경우 법원은 전문심리위원 또는 제33조에 따른 전문가의 의견을 들어야 한다(제30조의2 제2항). ④ 신뢰관계에 있는 사람의 동석: 수사기관은 성폭력처벌법 제3조부터 제8조까지, 제10조 및 제15조의 범죄의 피해자를 조사하는 경우에 피해자 또는 법정대리인이 신청할 때에는 부득이한 경우가 아니면 피해자와 신뢰관계에 있는 사람을 동석하게 해야 함
공소시효의 특례	① 다음 범죄는 **공소시효에 관한 규정을 적용하지 않음** ㉠ 13세 미만 또는 장애가 있는 사람에 대한 ⓐ 형법 제297조(강간), 제298조(강제추행), 제299조(준강간 · 준강제추행), 제301조(강간 등 상해 · 치상), 제301조의2(강간 등 살인 · 치사) 또는 제305조(미성년자에 대한 간음, 추행) ⓑ 성폭력처벌법 제6조 제2항(장애인 유사강간), 제7조 제2항(13세 미만자 유사강간) 및 제5항(13세 미만자 위계, 위력에 의한 강간), 제8조(강간 등 상해 · 치상), 제9조(강간 등 살인 · 치사) ⓒ 청소년성보호법 제9조(강간 등 상해 · 치상), 제10조(강간 등 살인 · 치사) ㉡ 형법 제301조의2(강간 등 살인), 성폭력처벌법 제9조 제1항(강간 등 살인), 청소년성보호법 제10조 제1항(강간 등 살인), 군형법 제92조의8(강간 등 살인) ② (13세 이상이고 장애가 없는) 미성년자에 대한 성폭력범죄의 공소시효는 해당 성폭력범죄로 피해를 당한 **미성년자가 성년에 달한 날부터 진행함** 15 · 18. 경찰채용 ③ 성폭력처벌법 제2조 제3호 및 제4호의 죄와 제3조부터 제9조까지의 죄는 디엔에이(DNA)증거 등 그 죄를 증명할 수 있는 과학적인 증거가 있는 때에는 **공소시효가 10년 연장됨** 15. 경찰채용

공판절차 및 처벌의 특례	① 심리의 비공개: 성폭력범죄에 대한 심리는 그 피해자의 사생활을 보호하기 위하여 결정으로써 공개하지 아니할 수 있음 ② 신뢰관계에 있는 사람의 동석: 법원은 성폭력처벌법 제3조부터 제8조까지, 제10조 및 제15조의 범죄의 피해자를 증인으로 신문하는 경우에 검사, 피해자 또는 법정대리인이 신청할 때에는 부득이한 경우가 아니면 피해자와 신뢰관계에 있는 사람을 동석하게 하여야 함 ③ 비디오 등 중계장치에 의한 증인신문: 법원은 성폭력처벌법 제2조 제1항 제3호부터 제5호까지의 범죄의 피해자를 증인으로 신문하는 경우 검사와 피고인 또는 변호인의 의견을 들어 비디오 등 중계장치에 의한 중계를 통하여 신문할 수 있음 ④ 19세 미만 피해자 등에 대한 증인신문을 위한 공판준비절차: 법원은 19세 미만 피해자 등을 증인으로 신문하려는 경우에는 19세 미만 피해자 등의 보호와 원활한 심리를 위하여 필요한 경우 검사, 피고인 또는 변호인의 의견을 들어 사건을 공판준비절차에 부칠 수 있음(제40조의2 제1항). ⑤ 증거보전의 특례: 피해자나 그 법정대리인 또는 사법경찰관은 피해자가 공판기일에 출석하여 증언하는 것에 현저히 곤란한 사정이 있을 때에는 그 사유를 소명하여 제30조에 따라 영상녹화된 영상녹화물 또는 그 밖의 다른 증거에 대하여 해당 성폭력범죄를 수사하는 검사에게 「형사소송법」 제184조(증거보전의 청구와 그 절차) 제1항에 따른 증거보전의 청구를 할 것을 요청할 수 있음. 이 경우 피해자가 **19세** 미만 피해자 등인 경우에는 공판기일에 출석하여 증언하는 것에 현저히 곤란한 사정이 있는 것으로 봄(제41조 제1항). 이 요청을 받은 검사는 그 요청이 타당하다고 인정할 때에는 증거보전의 청구를 할 수 있음. 다만, 19세 미만 피해자 등이나 그 법정대리인이 제1항의 요청을 하는 경우에는 특별한 사정이 없는 한 「형사소송법」 제184조 제1항에 따라 관할 지방법원판사에게 증거보전을 청구하여야 함(제41조 제2항). ⑥ 심신장애 등 감경의 배제: **음주 또는 약물로 인한 심신장애** 상태에서 성폭력범죄를 범한 때에는 **형법 제10조 제1항 · 제2항 및 제11조**(심신장애인과 청각 및 언어 장애인 책임조각 또는 감경)**를 적용하지 아니할 수 있음**(《주의 형법 제10조 제1항 · 제2항 및 제11조를 적용하지 아니한다. ×) ⑦ 성폭력범죄의 피해자는 형사절차상 법률적 조력을 받기 위해 스스로 변호사를 선임할 수 있고, 검사는 피해자에게 변호사가 없는 경우 **국선변호사를 선정하여 형사절차에서 피해자의 권익을 보호할 수 있으며**, 피해자의 변호사는 형사절차에서 피해자 등의 대리가 허용될 수 있는 모든 소송행위에 대한 **포괄적인 대리권을 가짐**. 21. 경찰간부 피해자의 변호사는 피해자를 대리하여 **피고인에 대한 처벌을 희망하는 의사표시를 철회하거나 처벌을 희망하지 않는 의사표시를 할 수 있음**(대판 2019.12.13, 2019도10678) 20. 경찰채용

제2절 수사의 일반원칙과 임의수사

01 서론

1. 수사의 일반원칙

적법절차의 원칙	수사의 개시 및 실행에 있어 수사기관은 적법절차의 원칙을 준수해야 함
비례의 원칙	수사에 의하여 달성하려는 공익과 그에 의하여 침해되는 사익 사이에 정당한 균형관계가 있어야 함
임의수사의 원칙	같은 목적을 달성할 수 있으면 임의수사에 의해야 함
강제수사법정주의	강제수사는 법률에 규정된 경우에 한하여 그 요건과 절차에 따라서만 할 수 있음 14·16. 경찰승진
영장주의	법관이 발부한 영장에 의하지 않고서는 원칙적으로 강제수사를 할 수 없음
기타	직권수사의 원칙, 수사비공개의 원칙, 자기부죄강요금지의 원칙, 목록의 작성, 형사사건 공개금지 원칙, 임의수사 우선의 원칙 등

판례 |

1 영장주의의 의의 및 영장의 성질

[1] 형사절차에 있어서의 **영장주의**란 "체포 · 구속 · 압수 등의 **강제처분을 함에 있어서는 사법권 독립에 의하여 그 신분이 보장되는 법관이 발부한 영장에 의하지 않으면 아니된다."는 원칙**이고, 따라서 영장주의의 본질은 신체의 자유를 침해하는 강제처분을 함에 있어서는 중립적인 법관이 구체적 판단을 거쳐 발부한 영장에 의하여야만 한다는 데에 있다. 14. 경찰승진, 19. 경찰간부 [2] **법원이 직권으로 발부하는 영장**과 **수사기관의 청구에 의하여 발부하는 구속영장**의 법적 성격은 같지 않다. 즉, **전자는 명령장**으로서의 성질을 가지지만, **후자는 허가장**으로서의 성질을 갖는 것으로 이해되고 있다(헌재 1997.3.27, 96헌바28 **전두환 · 노태우 전대통령 사건**). 20. 경찰승진

2 영장주의에 위반되지 않는 경우

① 경찰공무원이나 검사의 신문을 받으면서 자신의 신원을 밝히지 않고 **지문채취에 불응하는 피의자를 처벌하는 경범죄처벌법 규정**(헌재 2004.9.23, 2002헌가17) 14·15·16. 경찰승진, 15·16·18. 경찰간부, 17. 경찰채용

② 등급분류를 받지 아니하거나 등급분류를 받은 게임물과 다른 내용의 게임물을 발견한 경우 **관계공무원으로 하여금 이를 수거폐기하게 한 음반 · 비디오물 및 게임물에 관한 법률 규정**(헌재 2002.10.31, 2000헌마12)

③ **주취운전의 혐의자에게 음주측정에 응할 의무를 지우고 이에 불응할 때 처벌하는 도로교통법 규정**(헌재 1997.3.27, 96헌가11) 17. 경찰승진

④ 마약류 관련 **수형자의 마약류반응검사를 위한 소변강제채취**(헌재 2006.7.27, 2005헌마277) 20. 경찰승진

3 영장주의가 적용되지 않는 경우

우편물 통관검사절차에서 이루어지는 우편물의 개봉, 시료채취, 성분분석 등의 검사는 수출입물품에 대한 적정한 통관 등을 목적으로 한 행정조사의 성격을 가지는 것으로서 **수사기관의 강제처분이라고 할 수 없으므로**, 압수 · 수색영장 없이 우편물의 개봉, 시료채취, 성분분석 등의 검사가 진행되었다 하더라도 특별한 사정이 없는 한 위법하다고 볼 수 없다(대판 2013.9.26, 2013도7718 **통제배달 사건 I**). 14·21. 경찰간부, 15. 변호사, 16. 법원직 9급, 17. 국가직 7급·국가직 9급, 18. 경찰승진

4 영장주의가 적용되는 경우

① 마약류 불법거래방지에 관한 특례법 제4조 제1항에 따른 조치의 일환으로 **특정한 수출입물품을 개봉하여 검사하고 그 내용물의 점유를 취득한 행위는** 수출입물품에 대한 적정한 통관 등을 목적으로 조사를 하는 경우와는 달리, **범죄수사인 압수 또는 수색에 해당하여 사전 또는 사후에 영장을 받아야 한다**(대판 2017.7.18, 2014도8719 **통제배달 사건 Ⅱ**). 20. 경찰채용

② 수사기관이 범죄의 수사를 목적으로 '거래정보 등'을 획득하기 위해서는 법관의 영장이 필요하다고 할 것이고, 신용카드에 의하여 물품을 거래할 때 '금융회사 등'이 발행하는 **매출전표의 거래명의자에 관한 정보 또한 금융실명법에서 정하는 '거래정보 등'에 해당한다**고 할 것이므로, 수사기관이 금융회사 등에 그와 같은 정보를 요구하는 경우에도 **법관이 발부한 영장에 의하여야 한다**(대판 2013.3.28, 2012도13607 **대구 할머니 절도 사건**). 20. 경찰간부 · 경찰채용 · 경찰승진

2. 수사기관의 준수사항

불구속 수사	피의자에 대한 수사는 **불구속 상태**에서 함을 원칙으로 함 14 · 16. 경찰승진
인권존중 등	검사 · 사법경찰관리와 그 밖에 직무상 수사에 관계있는 자는 피의자 또는 다른 사람의 인권을 존중하고 수사과정에서 취득한 비밀을 엄수하며 수사에 방해되는 일이 없도록 해야 함 14. 경찰승진
목록의 작성	검사 · 사법경찰관리와 그 밖에 직무상 수사에 관계있는 자는 수사과정에서 수사와 관련하여 작성하거나 취득한 서류 또는 물건에 대한 목록을 **빠짐없이 작성해야** 함(≪주의 중요목록을 작성한다. ×) 14. 경찰승진
형사 사건 공개금지원칙	검사와 사법경찰관은 **공소제기 전의 형사 사건에 관한 내용을 공개해서는 안 됨**. 다만, 법무부장관, 경찰청장 또는 해양경찰청장은 무죄추정의 원칙과 국민의 알권리 등을 종합적으로 고려하여 형사사건 공개에 관한 준칙을 정할 수 있음
임의수사 우선의 원칙	검사와 사법경찰관은 수사를 할 때 수사 대상자의 자유로운 의사에 따른 임의수사를 원칙으로 해야 하고, 강제수사는 법률에서 정한 바에 따라 필요한 경우에만 최소한의 범위에서 하되, 수사 대상자의 권익침해의 정도가 더 적은 절차와 방법을 선택해야 함

3. 임의수사와 강제수사

(1) 의의

의의	임의수사는 임의적 방법에 의한 수사를 말하고, 강제수사는 강제처분에 의한 수사를 말함
임의수사	피의자신문, 참고인조사, 공무소 등에 대한 조회, 감정 · 통역 · 번역의 위촉 등
강제수사	체포 · 구속, 압수 · 수색 · 검증 등(≪주의 검증은 임의수사이다. ×)

(2) 임의수사의 한계

임의동행	상대방의 진지한 승낙을 전제로 하는 임의동행은 임의수사로서 허용됨
승낙유치	임의수사로서 허용되지 않음
승낙수색 · 검증	상대방의 진지한 승낙을 전제로 하는 승낙수색 · 검증은 임의수사로서 허용됨
거짓말탐지기 사용	상대방의 동의를 전제로 임의수사로서 허용됨
사진촬영 등	상대방의 의사에 반하는 사진촬영은 초상권을 침해한다는 점에서 강제수사에 해당함. 다만, 판례는 일정한 요건하에 영장 없는 촬영의 적법성을 인정함

판례 |

1 '범죄수사를 위한' 형사소송법상 임의동행의 허용 여부

[1] **임의동행은 경찰관 직무집행법 제3조 제2항에 따른 행정경찰 목적의 경찰활동으로 행하여지는 것 외에도 형사소송법 제199조 제1항에 따라 범죄수사를 위하여** 수사관이 동행에 앞서 피의자에게 동행을 거부할 수 있음을 알려 주었거나 동행한 피의자가 언제든지 자유로이 동행과정에서 이탈 또는 동행장소로부터 퇴거할 수 있었음이 인정되는 등 오로지 피의자의 자발적인 의사에 의하여 **이루어진 경우에도 가능하다.** [2] 경찰관이 피고인의 정신상태, 신체에 있는 주사바늘 자국, 알콜솜 휴대, 전과 등을 근거로 피고인의 **마약류 투약 혐의가 상당하다고 판단하여 경찰서로 임의동행을 요구하였고** 동행장소인 경찰서에서 피고인에게 **마약류 투약 혐의를 밝힐 수 있는 소변과 모발의 임의제출을 요구하였다면,** 이러한 임의동행은 마약류 투약 혐의에 대한 수사를 위한 것이어서 **형사소송법 제199조 제1항에 따른 임의동행에 해당한다**(대판 2020.5.14, 2020도398 **마약사범 임의동행 사건**).

2 임의동행의 적법성 인정요건(= 상대방의 진지한 승낙)

수사관이 수사과정에서 당사자의 동의를 받는 형식으로 피의자를 수사관서 등에 동행하는 것은 **오로지 피의자의 자발적인 의사에 의하여 동행이 이루어졌음이 객관적인 사정에 의하여 명백하게 입증된 경우에 한하여 그 적법성이 인정된다**(대판 2015.12.24, 2013도8481 **운 좋은 음주측정거부자 사건**). 14·16·17. 경찰간부, 15·17·19. 경찰채용, 16. 국가직 7급, 18. 경찰승진

3 사실상 강제연행(불법체포)에 해당하는 사례

① 경찰관들이 경찰서 본관 입구에서 동행하기를 거절하는 피고인의 팔을 잡아끌고 교통조사계로 데리고 간 것은 위법한 강제연행에 해당하므로, 그러한 **위법한 체포상태에서 이루어진 교통조사계에서의 음주측정 요구 역시 위법하다고 할 것이어서, 피고인이 그와 같은 음주측정 요구에 불응하였다고 하여 음주측정불응죄로 처벌할 수는 없다**(대판 2015.12.24, 2013도8481 **운 좋은 음주측정거부자 사건**). 20. 경찰채용·국가직 7급

② 피의자가 동행을 거부하는 의사를 표시하였음에도 불구하고 경찰관들이 피의자를 강제로 연행한 행위는 수사상의 강제처분에 관한 형사소송법상의 절차를 무시한 채 이루어진 것으로 위법한 체포에 해당하고, 이와 같이 **위법한 체포상태에서 마약 투약 혐의를 확인하기 위한 채뇨 요구가 이루어진 경우** 그와 같은 **위법한 채뇨 요구에 의하여 수집된 '소변검사시인서'는 유죄 인정의 증거로 삼을 수 없다**(대판 2013.3.14, 2012도13611 **부산 마약피의자 강제연행 사건**). 14. 국가직 7급, 21. 경찰간부

③ 경찰이 피고인이 아닌 제3자들(유흥업소 손님과 그 여종업원)을 **사실상 강제연행하여 불법체포한 상태에서** 이들의 성매매행위나 피고인들의 유흥업소 영업행위를 처벌하기 위하여 **진술서를 받고 진술조서를 작성한 경우,** 각 진술서 및 진술조서는 위법수사로 얻은 진술증거에 해당하여 증거능력이 없으므로 피고인들의 식품위생법 위반 혐의에 대한 **유죄 인정의 증거로 삼을 수 없다**(대판 2011.6.30, 2009도6717 **충북장여관 강제연행 사건**). 18. 법원직 9급, 19. 경찰간부

④ 음주측정을 위하여 당해 운전자를 강제로 연행하기 위해서는 수사상의 강제처분에 관한 형사소송법상의 절차에 따라야 하고, 이러한 절차를 무시한 채 이루어진 강제연행은 위법한 체포에 해당한다. 이와 같은 **위법한 체포 상태에서 음주측정 요구가 이루어진 경우 그에 불응하였다고 하여 음주측정거부에 관한 도로교통법 위반죄로 처벌할 수 없다**(대판 2006.11.9, 2004도8404 **청주 목수 강제연행 사건**).

⑤ 사법경찰관이 피고인을 수사관서까지 동행한 것이 **사실상의 강제연행, 즉 불법체포에 해당하고 불법체포로부터 6시간 상당이 경과한 후에 이루어진 긴급체포 또한 위법**하므로 피고인이 불법체포된 자로서 형법 제145조 제1항에 정한 '법률에 의하여 체포 또는 구금된 자'가 아니어서 **도주죄의 주체가 될 수 없다**(대판 2006.7.6, 2005도6810 **화천 절도피의자 강제연행 사건**). 15. 변호사·경찰채용, 16·21. 경찰간부, 17·18. 경찰승진

4 영장 없이 사진촬영 또는 비디오촬영을 하기 위한 요건

수사기관이 범죄를 수사함에 있어 **현재 범행이 행하여지고 있거나 행하여진 직후**이고, **증거보전의 필요성 및 긴급성**이 있으며, **일반적으로 허용되는 상당한 방법**으로 촬영한 경우라면 위 촬영이 영장 없이 이루어졌다 하여 이를 위법하다고 단정할 수 없다(대판 2013.7.26, 2013도2511 **왕재산 간첩단 사건**). 18. 국가직 9급

5 영장 없는 촬영의 적법성을 인정한 경우

① 피고인들이 공개적인 장소(차량이 통행하는 도로, 식당 앞길 또는 호텔 프런트 등)에서 **반국가단체의 구성원과 회합 중이거나 회합하기 직전 또는 직후의 모습을 동영상으로 촬영**한 경우(대판 2013.7.26, 2013도2511 **왕재산 간첩단 사건**)

② 피고인들에 대한 범죄(국가보안법 위반) 혐의가 상당히 포착된 상태에서 그 회합의 증거를 보전하기 위하여 甲의 주거지 외부에서 담장 밖 및 2층 계단을 통하여 **甲의 집에 출입하는 피고인들의 모습을 비디오촬영**한 경우(대판 1999.9.3, 99도2317 **영남위원회 사건**)

③ 제한속도 위반차량 단속을 위하여 **무인장비로 피고인 운전차량의 차량번호 등을 사진촬영**한 경우(대판 1999.12.7, 98도3329) 16. 국가직 9급

④ 특별사법경찰관은 "일반음식점 영업자인 피고인이 음식점 내에서 음악을 크게 틀고 손님들의 흥을 돋워 손님들이 춤을 추도록 허용하여 영업자가 지켜야 할 사항을 지키지 아니하였다"라는 범죄혐의가 포착된 상태에서 범행에 관한 증거를 보전하기 위한 필요에 의하여, **공개된 장소인 음식점에 통상적인 방법으로 출입하여 음식점 내에 있는 사람이라면 누구나 볼 수 있었던 손님들의 춤추는 모습을 촬영한 경우**(대판 2023.7.13, 2021도10763 **춤추는 손님들 촬영사건 Ⅱ**)

⑤ 원심은, 경찰관들이 "일반음식점 영업자인 피고인이 음향시설을 갖추고 손님이 춤을 추는 것을 허용하여 영업자가 지켜야 할 사항을 지키지 않았다"라는 범죄혐의가 포착된 상태에서 그에 관한 증거를 보전하기 위한 필요에 의하여, **불특정, 다수가 출입할 수 있는 음식점에 통상적인 방법으로 출입하여 음식점 내에 있는 사람이라면 누구나 볼 수 있었던 손님들의 춤추는 모습을 확인하고 이를 촬영한 것은 영장 없이 이루어졌다하여 위법하다고 볼 수 없다는 취지로 판단하고** 경찰관들이 촬영한 경우(대판 2023.7.13, 2019도7891 **춤추는 손님들 촬영사건 Ⅰ**)

⑥ 촬영물은 경찰관들이 "풍속영업을 영위하는 피고인들이 음란행위 영업을 하였다"라는 범죄의 혐의가 포착된 상태에서 나이트클럽 내에서의 음란행위 영업에 관한 증거를 보전하기 위한 필요에 의하여, **불특정 다수에게 공개된 장소인 나이트클럽에 통상적인 방법으로 출입하여 손님들에게 공개된 모습을 촬영한 경우**(대판 2023.4.27, 2018도8161 **나이트클럽 음란쇼 촬영사건**) 24. 경찰승진

02 임의수사

1. 피의자신문

(1) 의의와 절차

의의	수사기관이 수사에 필요한 경우 **피의자를 출석시켜 신문을 하고 진술을 듣는 임의수사**
신문의 방법	① 피의자신문의 주체는 검사 또는 사법경찰관임. 다만, 사법경찰리도 사법경찰관사무취급의 지위에서 피의자신문을 할 권한이 있음(판례) ② 출석요구(상호협력 · 수사준칙규정 제19조, 제20조) ㉠ **출석요구를 하기 전에 우편 · 전자우편 · 전화를 통한 진술 등 출석을 대체할 수 있는 방법의 선택 가능성을 고려할 것** 17. 경찰간부, 18. 국가직 7급

	㉡ 출석요구의 방법, 출석의 일시 · 장소 등을 정할 때에는 피의자의 명예 또는 사생활의 비밀이 침해되지 않도록 주의할 것 ㉢ 출석요구를 할 때에는 **피의자의 생업에 지장을 주지 않도록 충분한 시간적 여유를 두도록 하고, 피의자가 출석 일시의 연기를 요청하는 경우 특별한 사정이 없으면 출석 일시를 조정할 것** ㉣ 불필요하게 여러 차례 출석요구를 하지 않을 것 ㉤ 검사 또는 사법경찰관은 피의자에게 출석요구를 하려는 경우 피의자와 조사의 일시 · 장소에 관하여 협의해야 한다. 이 경우 **변호인이 있는 경우에는 변호인과도 협의해야 함** ㉥ 검사 또는 사법경찰관은 피의자에게 출석요구를 하려는 경우 피의사실의 요지 등 출석요구의 취지를 구체적으로 적은 **출석요구서를 발송해야 함**. 다만, 신속한 출석요구가 필요한 경우 등 **부득이한 사정이 있는 경우에는 전화, 문자메시지, 그 밖의 상당한 방법으로 출석요구를 할 수 있음** ㉦ 제19조 제1항부터 제5항까지의 규정은 **피의자 외의 사람에 대한 출석요구의 경우에도 적용함** ㉧ 검사 또는 사법경찰관은 임의동행을 요구하는 경우 상대방에게 동행을 거부할 수 있다는 것과 동행하는 경우에도 언제든지 자유롭게 동행과정에서 이탈하거나 동행장소에서 퇴거할 수 있다는 것을 알려야 함. 피의자는 출석요구에 응할 의무가 없고, 또한 **출석했다고 하더라도 언제든지 퇴거할 수 있음** 14. 경찰간부 ③ 진술거부권의 고지 14 · 15. 경찰승진, 15. 변호사, 15 · 16. 경찰간부 ㉠ 일체의 진술을 하지 아니하거나 개개의 질문에 대하여 진술을 하지 아니할 수 있다는 것 ㉡ 진술을 하지 아니하더라도 불이익을 받지 아니한다는 것 ㉢ 진술을 거부할 권리를 포기하고 행한 진술은 법정에서 유죄의 증거로 사용될 수 있다는 것 ㉣ 신문을 받을 때에는 변호인을 참여하게 하는 등 변호인의 조력을 받을 수 있다는 것 ④ 검사 또는 사법경찰관은 피의자가 진술을 거부할 권리와 변호인의 조력을 받을 권리를 행사할 것인지의 여부를 질문하고, 이에 대한 피의자의 답변을 조서에 기재하여야 함. 이 경우 피의자의 답변은 피의자로 하여금 자필로 기재하게 하거나 피의자의 답변을 기재한 부분에 기명날인 또는 서명하게 하여야 함 ⑤ 인정신문을 한 후 범죄사실과 양형에 관한 필요한 사항을 신문함 18. 경찰채용 ⑥ 사실을 발견함에 필요한 때에는 피의자와 다른 피의자 또는 피의자 아닌 자와 대질하게 할 수 있음
심야조사 제한 등	① 심야조사 제한: 검사 또는 사법경찰관은 조사, 신문, 면담 등 그 명칭을 불문하고 피의자나 사건관계인에 대해 **오후 9시부터 오전 6시까지 사이에 조사(이하 '심야조사'라 한다)를 해서는 안 됨**. 다만, 이미 **작성된 조서의 열람을 위한 절차는 자정 이전까지 진행할 수 있음** ② 심야조사 할 수 있는 경우(상호협력 · 수사준칙규정 제21조 제2항) ㉠ 피의자를 체포한 후 **48시간 이내에 구속영장의 청구 또는 신청 여부를 판단**하기 위해 불가피한 경우(제1호) ㉡ **공소시효가 임박**한 경우(제2호) ㉢ 피의자나 사건관계인이 출국, 입원, 원거리 거주, 직업상 사유 등 재출석이 곤란한 구체적인 사유를 들어 **심야조사를 요청**한 경우(변호인이 심야조사에 동의하지 않는다는 의사를 명시한 경우는 제외한다)로서 해당 요청에 상당한 이유가 있다고 인정되는 경우(제3호)

	㉣ 그 밖에 사건의 성질 등을 고려할 때 심야조사가 불가피하다고 판단되는 경우 등 법무부장관, 경찰청장 또는 해양경찰청장이 정하는 경우로서 검사 또는 사법경찰관의 소속 기관의 장이 지정하는 **인권보호 책임자의 허가** 등을 받은 경우(제4호) ③ 장시간 조사 제한: 검사 또는 사법경찰관은 조사, 신문, 면담 등 그 명칭을 불문하고 피의자나 사건관계인을 조사하는 경우에는 대기시간, 휴식시간, 식사시간 등 모든 시간을 합산한 조사시간(이하 '총 조사시간'이라 한다)이 12시간을 초과하지 않도록 해야 함 ④ 장시간 조사 제한 예외사유(상호협력 · 수사준칙규정 제22조 제1항) ㉠ 피의자나 사건관계인의 **서면 요청에 따라 조서를 열람**하는 경우 ㉡ 제21조 제2항 각 호(**심야조사사유**)의 어느 하나에 해당하는 경우 ⑤ 실제 조사시간: 검사 또는 사법경찰관은 특별한 사정이 없으면 총 조사시간 중 식사시간, 휴식시간 및 조서의 열람시간 등을 제외한 실제 조사시간이 8시간을 초과하지 않도록 해야 함. 검사 또는 사법경찰관은 피의자나 사건관계인에 대한 조사를 마친 때부터 **8시간이 지나기 전에는 다시 조사할 수 없음.** 다만, 상호협력 · 수사준칙규정 제22조 제1항 제2호(**심야조사사유**)에 해당하는 경우에는 예외로 함 ⑥ 휴식시간 부여: 검사 또는 사법경찰관은 조사에 상당한 시간이 소요되는 경우에는 특별한 사정이 없으면 피의자 또는 사건관계인에게 조사 도중에 최소한 2시간마다 10분 이상의 휴식시간을 주어야 함
신문의 참여자	① 수사기관의 참여 ㉠ 검사가 피의자를 신문할 때에는 검찰청수사관 등을 참여하게 해야 함 ㉡ 사법경찰관이 피의자를 신문할 때에는 사법경찰관리를 참여하게 해야 함 19. 경찰채용 ② 변호인의 참여 ㉠ 검사 또는 사법경찰관은 **피의자 또는 그 변호인 · 법정대리인 · 배우자 · 직계친족 · 형제자매의 신청에 따라** 변호인을 피의자와 접견하게 하거나 **정당한 사유가 없는 한 피의자에 대한 신문에 참여하게 해야 함**(«주의 동거인 · 고용주 ×) 14 · 15 · 17. 경찰승진, 14 · 16 · 18. 경찰채용, 15. 국가직 9급, 16. 경찰간부 ㉡ 신문에 참여하고자 하는 변호인이 2인 이상인 때에는 **피의자가** 신문에 참여할 변호인 1인을 지정함. 다만, 지정이 없는 경우에는 **검사 또는 사법경찰관이** 이를 지정할 수 있음(«주의 지정하여야 한다. ×) 14 · 16 · 18. 경찰승진, 15. 국가직 9급, 17. 경찰채용, 18. 경찰간부 ㉢ 신문에 참여한 변호인은 **신문 후 의견을 진술할 수 있음.** 다만, 신문 중이라도 **부당한 신문방법에 대하여 이의를 제기할 수 있고,** 검사 또는 사법경찰관의 승인을 얻어 의견을 **진술할 수 있음** 14 · 16 · 17 · 18. 경찰승진, 14 · 18. 경찰채용, 14. 국가직 9급 · 법원직 9급, 15. 변호사, 18. 경찰간부 이 경우 **검사 또는 사법경찰관은 정당한 사유가 있는 경우를 제외하고는 변호인의 의견진술 요청을 승인해야 함** ㉣ 변호인의 의견이 기재된 피의자신문조서는 변호인에게 열람하게 한 후 변호인으로 하여금 그 조서에 기명날인 또는 서명하게 하여야 함 14. 법원직 9급, 19. 경찰간부 ㉤ 검사 또는 사법경찰관은 변호인의 신문참여 및 그 제한에 관한 사항을 피의자신문조서에 기재하여야 함(«주의 기재할 수 있다. ×) 14 · 15 · 16. 경찰승진, 18. 경찰채용 ㉥ 검사나 사법경찰관이 변호인의 참여를 제한하거나 퇴거시킨 처분에 대해서 피의자나 변호인은 준항고를 할 수 있음(«주의 즉시항고 ×) 14 · 17. 법원직 9급, 15. 변호사, 16 · 18. 경찰채용, 18. 경찰승진, 19. 경찰간부 ㉦ 검사 또는 사법경찰관은 피의자신문에 참여한 변호인이 피의자의 옆자리 등 실질적인 조력을 할 수 있는 위치에 앉도록 해야 하고, 정당한 사유가 없으면 피의자에 대한 법적인 조언 · 상담을 보장해야 하며, 법적인 조언 · 상담을 위한 **변호인의 메모를 허용해야 함**

	ⓞ 검사 또는 사법경찰관은 피의자에 대한 신문이 아닌 **단순 면담 등이라는 이유로 변호인의 참여 · 조력을 제한해서는 안 됨** ⓩ 피의자신문에 참여한 변호인은 검사 또는 사법경찰관의 신문 후 조서를 열람하고 의견을 진술할 수 있음. 이 경우 변호인은 별도의 서면으로 의견을 제출할 수 있으며, 검사 또는 사법경찰관은 해당 서면을 사건기록에 편철함
신뢰관계자의 동석	① 피의자가 신체적 또는 정신적 장애로 사물을 변별하거나 의사를 결정 · 전달할 능력이 미약한 때 ➜ 동석하게 할 수 있음 ② 피의자의 연령 · 성별 · 국적 등의 사정을 고려하여 그 심리적 안정의 도모와 원활한 의사소통을 위하여 필요한 때 ➜ 동석하게 할 수 있음(≪주의 피의자를 신문하는 경우 신뢰관계인을 동석하게 하여야 한다. ×) 14. 경찰승진, 18 · 19. 경찰간부

판례 |

1 구속된 피의자가 피의자신문을 위한 수사기관의 출석요구에 응하지 아니하면서 출석을 거부할 경우, 수사기관이 그 구속영장에 의하여 피의자를 조사실로 구인할 수 있는지의 여부(적극)

[1] 수사기관이 구속영장에 의하여 피의자를 구속하는 경우, 그 구속영장은 기본적으로 장차 공판정에의 출석이나 형의 집행을 담보하기 위한 것이지만, 이와 함께 구속기간의 범위 내에서 수사기관이 피의자신문의 방식으로 구속된 피의자를 조사하는 등 적정한 방법으로 범죄를 수사하는 것도 예정하고 있다고 할 것이다. 따라서 구속영장 발부에 의하여 **적법하게 구금된 피의자가 피의자신문을 위한 출석요구에 응하지 아니하면서 수사기관 조사실에의 출석을 거부**한다면 **수사기관은 그 구속영장의 효력에 의하여 피의자를 조사실로 구인할 수 있다**고 보아야 할 것이다. [2] 다만, 이러한 경우에도 그 피의자신문 절차는 어디까지나 임의수사의 한 방법으로 진행되어야 할 것이므로, 피의자는 헌법 제12조 제2항과 형사소송법 제244조의3에 따라 일체의 진술을 하지 아니하거나 개개의 질문에 대하여 진술을 거부할 수 있고, 수사기관은 피의자를 신문하기 전에 그와 같은 권리를 알려주어야 한다(대결 2013.7.1, 2013모160 **구속피의자 국정원 구인 사건**). 14 · 15 · 16 · 18 · 19 · 20. 경찰채용, 14 · 15. 법원직 9급, 15. 변호사, 16 · 17. 경찰승진, 17 · 21. 경찰간부

2 적법한 절차와 방식에 따라 작성되지 않아 증거능력이 부정되는 경우

[1] 사법경찰관이 피의자에게 진술거부권을 행사할 수 있음을 알려 주고 그 행사 여부를 질문하였다 하더라도, 형사소송법 제244조의3 제2항에 규정한 방식에 위반하여 **진술거부권 행사 여부에 대한 피의자의 답변이 자필로 기재되어 있지 아니하거나 그 답변 부분에 피의자의 기명날인 또는 서명이 되어 있지 아니한 사법경찰관 작성의 피의자신문조서는** 특별한 사정이 없는 한 형사소송법 제312조 제3항에서 정한 '적법한 절차와 방식에 따라 작성'된 조서라 할 수 없으므로 그 **증거능력을 인정할 수 없다**. 14. 변호사, 15. 국가직 7급, 16 · 17. 국가직 9급, 18 · 20. 경찰채용, 20. 경찰승진

[2] **피의자가 변호인의 참여를 원한다는 의사를 명백하게 표시하였음에도 수사기관이 정당한 사유 없이 변호인을 참여하게 하지 아니한 채 피의자를 신문하여 작성한 피의자신문조서는** 형사소송법 제312조에 정한 '적법한 절차와 방식'에 위반된 증거일 뿐만 아니라 제308조의2에서 정한 '적법한 절차에 따르지 아니하고 수집한 증거'에 해당하므로 이를 **증거로 할 수 없다**(대판 2013.3.28, 2010도3359 **공항버스 운전기사 횡령 사건**). 14 · 15. 법원직 9급, 15 · 16. 경찰승진, 15. 국가직 7급 · 경찰간부, 16 · 17 · 18. 경찰채용, 17. 변호사

3 피의자신문시 변호인참여의 제한요건인 '정당한 사유'의 의미

형사소송법 제243조의2 제1항에 의하면 "검사 또는 사법경찰관은 피의자 또는 변호인 등이 신청할 경우 정당한 사유가 없는 한 변호인을 피의자신문에 참여하게 하여야 한다."고 규정하고 있는바, 여기에서 **'정당한 사유'**라 함은 **변호인이 피의자신문을 방해하거나 수사기밀을 누설할 염려가 있음이 객관적으로 명백한 경우 등**을 말하는 것이므로 수사기관이 피의자신문을 하면서 위와 같은 정당한 사유가 없음에도 불구하고 **변호인에 대하여 피의자로부터 떨어진 곳으로 옮겨 앉으라고 지시를 한 다음 이러한 지시에 따르지 않았음을 이유로 변호인의 피의자신문참여권을 제한하는 것은 허용될 수 없다**(대결 2008.9.12, 2008모793 **변호인 퇴실명령 사건**). 18·19. 경찰채용

4 수사기관이 변호인에게 피의자 후방에 앉으라고 요구한 것이 헌법에 위반되는지의 여부(적극)

검찰수사관이 피의자신문에 참여한 변호인에게 피의자 후방에 앉으라고 요구한 경우, 피의자가 변호인에게 적극적으로 조언과 상담을 요청할 것을 기대하기 어렵고, 변호인이 피의자의 상태를 즉각적으로 파악하거나 수사기관이 피의자에게 제시한 서류 등의 내용을 정확하게 파악하기 어려우므로 이러한 후방착석 요구행위는 변호인의 자유로운 피의자신문참여를 제한하는 것으로서 **헌법상 기본권인 변호인의 변호권을 침해한다**(헌재 2017.11.30, 2016헌마503 **후방착석 요구 사건**). 18. 국가직 9급

5 부당한 신문방법에 대한 변호인의 이의제기가 피의자신문을 방해하는 행위인지의 여부

[1] **검사가** 피의자신문절차에서 인정신문을 진행하기 전에 **변호인으로부터 15분에 걸쳐 피의자의 수갑을 해제하여 달라는 명시적이고 거듭된 요구를 받았고** 피의자에게 도주, 자해, 다른 사람에 대한 위해의 위험이 분명하고 구체적으로 드러나는 등 특별한 사정이 없었음에도 **교도관에게 수갑을 해제하여 달라고 요청하지 않은 것은 위법하다.** [2] **검사 또는 사법경찰관의 부당한 신문방법에 대한 이의제기는** 고성, 폭언 등 그 방식이 부적절하거나 또는 합리적 근거 없이 반복적으로 이루어지는 등의 특별한 사정이 없는 한, 원칙적으로 **변호인에게 인정된 권리의 행사에 해당하며, 신문을 방해하는 행위로는 볼 수 없다.** [3] 검사 또는 사법경찰관이 구금된 피의자를 신문할 때 피의자 또는 변호인으로부터 **보호장비를 해제해 달라는 요구를 받고도 거부한 조치는** 형사소송법 제417조 제1항에서 정한 '구금에 관한 처분'에 해당한다(대결 2020.3.17, 2015모2357 **수갑해제 요청 묵살 사건**). 20. 경찰채용

6 변호인의 피의자신문 참여권을 위법하게 침해한 경우

검사 또는 사법경찰관이 특별한 사정 없이 단지 변호인이 피의자신문 중에 부당한 신문방법에 대한 이의제기를 하였다는 이유만으로 변호인을 조사실에서 퇴거시키는 조치는 정당한 사유 없이 변호인의 피의자신문 참여권을 제한하는 것으로서 허용될 수 없으므로, **피의자의 변호인이** 인정신문을 시작하기 전 **검사에게 피의자의 수갑을 해제하여 달라고 계속 요구하자 검사가 수사에 현저한 지장을 초래한다는 이유로 변호인을 퇴실시킨 것은** 변호인의 피의자신문 참여권을 침해한 것으로 **위법하다**(대결 2020.3.17, 2015모2357 **수갑해제 요청 묵살 사건**).

7 피의자신문시 신뢰관계자 동석 관련 판례

구체적인 사안에서 **(신뢰관계자의) 동석을 허락**할 것인지는 원칙적으로 **검사 또는 사법경찰관이 피의자의 건강 상태 등 여러 사정을 고려하여 재량에 따라 판단**하여야 할 것이나, **이를 허락하는 경우에도 동석한 사람으로 하여금 피의자를 대신하여 진술하도록 하여서는 아니되는 것**이고, 만약 동석한 사람이 피의자를 대신하여 진술한 부분이 조서에 기재되어 있다면 그 부분은 피의자의 진술을 기재한 것이 아니라 동석한 사람의 진술을 기재한 조서에 해당하므로 그 사람에 대한 진술조서로서의 증거능력을 취득하기 위한 요건을 충족하지 못하는 한 이를 유죄 인정의 증거로 사용할 수 없다(대판 2009.6.23, 2009도1322 **한나라당 자원봉사팀장 사건**). 16. 국가직 9급, 16·17·20. 경찰채용, 18. 경찰승진·경찰간부

(2) 조서작성 등

조서작성	① 피의자의 진술은 **피의자신문조서**에 기재함 ② 피의자신문조서는 피의자에게 열람하게 하거나 읽어 들려주어야 하며, 진술한 대로 기재되지 아니하였거나 사실과 다른 부분의 유무를 물어 피의자가 증감 또는 변경의 청구 등 이의를 제기하거나 의견을 진술한 때에는 이를 조서에 추가로 기재해야 함 15. 경찰승진 ③ 피의자가 조서에 대하여 이의나 의견이 없음을 진술한 때에는 피의자로 하여금 그 취지를 자필로 기재하게 하고 조서에 간인한 후 기명날인 또는 서명하게 함
조사과정의 기록	검사 또는 사법경찰관은 피의자가 조사장소에 도착한 시각, 조사를 시작하고 마친 시각, 그 밖에 조사과정의 진행경과를 확인하기 위하여 필요한 사항을 피의자신문조서에 기록하거나 별도의 서면에 기록한 후 수사기록에 편철하여야 함 15. 경찰승진
영상녹화	① 검사 또는 사법경찰관은 **미리 피의자에게 알려주고** 피의자의 진술을 영상녹화할 수 있음 (≪주의 피의자·피의자 아닌 자의 진술은 동의하에 영상녹화한다. ×) 14·15·16·17·18. 경찰승진, 15·16·17·18·19. 경찰채용, 16·18·19. 경찰간부, 18. 변호사 ② 조사의 개시부터 종료까지의 전 과정 및 객관적 정황을 영상녹화해야 함 15·16. 경찰승진, 19. 경찰채용 ③ 영상녹화가 완료된 때에는 피의자 또는 변호인 앞에서 지체 없이 그 원본을 봉인하고 피의자로 하여금 기명날인 또는 서명하게 해야 함 14. 경찰채용, 15·16. 경찰승진, 18. 경찰간부 ④ 피의자 또는 변호인의 요구가 있는 때에는 영상녹화물을 재생하여 시청하게 해야 함. 이 경우 그 내용에 대하여 **이의를 진술하는 때에는 그 취지를 기재한 서면을 첨부해야 함** (≪주의 따로 영상녹화한다. ×) 15·16. 경찰승진, 18. 경찰간부, 20. 경찰채용 ⑤ 영상녹화물은 조서의 진정성립 등의 증명방법으로 사용될 수 있고 또한 피고인이 진술함에 있어서 기억이 명백하지 아니한 사항에 관하여 기억환기용 수단으로 사용될 수 있음 (≪주의 영상녹화물은 본증이나 탄핵증거로 사용할 수 있다. ×) 14. 경찰간부, 15. 경찰채용

판례 | 형사소송법 제312조 제4항에 규정된 '영상녹화물'

1 [1] 형사소송법 제312조 제4항이 실질적 진정성립을 증명할 수 있는 방법으로 규정하는 영상녹화물에 대하여는 형사소송법 및 형사소송규칙에서 영상녹화의 과정, 방식 및 절차 등을 엄격하게 규정하고 있으므로 수사기관이 작성한 피고인 아닌 자의 진술을 기재한 조서에 대한 실질적 진정성립을 증명할 수 있는 수단으로서 **형사소송법 제312조 제4항에 규정된 '영상녹화물'이라 함은 형사소송법 및 형사소송규칙에 규정된 방식과 절차에 따라 제작되어 조사·신청된 영상녹화물을 의미한다.** [2] 수사기관이 작성한 피고인이 아닌 자의 진술을 기재한 조서에 대하여 실질적 진정성립을 증명하기 위해 영상녹화물의 조사를 신청하려면 영상녹화를 시작하기 전에 피고인 아닌 자의 동의를 받고 그에 관해서 피고인 아닌 자가 기명날인 또는 서명한 **영상녹화 동의서를 첨부하여야 하고,** 조사가 개시된 시점부터 조사가 종료되어 참고인이 조서에 기명날인 또는 서명을 마치는 시점까지 **조사 전 과정이 영상녹화되어야 하므로 이를 위반한 영상녹화물에 의하여는** 특별한 사정이 없는 한 **피고인 아닌 자의 진술을 기재한 조서의 실질적 진정성립을 증명할 수 없다**(대판 2022.6.16, 2022도364 **유흥업소 상납금 강요사건**). ➜ 참고인진술조서의 원진술자인 피해자들이 공판기일에서 자신들에 대한 진술조서에 대하여 실질적 진정성립을 인정하지 않자, 검사가 경찰이 작성한 피해자들에 대한 영상녹화물을 진술조서의 실질적 진정성립을 증명하기 위하여 법원에 제출하였다. 그런데 경찰은 피해자들로부터 기명날인 또는 서명한 영상녹화 동의서를 받지 않았고 또한 피해자들이 조서를 열람하는 도중 영상녹화가 중단되어 피해자들의 조서 열람과

정 중 일부와 조서에 기명날인 또는 서명을 마치는 과정이 영상녹화되지 않았다. 이것은 형사소송규칙 제134조의3 제2항 · 제3항에 위반된 것이므로 이 영상녹화물은 진술조서의 실질적 진정성립의 위한 증명자료가 될 수 없다는 취지의 판례이다.

2 형사소송법은 제244조의2 제1항에서 피의자의 진술을 영상녹화하는 경우 조사의 개시부터 종료까지의 전 과정 및 객관적 정황을 영상녹화하여야 한다고 규정하고 있고, 형사소송규칙은 제134조의2 제3항에서 영상녹화물은 조사가 개시된 시점부터 조사가 종료되어 피의자가 조서에 기명날인 또는 서명을 마치는 시점까지 전 과정이 영상녹화된 것으로서 피의자의 신문이 영상녹화되고 있다는 취지의 고지, 영상녹화를 시작하고 마친 시각 및 장소의 고지, 신문하는 검사와 참여한 자의 성명과 직급의 고지, 진술거부권 · 변호인의 참여를 요청할 수 있다는 점 등의 고지, 조사를 중단 · 재개하는 경우 중단 이유와 중단 시각, 중단 후 재개하는 시각, 조사를 종료하는 시각의 내용을 포함하는 것이어야 한다고 규정한다. 형사소송법 등에서 조사가 개시된 시점부터 조사가 종료되어 조서에 기명날인 또는 서명을 마치는 시점까지 조사 전 과정이 영상녹화되는 것을 요구하는 취지는 진술 과정에서 연출이나 조작을 방지하고자 하는 데 있다. 여기서 **조사가 개시된 시점부터 조사가 종료되어 조서에 기명날인 또는 서명을 마치는 시점까지라 함은 기명날인 또는 서명의 대상인 조서가 작성된 개별 조사에서의 시점을 의미하므로 수회의 조사가 이루어진 경우에도 최초의 조사부터 모든 조사 과정을 빠짐없이 영상녹화하여야 한다고 볼 수 없고, 같은 날 이루어진 수회의 조사라 하더라도 특별한 사정이 없는 한 조사 과정 전부를 영상녹화하여야 하는 것도 아니다**(대판 2022.7.14, 2020도13957).

제1편 수사

1장

2. 참고인조사

의의	① 수사기관이 수사에 필요한 때에 **피의자 아닌 자의 출석을 요구하여 진술을 듣는 임의수사** ② 조사절차 ㉠ 참고인조사절차는 피의자신문절차에 준함 ㉡ **참고인**에 대해서는 피의자신문과 달리 **진술거부권을 고지할 필요가 없음**
신뢰관계자 동석	① 참고인이 현저하게 불안 또는 긴장을 느낄 우려가 있다고 인정되는 경우 ➜ 동석하게 할 수 있음 ② 범죄로 인한 피해자가 13세 미만이거나 신체적 또는 정신적 장애로 사물을 변별하거나 의사를 결정할 능력이 미약한 경우 ➜ 부득이한 경우가 아닌 한 동석하게 해야 함
조서작성	① 참고인의 진술은 참고인진술조서에 기재함 ② 참고인진술조서의 작성방법은 피의자신문조서에 준함 ③ 조사과정의 기록도 피의자신문에 준함
영상녹화	① 수사기관은 **참고인의 동의를 얻어** 참고인의 진술은 **영상녹화할 수 있음**(«주의 피의자와 참고인의 동의를 얻어 영상녹화할 수 있다. ×) 14 · 18. 경찰간부, 16 · 17 · 18. 경찰채용 ② 영상녹화물은 공판단계에서 참고인진술조서의 진정성립 등의 증명방법으로 사용될 수 있고 또한 참고인(증인)이 진술함에 있어서 기억이 명백하지 아니한 사항에 관하여 기억환기용 수단으로 사용될 수 있음 14 · 18. 경찰간부

판례 |

1 조사과정 기록이 누락된 경우 참고인진술서의 증거능력 유무(소극)

피고인이 아닌 자가 수사과정에서 진술서를 작성하였지만 **수사기관이 그에 대한 조사과정을 기록하지 아니하여** 형사소송법 제244조의4 제3항 · 제1항에서 정한 절차를 위반한 경우에는 특별한 사정이 없는 한 '적법한 절차와 방식'에 따라 수사과정에서 진술서가 작성되었다 할 수 없으므로 그 증거능력을 인정할 수 없다(대판 2015.4.23, 2013도3790). 16 · 17 · 18. 변호사, 16. 국가직 7급, 18. 국가직 9급 · 법원직 9급

2 수사과정에서 작성한 진술서의 의미

[1] 이러한 형사소송법 규정 및 문언과 그 입법 목적 등에 비추어 보면, 형사소송법 제312조 제5항의 적용대상인 '수사과정에서 작성한 진술서'란 수사가 시작된 이후에 수사기관의 관여 아래 작성된 것이거나, **개시된 수사와 관련하여 수사과정에 제출할 목적으로 작성한 것으로, 작성 시기와 경위 등 여러 사정에 비추어 그 실질이 이에 해당하는 이상 명칭이나 작성된 장소 여부를 불문한다.** [2] 따라서 수사기관이 수사에 필요하여 피의자가 아닌 자로부터 진술서를 작성 · 제출받는 경우에도 그 절차는 준수되어야 하므로, 피고인이 아닌 자가 수사과정에서 진술서를 작성하였지만 수사기관이 조사과정의 진행경과를 확인하기 위하여 필요한 사항을 그 진술서에 기록하거나 별도의 서면에 기록한 후 수사기록에 편철하는 등 적절한 조치를 취하지 아니하여 형사소송법 제244조의4 제1항, 제3항에서 정한 절차를 위반한 경우에는, 그 **진술증거 취득과정의 절차적 적법성의 제도적 보장이 침해되지 않았다고 볼 만한 특별한 사정이 없는 한 '적법한 절차와 방식'에 따라 수사과정에서 진술서가 작성되었다고 할 수 없어 증거능력을 인정할 수 없다**(대판 2022.10.27, 2022도9510 **입당원서 사건**). 23. 법원직 9급

3 수사기관이 참고인을 조사하는 과정에서 작성한 영상녹화물을 공소사실을 입증하는 본증으로 사용할 수 있는지의 여부(소극)

수사기관이 참고인을 조사하는 과정에서 형사소송법 제221조 제1항에 따라 작성한 영상녹화물은 다른 법률에서 달리 규정하고 있는 등의 특별한 사정이 없는 한 **공소사실을 직접 증명할 수 있는 독립적인 증거로 사용될 수는 없다**(대판 2014.7.10, 2012도5041 **역술인진술 영상녹화 사건**). 15 · 20. 변호사, 16. 국가직 7급, 17 · 21. 경찰간부, 17 · 20 법원직 9급, 20. 경찰채용 · 해경채용

4 선거관리위원회 위원 · 직원이 관계인에게 진술이 녹음된다는 사실을 미리 알려주지 아니한 채 녹음한 경우, 그 녹음파일 및 녹취록의 증거능력 유무(소극)

선거관리위원회 위원 · 직원이 **관계인에게 진술이 녹음된다는 사실을 미리 알려주지 아니한 채 진술을 녹음하였다면,** 그와 같은 조사절차에 의하여 수집한 녹음 파일 내지 그에 터잡아 작성된 녹취록은 형사소송법 제308조의2에서 정하는 '적법한 절차에 따르지 아니하고 수집한 증거'에 해당하여 **원칙적으로 유죄의 증거로 쓸 수 없다**(대판 2014.10.15, 2011도3509 **돈받은 할머니 사건**). 15 · 17. 경찰채용, 16. 국가직 9급, 16 · 17 · 18. 경찰승진, 16 · 18. 경찰간부, 17. 법원직 9급

3. 기타 임의수사

감정 등 위촉	검사 또는 사법경찰관은 수사에 필요한 때에는 감정 · 통역 · 번역을 위촉할 수 있음
공무소 등에 조회	수사에 관하여 공무소 기타 공사 단체에 조회하여 필요한 사항의 보고를 요구할 수 있음 16. 경찰승진, 17. 경찰채용

4. 전문수사자문위원

전문수사 자문위원의 참여	① 검사는 공소제기 여부와 관련된 사실관계를 분명하게 하기 위하여 필요한 경우에는 직권이나 피의자 또는 변호인의 신청에 의하여 전문수사자문위원을 지정하여 수사절차에 참여하게 하고 자문을 들을 수 있음 14. 경찰채용, 15. 국가직 9급 ② 전문수사자문위원은 전문적인 지식에 의한 설명 또는 의견을 기재한 서면을 제출하거나 전문적인 지식에 의하여 설명이나 의견을 진술할 수 있음 14. 경찰채용 ③ 검사는 전문수사자문위원이 제출한 서면이나 전문수사자문위원의 설명 또는 의견의 진술에 관하여 피의자 또는 변호인에게 구술 또는 서면에 의한 **의견진술의 기회**를 **주어야 함**(≪주의 의견진술의 기회를 줄 수 있다. ×) 14. 경찰채용
전문수사 자문위원의 지정	① 전문수사자문위원을 수사절차에 참여시키는 경우 검사는 각 사건마다 **1인** 이상의 전문수사자문위원을 지정함(≪주의 2인 이상의 ×) ② 검사는 상당하다고 인정하는 때에는 전문수사자문위원의 지정을 취소할 수 있음 14. 경찰채용 ③ 피의자 또는 변호인은 검사의 전문수사자문위원 지정에 대하여 **관할 고등검찰청 검사장에게 이의를 제기할 수 있음**(≪주의 관할 지방검찰청 검사장에게 ×) 14. 경찰채용, 15. 국가직 9급

제2장 강제처분과 강제수사

제1절 서론

구분		내용
의의		상대방의 의사에 반하거나 물리적 강제력을 행사하거나 개인의 기본권을 침해하는 처분
종류	주체	① 수사기관의 강제처분: 피의자체포, 피의자구속, 압수 · 수색 · 검증 등 ② 수소법원의 강제처분: 피고인소환, 피고인구속, 압수 · 수색 · 검증, 피고인감정유치, 증거조사 등 ③ 판사에 의한 강제처분: 증거보전, 참고인에 대한 증인신문
	대상	① 대인적 강제처분: 소환, 체포 · 구속, 감정유치 등 ② 대물적 강제처분: 압수 · 수색 · 검증 등
강제처분 법정주의		강제처분은 법률에 특별한 규정이 있는 경우에 한하여 필요한 최소한도의 범위 안에서만 해야 함
구제제도	사전적 구제 (체포 · 구속 전)	강제처분법정주의, 무죄추정의 원칙, 진술거부권, 영장주의, 구속 전 피의자심문제도, 변호인제도, 재체포 · 재구속의 제한 등
	사후적 구제 (체포 · 구속 후)	체포 · 구속적부심사제도, 구속의 취소, 구속의 집행정지, 피고인보석, 강제처분에 대한 준항고, 국가배상, 형사보상 등

제2절 체포와 구속(공통사항)

01 피의자 · 피고인 체포 · 구속의 요건 14 · 15 · 16. 경찰승진, 15. 법원직 9급, 16 · 17. 경찰채용, 17. 국가직 7급, 18. 경찰간부

구분		요건 (범죄혐의는 당연히 전제)	경미사건의 제한 (다액 50만원 이하의 벌금 · 구류 · 과료)	영장
피의자	통상체포	① 출석요구 불응 ② 출석요구 불응 우려 ✎ 명백히 체포의 필요성(도망 또는 증거인멸의 염려)이 인정되지 않으면 영장청구 기각	① 일정한 주거가 없는 때 ② 출석요구 불응	체포영장
	긴급체포	① 범죄의 중대성 ➜ 사형 · 무기 · 장기 3년 이상의 징역 · 금고 ② 체포의 필요성 ㉠ 도망 또는 도망의 염려 ㉡ 증거인멸의 염려 ③ 긴급성 ➜ 체포영장을 발부받을 시간적 여유 없는 때 ✎ 3가지 요건이 모두 갖추어져야 긴급체포 가능		×
	현행범체포	① 현행범인 ➜ 범죄의 실행 중 또는 실행 즉후인 자 ② 준현행범인 ㉠ 범인으로 호창되어 추적되고 있는 때 ㉡ 장물이나 범죄에 사용되었다고 인정함에 충분한 흉기 기타의 물건을 소지하고 있는 때 ㉢ 신체 또는 의복류에 현저한 증적이 있는 때 ㉣ 누구임을 물음에 대하여 도망하려 하는 때 ✎ 판례에 의할 때 체포의 필요성(도망 또는 증거인멸의 염려)이 있어야 체포가 가능함	일정한 주거가 없는 때	×
피의자 · 피고인	구속	① 일정한 주거가 없는 때 ② 증거인멸의 염려 ③ 도망 또는 도망의 염려 ✎ 3가지 사유 중 하나만 있어도 구속 가능 ✎ 구속사유를 심사함에 있어서 범죄의 중대성, 재범의 위험성, 피해자 및 중요 참고인 등에 대한 위해 우려 등을 고려하여야 함	일정한 주거가 없는 때	구속영장

02 피의자 재체포 · 재구속 및 피고인 재구속 요건

구분		재체포 · 재구속 요건 (범죄혐의는 당연히 전제)	영장
피의자	긴급체포되었다가 석방된 피의자를 체포하는 경우	영장을 발부받을 것	체포영장
	구속되었다가 석방된 피의자를 재차 구속하는 경우	다른 중요한 증거를 발견한 때	구속영장
	체포 · 구속적부심사에 의하여 (조건 없이) 석방된 피의자를 재차 체포 · 구속하는 경우	도망하거나 죄증을 인멸하는 때	체포 · 구속영장
	구속적부심사에 의하여 보증금납입조건부로 석방된 피의자를 재차 구속하는 경우	① 도망한 때 ② 도망하거나 죄증을 인멸할 염려가 있다고 믿을 만한 충분한 이유가 있는 때 ③ 출석요구를 받고 정당한 이유 없이 출석하지 아니한 때 ④ 주거의 제한 기타 법원이 정한 조건을 위반한 때	구속영장
피고인	구속되었다가 석방된 피고인을 재차 구속하는 경우	① 일정한 주거가 없는 때 ② 증거를 인멸할 염려가 있는 때 ③ 도망하거나 도망할 염려가 있는 때	구속영장

03 미란다 고지와 영장의 제시

형사소송법

제200조의5【체포와 피의사실 등의 고지】 검사 또는 사법경찰관은 피의자를 체포하는 경우에는 피의사실의 요지, 체포의 이유와 변호인을 선임할 수 있음을 말하고 변명할 기회를 주어야 한다. 14. 변호사, 15. 경찰승진 · 경찰채용, 16. 경찰간부

제213조의2【준용규정】 (중략) **제200조의5**의 규정은 검사 또는 사법경찰관리가 현행범인을 체포하거나 현행범인을 인도받은 경우에 이를 준용한다. 16. 경찰승진 · 경찰채용

제209조【준용규정】 (중략) **제85조** (중략) 및 **제200조의5**는 검사 또는 사법경찰관의 피의자구속에 관하여 준용한다.

제200조의6【준용규정】 (중략) **제85조 제1항** (중략) 규정은 검사 또는 사법경찰관이 피의자를 체포하는 경우에 이를 준용한다. 이 경우 '구속'은 이를 '체포'로, '구속영장'은 이를 '체포영장'으로 본다.

제72조【구속과 이유의 고지】 피고인에 대하여 범죄사실의 요지, 구속의 이유와 변호인을 선임할 수 있음을 말하고 변명할 기회를 준 후가 아니면 구속할 수 없다. 다만, 피고인이 도망한 경우에는 그러하지 아니하다. 15. 법원직 9급

제72조의2【고지의 방법】 ① 법원은 합의부원으로 하여금 제72조의 절차를 이행하게 할 수 있다.

제88조【구속과 공소사실 등의 고지】 피고인을 구속한 때에는 즉시 공소사실의 요지와 변호인을 선임할 수 있음을 알려야 한다.

제85조【구속영장집행의 절차】 ① 구속영장을 집행함에는 피고인에게 반드시 이를 제시하고 그 사본을 교부하여 신속히 지정된 법원 기타 장소에 인치하여야 한다.

검사와 사법경찰관의 상호협력과 일반적 수사준칙에 관한 규정

제32조【체포 · 구속영장 집행 시의 권리 고지】 ① 검사 또는 사법경찰관은 피의자를 체포하거나 구속할 때에는 법 제200조의5(법 제209조에서 준용하는 경우를 포함한다)에 따라 피의자에게 **피의사실의 요지, 체포 · 구속의 이유와 변호인을 선임할 수 있음을 말하고, 변명할 기회를 주어야 하며, 진술거부권을 알려주어야** 한다.

② 제1항에 따라 피의자에게 알려주어야 하는 진술거부권의 내용은 법 제244조의3 제1항 제1호부터 제3호까지의 사항으로 한다.

③ 검사와 사법경찰관이 제1항에 따라 피의자에게 그 권리를 알려준 경우에는 피의자로부터 권리 고지 확인서를 받아 사건기록에 편철한다.

판례 |

1 피의자를 체포 · 구속하는 경우의 미란다 고지

① 사법경찰관 등이 체포영장을 소지하고 피의자를 체포하기 위하여는 체포 당시에 피의자에게 체포영장을 제시하고 피의자에 대한 범죄사실의 요지, 구속의 이유와 변호인을 선임할 수 있음을 말하고 변명할 기회를 주어야 하는데, **이와 같은 체포영장의 제시나 고지 등은 체포를 위한 실력행사에 들어가기 이전에 미리 하여야 하는 것이 원칙**이나 달아나는 피의자를 쫓아가 붙들거나 폭력으로 대항하는 피의자를 실력으로 제압하는 경우에는 **붙들거나 제압하는 과정에서 하거나 그것이 여의치 않은 경우에라도 일단 붙들거나 제압한 후에 지체 없이 행하여야 한다**(대판 2008.2.14, 2007도10006).

② 검사 또는 사법경찰관이 피의자를 긴급체포하는 경우에는 반드시 피의사실의 요지, 체포의 이유와 변호인을 선임할 수 있음을 말하고, 변명할 기회를 주어야 한다. **이와 같은 고지는 긴급체포를 위한 실력행사에 들어가기 이전에 미리 하여야 하는 것이 원칙**이나 달아나는 피의자를 쫓아가 붙들거나 폭력으로 대항하는 피의자를 실력으로 제압하는 경우에는 **붙들거나 제압하는 과정에서 하거나 그것이 여의치 않은 경우에는 일단 붙들거나 제압한 후에 지체 없이 하여야 한다**(대판 2008.7.24, 2008도2794).

③ 사법경찰관리가 현행범인을 체포하는 경우에는 반드시 범죄사실의 요지, 체포의 이유와 변호인을 선임할 수 있음을 말하고 변명할 기회를 주어야 하고 **이와 같은 고지는 체포를 위한 실력행사에 들어가기 이전에 미리 하여야 하는 것이 원칙**이나 달아나는 피의자를 쫓아가 붙들거나 폭력으로 대항하는 피의자를 실력으로 제압하는 경우에는 **붙들거나 제압하는 과정에서 하거나 그것이 여의치 않은 경우에라도 일단 붙들거나 제압한 후에 지체 없이 행하였다**면 경찰관의 현행범인 체포는 적법한 공무집행이라고 할 수 있다(대판 2008.10.9, 2008도3640). 16. 국가직 9급, 17 · 20. 경찰승진 · 경찰간부 · 국가직 7급, 20. 변호사

④ 경찰관들이 체포를 위한 실력행사에 나아가기 전에 **체포영장을 제시하고 미란다 원칙을 고지할 여유가 있었음에도 애초부터 미란다 원칙을 체포 후에 고지할 생각으로 먼저 체포행위에 나선 행위는 적법한 공무집행이라고 볼 수 없으므로** 비록 피고인이 이에 거세게 저항하는 과정에서 경찰관들에게 상해를 가하였더라도 공무집행방해죄나 상해죄는 성립하지 아니한다(대판 2017.9.21, 2017도10866). 18. 경찰채용

2 피고인을 구속하는 경우의 미란다 고지(사전청문절차)

① **형사소송법 제72조**는 "피고인에 대하여 범죄사실의 요지, 구속의 이유와 변호인을 선임할 수 있음을 말하고 변명할 기회를 준 후가 아니면 구속할 수 없다."고 규정하고 있는바, 이는 **피고인을 구속함에 있어 법관에 의한 사전 청문절차**를 규정한 것으로서 구속영장을 집행함에 있어 집행기관이 취하여야 하는 절차가 아니라 구속영장 발부함에 있어 수소법원 등 법관이 취하여야 하는 절차라 할 것이므로 법원이 피고인에 대하여 구속영장을 발부함에 있어 사전에 위 규정에 따른 절차를 거치지 아니한 채 구속영장을 발부하였다면 그 발부결정은 위법하다 할 것이나, 위 규정은 피고인의 절차적 권리를 보장하기 위한 규정이므로 **이미 변호인을 선정하여 공판절차에서 변명과 증거의 제출을 다하고 그의 변호 아래 판결을 선고받은 경우 등과 같이 위 규정에서 정한 절차적 권리가 실질적으로 보장되었다고 볼 수 있는 경우**에는, 이에 해당하는 절차의 전부 또는 일부를 거치지 아니한 채 구속영장을 발부하였다 하더라도 이러한 점만으로 그 **발부결정이 위법하다고 볼 것은 아니다**(대결 2000.11.10, 2000모134). 14. 경찰채용, 17. 국가직 9급

② 피고인은 이 사건 범죄사실에 관하여 형사소송법 제72조에서 정한 **사전 청문절차 없이 발부된 구속영장에 기하여** 2018.1.19. 구속되었다. 그러나 제1심 법원이 위 구속의 위법을 시정하기 위하여 2018.4.13. 구속취소결정을 하고 적법한 청문절차를 밟아 구속사유가 있음을 인정하고 같은 날 피고인에 대한 구속영장을 새로 발부하였다. 이와 같이 적법하게 발부된 새로운 구속영장에 따라 피고인에 대한 구속이 계속되었다. 피고인이 위 청문절차에서부터 제1심과 원심의 소송절차에 이르기까지 변호인의 조력을 받았다. 피고인에 대한 신체구금 과정에 피고인의 방어권이 본질적으로 침해되어 원심판결의 정당성마저 인정하기 어렵다고 볼 정도의 위법은 없다. 따라서 **피고인에 대한 구속영장 발부와 집행에 관한 소송절차의 법령위반 등을 다투는 상고이유 주장은 받아들이지 않는다.** 판결내용 자체가 아니고 다만 피고인의 신병확보를 위한 구속 등 소송절차가 법령에 위반된 경우에는, 그로 인하여 피고인의 방어권이나 변호인의 조력을 받을 권리가 본질적으로 침해되고 판결의 정당성마저 인정하기 어렵다고 보이는 정도에 이르지 않는 한, **그것 자체만으로는 판결에 영향을 미친 위법이라고 할 수 없다**(대판 2019.2.28, 2018도19034). 20. 경찰채용

3 피고인을 구속하는 경우의 미란다 고지(사후청문절차)

형사소송법 제88조는 "피고인을 구속한 때에는 즉시 공소사실의 요지와 변호인을 선임할 수 있음을 알려야 한다."고 규정하고 있는바, 이는 **사후 청문절차에 관한 규정으로서 이를 위반하였다 하여 구속영장의 효력에 어떠한 영향을 미치는 것은 아니다**(대결 2000.11.10, 2000모134). 14 · 16. 경찰채용, 18. 경찰승진

4 영사통보권 등이 있음을 고지하지 않고 외국인을 체포한 것이 위법한지의 여부(적극)와 증거사용 여부

사법경찰관이 인도네시아 국적의 외국인인 피고인을 출입국관리법 위반의 현행범인으로 체포하면서 소변과 모발을 임의제출 받아 압수하였고, 소변검사 결과에서 향정신성의약품인 MDMA(일명 엑스터시) 양성반응이 나오자 피고인은 출입국관리법 위반과 마약류 관리에 관한 법률 위반(향정) 범행을 모두 자백한 후 구속되었는데, 피고인이 검찰 수사 단계에서 자신의 구금 사실을 자국 영사관에 통보할 수 있음을 알게 되었음에도 수사기관에 영사기관 통보를 요구하지 않은 사안에서, **사법경찰관이 체포 당시 피고인에게 영사통보권 등을 지체 없이 고지하지 않았으므로 체포나 구속 절차에 영사관계에 관한 비엔나협약(Vienna Convention on Consular Relations, 1977.4.6. 대한민국에 대하여 발효된 조약 제594호) 제36조 제1항 (b)호를 위반한 위법이 있으나,** 제반 사정을 종합하면 피고인이 영사통보권 등을 고지받았더라도 영사의 조력을 구하였으리라고 보기 어렵고, 수사기관이 피고인에게 영사통보권 등을 고지하지 않았더라도 그로 인해 피고인에게 실질적인 불이익이 초래되었다고 볼 수 없어 피고인에게 영사통보권 등을 고지하지 않은 사정이 수사기관의 증거 수집이나 이후 공판절차에 상당한 영향을 미쳤다고 보기 어려우므로, **절차 위반의 내용과 정도가 중대하거나 절차 조항이 보호하고자 하는 외국인 피고인의 권리나 법익을 본질적으로 침해하였다고 볼 수 없어 체포나 구속 이후 수집된 증거와 이에 기초한 증거들은 유죄 인정의 증거로 사용할 수 있다**(대판 2022.4.28, 2021도17103 **불법체류 인도네시아인 체포사건**).

04 체포 · 구속의 절차

영장청구 여부에 대한 심의 – 체포 · 구속영장, 압수 · 수색영장 동일	① **검사가** 사법경찰관이 신청한 영장을 **정당한 이유 없이 판사에게 청구하지 아니한 경우 사법경찰관은** 그 검사 소속의 지방검찰청 소재지를 관할하는 **고등검찰청에 영장청구 여부에 대한 심의를 신청할 수 있음**(제221조의5 제1항) ② 영장청구 여부에 관한 사항을 심의하기 위하여 각 고등검찰청에 영장심의위원회를 둠(제221조의5 제2항) ③ 심의위원회는 위원장 1명을 포함한 10명 이내의 외부 위원으로 구성하고, 위원은 각 고등검찰청 검사장이 위촉함(제221조의5 제3항) ④ 사법경찰관은 심의위원회에 출석하여 의견을 개진할 수 있음(제221조의5 제4항)
영장의 유효기간	영장의 유효기간은 **7일**로 하지만, 법원 · 법관이 상당하다고 인정하는 때에는 **7일을 넘는 기간을 정할 수 있음** 14. 경찰간부
체포 · 구속에 수반하는 압수 · 수색 · 검증	① 피의자 · 피고인을 체포 · 구속하는 경우에 필요한 때에는 영장 없이 타인의 주거 등에서 피의자를 수색(수사)할 수 있음. 다만, 제200조의2 또는 제201조에 따라 피의자를 체포 또는 구속하는 경우의 피의자 수색은 미리 수색영장을 발부받기 어려운 긴급한 사정이 있는 때에 한정함 ② 피의자 · 피고인을 체포 · 구속하는 경우에 필요한 때에는 영장 없이 체포현장에서 압수 · 수색 · 검증을 할 수 있음
집행 후의 절차	① 피고인을 구속한 때에는 즉시 범죄사실의 요지와 변호인을 선임할 수 있음을 알려야 함 ② 피의자 · 피고인을 체포 · 구속한 때에는 변호인 또는 변호인선임권자에게 피의(피고)사건명, 체포구속 일시 · 장소, 범죄사실의 요지, 체포구속의 이유와 변호인을 선임할 수 있는 취지를 지체 없이 (늦어도 24시간 이내에) **서면**으로 알려야 함 15. 경찰채용, 16. 법원직 9급, 18. 경찰간부
접견교통권 등	① 체포 · 구속된 피의자 · 피고인은 법률의 범위 내에서 타인과 접견하고 서류 또는 물건을 수수하며 의사의 진료를 받을 수 있음 ② 체포 · 구속된 자는 법원 등에게 변호사를 지정하여 변호인의 선임을 의뢰할 수 있고, 의뢰를 받은 자는 급속히 피의자가 지명한 변호사에게 그 취지를 통지해야 함
체포 · 구속적부심사	체포 · 구속된 피의자는 법원에 체포적부심사청구를 할 수 있음
체포 · 구속의 취소와 집행정지	① 체포 · 구속의 사유가 없거나 소멸된 때에는 체포 · 구속을 취소해야 함(예 진범 검거 등) ② 상당한 이유가 있을 때 체포 · 구속의 집행을 정지할 수 있음(예 질병, 출산 등) ③ 헌법 제44조에 의하여 체포 · 구속된 국회의원에 대한 석방요구가 있으면 당연히 체포 · 구속영장의 집행이 정지됨
법원에 대한 통지	피의자를 체포 · 구속하지 아니하거나 체포 · 구속한 피의자를 석방한 때에는 지체 없이 검사는 영장을 발부한 법원에 그 사유를 서면으로 통지해야 함 14. 법원직 9급

제3절 체포와 구속(개별사항)

01 체포

1. 통상체포

의의	범죄혐의가 있고 일정한 체포사유가 존재할 경우 **사전영장에 의하여 비교적 단기간 피의자의 신병을 확보**하는 강제처분
요건	**[제2절 체포와 구속(공통사항)]** 참고
영장의 청구와 발부	① **검사는 판사에게** 청구하여 체포영장을 발부받아야 함. **사법경찰관은 검사에게** 신청하여 검사의 청구로 판사가 영장을 발부함 18. 경찰채용 ② 체포영장의 청구는 서면으로 해야 함 ③ 동일한 범죄사실에 관하여 그 피의자에 대하여 전에 체포영장을 청구하였거나 발부받은 사실이 있는 때에는 다시 체포영장을 청구하는 취지 및 이유를 기재하여야 함 16. 경찰승진 ④ 청구를 받은 **판사는 상당하다고 인정할 때에는 체포영장을 발부함**. 다만, 명백히 체포의 필요가 인정되지 아니하는 경우에는 그렇지 않음 ⑤ 구속영장과는 달리 체포영장을 발부하기 위하여 **판사가 피의자를 심문하는 것은 허용되지 않음** ⑥ 체포영장에는 피의자의 성명, 주거, 죄명, 범죄사실의 요지, 인치구금할 장소, 발부연월일 등을 기재함 ⑦ 체포영장은 수통을 작성하여 사법경찰관리 수인에게 교부할 수 있음
영장의 집행	① 체포영장은 원칙적으로 **검사의 지휘에 의하여 사법경찰관리가 집행함** ② 검사는 필요에 의하여 **관할구역 외에서 체포영장의 집행**을 지휘할 수 있고 또는 당해 관할구역의 검사에게 집행지휘를 촉탁할 수 있음 ③ 체포영장을 집행함에는 피의자에게 이를 제시하고 그 사본을 교부하여야 하며 신속히 지정된 장소에 인치해야 함. 다만, **급속을 요하는 때에는 집행 후에 영장을 제시**하고 그 사본을 교부하여야 함 17. 경찰간부 (≪주의 피의자의 신청이 있는 때에 한하여 피의자에게 그 사본을 교부할 수 있다. ×). 17. 경찰간부, 22. 경찰채용
체포 후의 조치	체포한 피의자를 구속하고자 할 때에는 체포한 때부터 **48시간 이내에 구속영장을 청구**해야 하고, 그 기간 내에 구속영장을 청구하지 아니하거나 또는 발부받지 못한 때에는 피의자를 즉시 석방해야 함(≪주의 법정기간 내에 석방한다. ×, 48시간 이내에 구속영장을 발부받지 못하는 때에는 피의자를 석방하여야 한다. ×) 16. 변호사, 17. 경찰채용

2. 긴급체포

의의	중대한 범죄를 범하였다고 의심할 만한 상당한 이유가 있는 **피의자를 수사기관이 영장 없이 체포**하는 강제처분
요건	**[제2절 체포와 구속(공통사항)]** 참고
절차	① 긴급체포의 요건에 해당하는 경우에는 검사 또는 사법경찰관은 긴급체포를 한다는 사유를 고하고 영장 없이 피의자를 체포할 수 있음 ② 사법경찰관이 피의자를 긴급체포한 경우에는 **즉시 검사의 승인**을 얻어야 함 15·17. 경찰승진, 17·18. 경찰채용, 18. 국가직 7급 ③ 사법경찰관은 긴급체포 후 **12시간** 내에 검사에게 긴급체포의 승인을 요청해야 함. 다만, 제51조 제1항 제4호 가목 또는 제52조 제1항 제3호에 따라 수사중지 결정 또는 기소중지 결정이 된 피의자를 소속 경찰관서가 위치하는 특별시·광역시·특별자치시·도 또는 특별자치도 외의 지역이나 연안관리법 제2조 제2호 나목의 바다에서 긴급체포한 경우에는 긴급체포 후 **24시간** 이내에 긴급체포의 승인을 요청해야 함. 긴급체포의 승인을 요청할 때에는 범죄사실의 요지, 긴급체포의 일시·장소, 긴급체포의 사유, 체포를 계속해야 하는 사유 등을 적은 긴급체포 승인요청서로 요청해야 함. 다만, 긴급한 경우에는 형사사법절차 전자화 촉진법 제2조 제4호에 따른 형사사법정보시스템 또는 팩스를 이용하여 긴급체포의 승인을 요청할 수 있음. 또한 **검사 또는 사법경찰관**이 피의자를 긴급체포한 후에는 **즉시 긴급체포서를 작성하여야 하고 긴급체포서에는 범죄사실의 요지, 긴급체포의 사유 등을 기재하여야 함.** 15·17·19. 경찰채용 검사는 사법경찰관의 긴급체포 승인 요청이 이유 있다고 인정하는 경우에는 지체 없이 긴급체포 승인서를 사법경찰관에게 송부해야 하고, 이유 없다고 인정하는 경우에는 지체 없이 사법경찰관에게 불승인 통보를 해야 함. 이 경우 사법경찰관은 긴급체포된 피의자를 즉시 석방하고 그 석방 일시와 사유 등을 검사에게 통보해야 함 15·17·19. 경찰채용 ④ 검사 또는 사법경찰관이 피의자를 긴급체포한 후에는 **즉시 긴급체포서를 작성**해야 함 15·17. 경찰채용, 17. 경찰승진
체포 후의 조치	① 긴급체포한 피의자를 구속하고자 할 때에는 **지체 없이(늦어도 48시간 이내에) 구속영장을 청구**해야 하고, 그 기간 내에 구속영장을 청구하지 아니하거나 또는 발부받지 못한 때에는 피의자를 즉시 석방해야 함 14·15. 경찰승진, 15. 경찰채용 ② 검사는 구속영장을 청구하지 아니하고 피의자를 석방한 경우에는 석방한 날부터 **30일 이내에** 서면으로 다음 사항을 법원에 통지해야 함(《주의 지체 없이 ×) ㉠ 긴급체포 후 석방된 자의 인적사항 ㉡ 긴급체포의 일시·장소와 긴급체포하게 된 구체적 이유 ㉢ 석방의 일시·장소 및 사유 ㉣ 긴급체포 및 석방한 검사 또는 사법경찰관의 성명 ③ 긴급체포 후 석방된 자 또는 그 변호인·법정대리인·배우자·직계친족·형제자매는 통지서 및 관련 서류를 열람하거나 등사할 수 있음 14. 경찰승진, 17. 국가직 9급, 18. 경찰채용, 19. 경찰간부 ④ 사법경찰관은 긴급체포한 피의자에 대하여 구속영장을 신청하지 아니하고 석방한 경우에는 **즉시** 검사에게 보고해야 함 16·18. 경찰승진, 19. 경찰간부
재체포의 제한	긴급체포되었다가 구속영장을 청구하지 아니하거나 발부받지 못하여 석방된 자는 **영장 없이는 동일한 범죄사실에 대하여 다시 체포하지 못함**(《주의 긴급체포 후 석방된 자를 체포영장으로 체포한 경우에는 위법하다. ×) 14. 변호사·법원직 9급, 15. 경찰채용, 17. 국가직 9급

판례 |

1 긴급체포가 적법한 경우

① 경찰관 A는 사기죄의 피의자 甲의 소재 파악을 위해 그의 거주지와 경영하던 공장 등을 찾아가 보았으나, **甲이 공장경영을 그만 둔 채 거주지에도 귀가하지 않는 등 소재를 감추자** 법원의 압수·수색영장에 의한 휴대전화 위치추적 등의 방법으로 甲의 소재를 파악하려고 하였다. 그러던 중 2004.10.14. 23:00경 **경찰관 A는 주거지로 귀가하던 甲을 발견**하였고 그가 계속 소재를 감추려는 의도가 다분하고 증거인멸 및 도망의 염려가 있다는 이유로 甲을 사기혐의로 긴급체포하였다(대판 2005.12.9, 2005도7569).

② 甲이 고소인의 자격으로 임의출석하여 피고소인 乙과 함께 검사로부터 대질조사를 받고 나서 조서에 무인을 거부하자, 검사가 **甲에게 무고혐의로써 무고죄를 인지하여 조사를 하겠다고 하였고**, 이에 **甲이 조사를 받지 않겠다고 하면서 나가려고 하자** 검사가 범죄사실의 요지, 체포의 이유 등을 고지하고 甲을 긴급체포하였다(대판 1998.7.6, 98도785).

2 긴급체포가 위법한 경우

① 위증교사죄 등으로 기소된 변호사 甲이 2002.11.25. 인천지방법원 부천지원에서 무죄를 선고받자, 검사 A는 이에 불복·항소한 후 보완수사를 한다며 **甲의 변호사사무실 사무장 乙에게 대질조사(참고인조사)를 위한 출석을 요구**하였다. 이후 2003.1.3. **자진출석한 乙에 대하여 검사는 참고인조사를 하지 아니한 채 곧바로 위증 및 위증교사 혐의로 피의자신문조서를 받기 시작**하였고, 이에 乙의 전화연락을 받고 검사실로 찾아온 甲은 "참고인조사만을 한다고 하여 임의수사에 응한 것인데 乙을 피의자로 조사하는 데 대해서는 협조를 하지 않겠다."는 취지로 말하며 乙에게 "여기서 나가라."고 지시하였다. 이후 **乙이 일어서서 검사실을 나가려 하자 검사는 乙에게 "지금부터 긴급체포하겠다."고 말하면서 乙의 퇴거를 제지**하려 하였다(대판 2006.9.8, 2006도148 **사무장 긴급체포 사건**). 14·16. 경찰승진, 15. 국가직 9급, 17. 경찰간부

② 수사검사 A는 1999.11.29. **甲에게 뇌물을 주었다는 乙 등의 진술을 먼저 확보한 다음, 현직 군수인 甲을 소환·조사하기 위하여 검사의 명을 받은 검찰주사보 B**가 1999.12.8. 군청 군수실에 도착하였으나 甲은 없고 도시행정계장인 丙이 "甲이 검사가 자신을 소환하려 한다는 사실을 미리 알고 자택 옆에 있는 농장 농막에서 기다리고 있을 것이니 수사관이 오거든 그 곳으로 오라고 하였다."고 하므로 위 **농장으로 가서 甲을 긴급체포**하였다(대판 2002.6.11, 2000도5701 **박종진 광주군수 수뢰 사건**). 17. 경찰간부

③ **피고인이 필로폰을 투약한다는 제보를 받은 경찰관이 제보된 주거지에 피고인이 살고 있는지 등 제보의 정확성을 사전에 확인한 후에 제보자를 불러 조사하기 위하여 피고인의 주거지를 방문하였다가,** 현관에서 담배를 피우고 있는 피고인을 발견하고 사진을 찍어 제보자에게 전송하여 사진에 있는 사람이 제보한 대상자가 맞다는 확인을 한 후, 가지고 있던 피고인의 전화번호로 전화를 하여 차량 접촉사고가 났으니 나오라고 하였으나 나오지 않고, 또한 경찰관임을 밝히고 만나자고 하는데도 현재 집에 있지 않다는 취지로 거짓말을 하자 **피고인의 집 문을 강제로 열고 들어가 피고인을 긴급체포하였다**(대판 2016.10.13, 2016도5814 **마약사범 긴급체포 사건**). 17. 국가직 9급, 21. 경찰간부

3 위법한 긴급체포에 의한 유치 중에 작성된 피의자신문조서의 증거능력 유무(소극)

긴급체포는 영장주의원칙에 대한 예외인 만큼 형사소송법 제200조의3 제1항의 요건을 모두 갖춘 경우에 한하여 예외적으로 허용되어야 하고, 요건을 갖추지 못한 긴급체포는 법적 근거에 의하지 아니한 영장 없는 체포로서 위법한 체포에 해당하는 것이고, 여기서 **긴급체포의 요건을 갖추었는지 여부는 사후에 밝혀진 사정을 기초로 판단하는 것이 아니라 체포 당시의 상황을 기초로 판단**하여야 하고, 이에 관한 검사나 사법경찰관 등 수사주체의 판단에는 상당한 재량의 여지가 있다고 할 것이나, 긴급체포 당시의 상황으로 보아서도 그 요건의 충족 여부에 관한 검사나 사법경찰관의 판단이 경험칙에 비추어 현저히 합리성을 잃은 경우에는 그 체포는 위법한 체포라 할 것이고, 이러한 위법은 영장주의에 위배되는 중대한 것이니 **그 체포에 의한 유치 중에 작성된 피의자신문조서는 위법하게 수집된 증거로서 특별한 사정이 없는 한 이를 유죄의 증거로 할 수 없다**(대판 2008.3.27, 2007도11400). 14·15·16·18. 경찰승진, 14·17·19. 경찰간부, 14. 법원직 9급, 17·18·20. 경찰채용

4 법원에 석방통지를 하지 않은 경우, 긴급체포에 의한 유치 중에 작성된 피의자신문조서의 증거능력 유무(적극)
피의자가 긴급체포되어 조사를 받고 구속영장이 청구되지 아니하여 석방되었음에도 검사가 **30일 이내에 법원에 석방통지를 하지 않았더라도**, 긴급체포 당시의 상황과 경위, 긴급체포 후 조사 과정 등에 특별한 위법이 있다고 볼 수 없는 이상, 단지 사후에 석방통지가 이루어지지 않았다는 사정만으로 **그 긴급체포에 의한 유치 중에 작성된 피의자신문조서들의 작성이 소급하여 위법하게 된다고 볼 수는 없다**(대판 2014.8.26, 2011도6035 **이기하 오산시장 수뢰 사건**). 17. 경찰채용

5 검사가 구속영장청구 전에 긴급체포된 피의자를 대면조사할 권한이 있는지의 여부(한정 적극)
검사의 구속영장청구 전 피의자 대면조사는 긴급체포의 적법성을 의심할 만한 사유가 기록 기타 객관적 자료에 나타나고 피의자의 대면조사를 통해 그 여부의 판단이 가능할 것으로 보이는 예외적인 경우에 한하여 허용될 뿐, 긴급체포의 합당성이나 구속영장청구에 필요한 사유를 보강하기 위한 목적으로 실시되어서는 아니 된다. 나아가 검사의 구속영장청구 전 피의자 대면조사는 강제수사가 아니므로 피의자는 검사의 출석요구에 응할 의무가 없고, 피의자가 검사의 출석요구에 동의한 때에 한하여 사법경찰관리는 피의자를 검찰청으로 호송하여야 한다(대판 2010.10.28, 2008도11999 **인치명령 불응 사건**). 14. 법원직 9급, 17. 경찰간부 · 국가직 9급, 18. 국가직 7급, 18 · 20. 경찰채용

6 긴급체포되었다가 수사기관에 의하여 석방된 후, 법원이 발부한 구속영장에 의하여 구속한 것이 위법한 구속인지의 여부(소극)
피고인이 수사 당시 **긴급체포되었다가 수사기관의 조치로 석방**된 후 법원이 발부한 **구속영장에 의하여 구속**이 이루어진 경우 위법한 구속이라고 볼 수 없다(대판 2001.9.28, 2001도4291). 15 · 18 · 20. 경찰채용, 16. 변호사, 17. 경찰간부 · 국가직 7급

제1편 수사 2장

3. 현행범체포

구분	내용
의의	범죄의 실행 중이거나 실행 즉후인 경우와 같이 범죄사실이 명백한 경우 **영장 없이 누구나 피의자를 체포**할 수 있는 강제처분
요건	**[제2절 체포와 구속(공통사항)]** 참고
절차	① 현행범인은 **누구든지 영장 없이 체포할 수 있음**. 다만, 일반 사인이 영장 없이 타인의 주거에 들어가 피의자를 수색할 수는 없다(대판 1965.1221, 65도899 참고). 22. 해경간부 ② 일반 사인이 현행범인을 체포한 때에는 즉시 검사 또는 사법경찰관리에게 인도해야 함 ③ 사법경찰관리가 현행범인의 인도를 받은 때에는 체포자의 성명 · 주거 · 체포의 사유를 물어야 하고, 필요한 때에는 체포자에 대하여 경찰관서에 동행할 것을 요구할 수 있음 16. 경찰승진 · 경찰채용
체포 후의 조치	체포한 피의자를 구속하고자 할 때에는 체포한 때부터 또는 일반 사인으로부터 체포된 현행범인을 인도받은 때부터 **48시간 이내에 구속영장을 청구**해야 하고, 그 기간 내에 구속영장을 청구하지 아니하거나 발부받지 못한 때에는 피의자를 즉시 석방해야 함 14. 경찰승진, 16. 국가직 7급

판례 |

1 형사소송법 제211조 제1항 소정의 '범죄 실행의 즉후인 자'의 의미

형사소송법 제211조가 현행범인으로 규정한 '범죄 실행의 즉후인 자'라고 함은 범죄의 실행행위를 종료한 직후의 범인이라는 것이 **체포하는 자의 입장에서 볼 때** 명백한 경우를 일컫는 것으로서 **'범죄의 실행행위를 종료한 직후'**라고 함은 범죄행위를 실행하여 끝마친 순간 또는 이에 아주 접착된 시간적 단계를 의미하는 것으로 해석되므로 **시간적으로나 장소적으로 보아 체포를 당하는 자가 방금 범죄를 실행한 범인이라는 점에 관한 죄증이 명백히 존재하는 것으로 인정되는 경우에만 현행범인**으로 볼 수 있다(대판 2007.4.13, 2007도1249). 14·16·20. 경찰승진, 16. 국가직 7급·국가직 9급·경찰채용, 18. 경찰간부, 20. 변호사

2 현행범체포가 적법한 경우

① **甲이 목욕탕 탈의실에서 乙을 구타하고 약 1분여 동안 목을 잡고 있다가** 다른 사람들이 말리자 잡고 있던 목을 놓았고, 그 무렵 목욕탕에서 이발소를 운영하고 있는 丙이 甲에게 "옷을 입고 가라."고 하여 甲이 **옷을 입고 있었다.** 목욕탕 주인 丁이 112 신고를 하여 경찰관 A·B가 바로 출동하였는데 **경찰관들이 현장에 출동하여 甲을 현행범으로 체포한 때가 바로 甲이 탈의실에서 옷을 입고 있었던 시점이었다**(대판 2006.2.10, 2005도7158 **목욕탕 폭행 사건**).

② 112 신고를 받고 **출동한 경찰관들이 피고인 甲을 체포하려고 할 때에는** 피고인이 무학여고 앞길에서 피해자 乙의 자동차를 발로 걷어차고 그와 싸우는 **범행을 한 지 겨우 10분 후에 지나지 않고 그 장소도 범행현장에 인접한 위 학교의 운동장이었다.** 또한 피해자의 친구 丙은 112 신고를 하고 나서 피고인이 도주하는지 여부를 계속 감시하고 있었다(대판 1993.8.13, 93도926 **무학여고 사건**). 15. 경찰승진, 17. 경찰간부

3 현행범체포가 위법한 경우

① 사고신고를 받고 출동한 제천경찰서 청전지구대 소속 경찰관 A가 **음주운전을 종료한 후 40분 이상이 경과한 시점에서 길가에 앉아 있던 甲**에게서 술 냄새가 난다는 점만을 근거로 **음주운전의 현행범으로 甲을 체포**하였다(대판 2007.4.13, 2007도1249 **청전지구대 사건**). 14. 경찰승진, 15. 경찰간부

② 김해여자중학교 **교사 甲은 교장실에 들어가 약 5분 동안 식칼을 휘두르며 교장을 협박**하는 등의 소란을 피웠고, 이에 신고를 받고 출동한 김해경찰서 소속 경찰관들이 甲을 연행(현행범체포)하려고 하자, 甲의 동료교사인 乙은 경찰관들의 멱살을 잡아당기고 경찰차의 문짝을 잡아당기는 등 폭행을 가하였다. 다만, **출동한 경찰관들이 甲을 체포한 시점은 범죄의 실행행위가 종료된 때로부터 40여분 정도가 지난 후이고, 체포한 장소도 교장실이 아닌 서무실이었다**(대판 1991.9.24, 91도1314 **김해여중 사건**). 16. 경찰간부

4 준현행범으로 체포할 수 있는 경우

순찰 중이던 경찰관이 교통사고를 낸 차량이 도주하였다는 무전연락을 받고 주변을 수색하다가 **범퍼 등의 파손상태로 보아 사고차량으로 인정되는 차량에서 내리는 사람**을 발견한 경우 형사소송법 제211조 제2항 제2호 소정의 **'장물이나 범죄에 사용되었다고 인정함에 충분한 흉기 기타의 물건을 소지하고 있는 때'에 해당하므로 준현행범으로서 영장 없이 체포할 수 있다**(대판 2000.7.4, 99도4341 **인천 신흥동 뺑소니 사건**). 14. 국가직 7급, 15. 경찰승진, 19·21. 경찰간부, 20. 변호사

5 현행범체포의 적법성 판단 기준

현행범체포의 적법성은 **체포 당시의 구체적 상황을 기초로 객관적으로 판단**하여야 하고, 사후에 범인으로 인정되었는지에 의할 것은 아니다(대판 2013.8.23, 2011도4763 **화전민식당 사건**). 18·20. 경찰채용

6 현행범체포가 적법한 경우

(비록 피고인이 식당 안에서 소리를 지르거나 양은그릇을 부딪치는 등의 소란행위가 **업무방해죄의 구성요건에 해당하지 않아 사후적으로 무죄로 판단되었다고 하더라도**) 피고인이 상황을 설명해 달라거나 밖에서 얘기하자는 경찰관의 요구를 거부하고 **경찰관 앞에서 소리를 지르고 양은그릇을 두드리면서 소란을 피우는 등** 객관적으로 보아 피고인이 **업무방해죄의 현행범이라고 인정할 만한 충분한 이유가 있어 경찰관들이 피고인을 체포한 경우**(대판 2013.8.23, 2011도4763 **화전민식당 사건**) 16. 국가직 9급, 18. 경찰채용, 21. 경찰간부

7 현행범체포의 요건 등

① 현행범인은 누구든지 영장 없이 체포할 수 있다(형사소송법 제212조). **현행범인으로 체포하기 위하여는 행위의 가벌성, 범죄의 현행성 · 시간적 접착성, 범인 · 범죄의 명백성 이외에 체포의 필요성, 즉 도망 또는 증거인멸의 염려가 있어야 하고,** 이러한 요건을 갖추지 못한 현행범인 체포는 법적 근거에 의하지 아니한 영장 없는 체포로서 위법한 체포에 해당한다(대판 2011.5.26, 2011도3682). 14 · 16 · 18. 경찰승진, 14. 국가직 7급 · 법원직 9급, 16 · 20. 경찰채용, 17. 경찰간부

② 현행범인 체포의 요건을 갖추었는지 여부에 관한 검사나 사법경찰관 등의 판단에는 상당한 재량의 여지가 있으나, **체포 당시 상황으로 보아도 요건 충족 여부에 관한 검사나 사법경찰관 등의 판단이 경험칙에 비추어 현저히 합리성을 잃은 경우 그 체포는 위법하다.** 피고인이 사법경찰관으로서 체포 당시 상황을 고려하여 경험칙에 비추어 현저하게 합리성을 잃지 않은 채 판단하면 체포요건이 충족되지 아니함을 충분히 알 수 있었는데도, 자신의 재량 범위를 벗어난다는 사실을 인식하고 그와 같은 결과를 용인한 채 사람을 체포하여 그 권리행사를 방해하였다면, 직권남용체포죄와 직권남용권리행사방해죄가 성립한다(대판 2017.3.9, 2013도16162 **쌍용차 사태 변호사 불법체포 사건**). 17. 국가직 7급

8 현행범체포의 필요성이 인정되지 않아, 위법한 체포에 해당하는 경우

甲이 **경찰관의 불심검문을 받아 운전면허증을 교부한 후 경찰관에게 큰 소리로 욕설을 하자,** 경찰관이 甲을 모욕죄의 현행범으로 체포한 경우. 다만, 甲은 경찰관의 불심검문에 응하여 이미 운전면허증을 교부한 상태이고, 경찰관뿐 아니라 인근 주민도 욕설을 직접 들었으므로 도망하거나 증거를 인멸할 염려가 있다고 보기는 어려웠음(대판 2011.5.26, 2011도3682 **서교동 불심검문 사건**) 15. 경찰채용 · 국가직 9급, 15 · 16. 경찰간부, 16. 변호사

9 현행범체포의 필요성이 인정되어, 적법한 체포에 해당하는 경우

甲이 열쇠로 **乙의 차를 긁고 있다가 乙이 나타나자 이를 부인하면서 도망하려고 하자,** 乙이 甲을 도망하지 못하게 멱살을 잡고 흔들어 그에게 전치 14일의 흉부찰과상을 가한 경우(대판 1999.1.26, 98도3029 **팽성읍 차손괴 사건**) 16. 국가직 9급 · 경찰승진

10 형사소송법 제213조 제1항에서 '즉시'의 의미 및 사인에 의하여 현행범인이 체포된 후 검사 등에게 인도된 경우, 구속영장청구기간인 48시간의 기산점(= 검사 등이 현행범인을 인도받은 때)

[1] 현행범인은 누구든지 영장 없이 체포할 수 있고, 검사 또는 사법경찰관리(이하 '검사 등') 아닌 이가 현행범인을 체포한 때에는 즉시 검사 등에게 인도하여야 한다. 여기서 **'즉시'**라고 함은 반드시 체포시점과 시간적으로 밀착된 시점이어야 하는 것은 아니고, **정당한 이유 없이 인도를 지연하거나 체포를 계속하는 등으로 불필요한 지체를 함이 없이**라는 뜻으로 볼 것이다. [2] 검사 등이 아닌 이에 의하여 현행범인이 체포된 후 불필요한 지체 없이 검사 등에게 인도된 경우 **구속영장청구기간인 48시간의 기산점은 체포시가 아니라 검사 등이 현행범인을 인도받은 때라고 할 것이다**(대판 2011.12.22, 2011도12927 **소말리아 해적 사건**). 14 · 15 · 16 · 17 · 18 · 19. 경찰간부, 14. 법원직 9급, 15 · 16 · 17 · 20. 경찰채용, 16. 국가직 7급 · 국가직 9급, 18 · 20. 변호사, 18 · 20. 경찰승진

02 구속

1. 의의

의의	① 형사절차를 관철하기 위하여 **피의자 · 피고인의 인신의 자유를 비교적 장기간 제한하는 강제처분** ② 구속은 **구인**과 **구금**을 포함함 ③ 구인 후 조치 ㉠ 구인한 피의자 · 피고인을 인치한 경우에 구금할 필요가 없다고 인정한 때에는 그 인치한 때로부터 24시간 내에 석방해야 함(≪주의 48시간 ×) 15 · 16 · 18. 경찰채용, 15 · 18. 법원직 9급, 18. 경찰승진 ㉡ 법원은 인치받은 피고인을 유치할 필요가 있는 때에는 교도소 · 구치소 또는 경찰서 유치장에 유치할 수 있음. 이 경우 유치기간은 인치한 때부터 24시간을 초과할 수 없음
요건	**[제2절 체포와 구속(공통사항)]** 참고
영장주의	① 법원도 구속영장을 반드시 발부하여 피고인을 구속해야 함 ② **검사는 판사에게** 청구하여 구속영장을 발부받아 피의자를 구속할 수 있으며, **사법경찰관은 검사에게** 신청하여 검사의 청구로 판사의 구속영장을 발부받아 피의자를 구속할 수 있음

2. 구속 전 피의자심문(영장실질심사)

의의	구속영장청구를 받은 **판사가 구속의 사유를 판단하기 위하여 피의자를 심문**하고 영장발부 여부를 결정하는 제도
필요적 심문	① **체포된 피의자**에 대하여 구속영장을 청구받은 판사는 지체 없이 피의자를 **심문해야 함**. 이 경우 특별한 사정이 없는 한 구속영장이 청구된 날의 **다음날까지 심문해야 함**(≪주의 24시간 이내에 심문하여야 한다. ×) 14 · 17. 경찰승진, 15. 경찰채용 · 법원직 9급, 17 · 18. 변호사, 18. 경찰간부 ② **체포되지 않은 피의자**에 대하여 구속영장을 청구받은 판사는 구인을 위한 구속영장을 발부하여 피의자를 구인한 후 **심문해야 함**. 다만, 피의자가 도망하는 등의 사유로 심문할 수 없는 경우에는 그렇지 않음 14. 경찰승진, 15. 경찰채용, 18. 법원직 9급
심문절차	① 판사는 즉시 심문기일과 장소를 검사 · 피의자 및 변호인에게 통지함(≪주의 검사 · 피의자 또는 변호인에게 통지 ×) ② 피의자가 출석을 거부하거나 질병 그 밖의 사유로 출석이 현저하게 곤란하고, 피의자를 심문 법정에 인치할 수 없다고 인정되는 때에는 **피의자의 출석 없이 심문절차를 진행할 수 있음** 14. 경찰간부, 15 · 16 · 17. 경찰승진, 15. 법원직 9급 ③ 피의자에게 변호인이 없는 때에 판사는 **직권으로 변호인을 선정해야 함**. 변호인 선정은 **구속영장청구가 기각되어 효력이 소멸한 경우를 제외하고는 제1심까지 효력이 있음**(≪주의 구속영장청구가 기각되어 효력이 소멸한 경우를 포함하고 제1심까지 효력이 있다. ×) 14 · 18. 국가직 9급, 15 · 17 · 18. 변호사, 15 · 18. 경찰간부, 15 · 16. 법원직 9급, 17 · 18. 경찰승진, 18. 경찰채용 ④ 변호인은 구속영장이 청구된 피의자에 대한 **심문 시작 전에 피의자와 접견할 수 있음**. 또한 피의자는 판사의 **심문 도중에도 변호인에게 조력을 구할 수 있음** 14. 경찰간부, 15. 국가직 7급, 16 · 18. 경찰승진 ⑤ 피의자심문은 법원청사 내에서 함. 다만, 피의자가 출석을 거부하거나 질병 기타 부득이한 사유로 법원에 출석할 수 없는 때에는 경찰서, 구치소 기타 적당한 장소에서 심문할 수 있음 ⑥ **검사와 변호인은 판사의 심문이 끝난 후에 의견을 진술할 수 있음**. 다만, 필요한 경우에는 심문 도중에도 판사의 허가를 얻어 의견을 진술할 수 있음 14. 경찰간부, 15. 국가직 7급, 16. 경찰승진 ⑦ 법원사무관 등은 심문의 요지 등을 조서로 작성해야 함

	⑧ 피의자에 대한 심문절차는 **원칙적으로 공개하지 않음** 14·15·16·17. 경찰승진, 14·15. 경찰간부, 15. 법원직 9급, 18. 경찰채용
구속기간 불산입	**법원**이 구속영장청구서 등을 **접수**한 날부터 구속영장을 발부하여 **검찰청**에 **반환**한 날까지의 기간은 수사기관의 구속기간에 이를 산입하지 않음 15. 경찰채용, 15·17. 경찰승진

3. 영장의 발부와 집행

영장의 발부	① 구속영장에는 피의자·피고인의 성명, 주거, 죄명, 범죄사실의 요지, 인치구금할 장소, 발부연월일 등을 기재함 ② 구속영장은 수통을 작성하여 사법경찰관리 수인에게 교부할 수 있음
영장의 집행	① 구속영장은 원칙적으로 **검사의 지휘에 의하여 사법경찰관리가 집행함** ② 검사는 필요에 의하여 관할구역 외에서 구속영장의 집행을 지휘할 수 있고 또는 당해 관할구역의 검사에게 집행지휘를 촉탁할 수 있음 ③ 구속영장을 집행함에는 피의자에게 이를 제시하여야 하며 신속히 지정된 법원 기타 장소에 인치해야 함. 다만, 급속을 요하는 때에는 집행 후에 영장을 제시할 수 있음 17. 경찰간부
재구속의 제한	① 수사기관에 의해 구속되었다가 석방된 피의자는 **다른 중요한 증거를 발견한 경우를 제외하고는** 동일한 범죄사실에 대하여 재차 구속하지 못함(《주의 피의자·피고인을 재차 구속시에는 다른 중요한 증거가 발견된 경우에 한한다. ×) 15. 경찰채용, 18. 경찰승진·법원직 9급 ② 1개의 목적을 위하여 동시 또는 수단결과의 관계에서 행하여진 행위는 **동일한** 범죄사실로 간주함(《주의 별개의 범죄사실로 간주한다. ×) 18. 경찰승진

판례 |

1 법원이 피고인에 대하여 구속영장을 발부하는 경우에 검사의 청구가 있어야 하는지의 여부(소극)

헌법상 영장제도의 취지에 비추어 볼 때 **헌법 제12조 제3항**은 헌법 제12조 제1항과 함께 이른바 적법절차의 원칙을 규정한 것으로서 범죄수사를 위하여 구속 등의 강제처분을 함에 있어서는 법관이 발부한 영장이 필요하다는 것과 수사기관 중 검사만 법관에게 영장을 신청할 수 있다는 데에 그 의의가 있고, **형사재판을 주재하는 법원이 피고인에 대하여 구속영장을 발부하는 경우에도 검사의 신청이 있어야 한다는 것이 그 규정의 취지라고 볼 수는 없다**(대결 1996.8.12, 96모46 **노태우 전대통령 사건**). 14. 경찰승진, 14·16. 국가직 7급, 17. 경찰간부

2 체포·구속영장청구에 대한 지방법원판사의 재판에 대하여 불복할 수 있는지의 여부(소극)

검사의 체포 또는 구속영장청구에 대한 지방법원판사의 재판은 항고의 대상이 되는 '법원의 결정'에 해당되지 아니하고, 준항고의 대상이 되는 '재판장 또는 수명법관의 구금 등에 관한 재판'에도 해당되지 아니한다(대결 2006.12.18, 2006모646 **론스타 대표 구속영장청구 기각 사건**). 14·17. 국가직 9급, 15·17·21. 경찰간부, 15·18. 경찰채용

3 구속기간이 만료될 무렵 종전 구속영장에 기재된 범죄사실과 다른 범죄사실로 피고인을 구속할 수 있는지의 여부(적극)

구속의 효력은 원칙적으로 구속영장에 기재된 범죄사실에만 미치는 것이므로 구속기간이 만료될 무렵에 **종전 구속영장에 기재된 범죄사실과 다른 범죄사실로 피고인을 구속하였다는 사정만으로는 피고인에 대한 구속이 위법하다고 할 수 없다**(대결 1996.8.12, 96모46 **노태우 전대통령 사건**). 14·17. 경찰승진, 14. 경찰채용, 17·18. 경찰간부, 18. 법원직 9급, 20. 국가직 7급

4 구속영장 발부 후 영장집행이 정당한 사유 없이 지체된 경우 그 기간 동안의 체포 내지 구금이 위법한지의 여부(적극)

[1] 법관이 검사의 청구에 의하여 체포된 피의자의 구금을 위한 구속영장을 발부하면 검사와 사법경찰관리는 지체 없이 신속하게 구속영장을 집행하여야 한다. **피의자에 대한 구속영장의 제시와 집행이 그 발부 시로부터 정당한 사유 없이 시간이 지체되어 이루어졌다면** 구속영장이 그 유효기간 내에 집행되었다고 하더라도 **위 기간 동안의 체포 내지 구금상태는 위법하다.** [2] 피고인에 대한 **구속영장이 2020.2.8. 발부되고** 구속영장 청구 사건의 수사관계 서류와 증거물이 같은 날 17:00경 검찰청에 반환되어 그 무렵 검사의 집행지휘가 있었는데도 **사법경찰리가 그로부터 만 3일 가까이 경과한 2020.2.11. 14:10경 구속영장을 집행한 경우** 사법경찰리의 피고인에 대한 구속영장 집행은 지체 없이 이루어졌다고 볼 수 없고, 위 '구속영장 집행에 관한 수사보고'상의 사정은 구속영장 집행절차 지연에 대한 정당한 사유에 해당한다고 보기도 어려우므로 **정당한 사유 없이 지체된 기간 동안의 피고인에 대한 체포 내지 구금 상태는 위법하다**(대판 2021.4.29, 2020도16438 **구속영장 집행 지체 사건**).

5 긴급체포와 현행범체포 후 구속영장발부 전 석방된 경우에도 재구속 제한 규정의 적용 여부(소극)

형사소송법 제208조 소정의 '구속되었다가 석방된 자'라 함은 구속영장에 의하여 구속되었다가 석방된 경우를 말하는 것이지, **긴급체포나 현행범으로 체포되었다가 사후영장발부 전에 석방된 경우는 포함되지 않는다 할 것이므로,** 피고인이 수사 당시 긴급체포되었다가 수사기관의 조치로 석방된 후 법원이 발부한 구속영장에 의하여 구속이 이루어진 경우 앞서 본 법조에 위배되는 위법한 구속이라고 볼 수 없다(대판 2001.9.28, 2001도4291). 20. 경찰간부 · 경찰채용

6 재구속 제한에 관한 형사소송법 제208조의 규정이 피고인 구속에 적용 여부(소극)

항소법원은 항소피고사건의 심리 중 또는 판결선고 후 상고제기 또는 판결확정에 이르기까지 수소법원으로서 형사소송법 제70조 제1항 각 호의 사유있는 불구속 피고인을 구속할 수 있고 또 **수소법원의 구속에 관하여는 검사 또는 사법경찰관이 피의자를 구속함을 규율하는 형사소송법 제208조의 규정은 적용되지 아니하므로** 구속기간의 만료로 피고인에 대한 구속의 효력이 상실된 후 항소법원이 피고인에 대한 판결을 선고하면서 피고인을 구속하였다 하여 위 법 제208조의 규정에 위배되는 재구속 또는 이중구속이라 할 수 없다(대결 1985.7.23, 85모12). 20. 경찰채용, 21. 국가직 7급

4. 구속기간

(1) 구속기간

피의자	① 구속기간은 실제로 피의자가 구속된 날로부터 기산하며, 구속에 앞서 체포 또는 구인이 선행하는 경우에는 구속기간은 피의자를 실제로 체포 또는 구인한 날로부터 기산함 14 · 15 · 16 · 17. 경찰승진, 17 · 20. 경찰채용 ② 일반사건의 구속기간 ➜ 최장 30일 ㉠ **사법경찰관**이 피의자를 구속한 때에는 **10일** 이내에 피의자를 검사에게 인치하지 아니하면 석방해야 함 14. 경찰간부, 17. 경찰채용 ㉡ **검사**가 피의자를 구속한 때 또는 사법경찰관으로부터 피의자의 인치를 받은 때에는 **10일** 이내에 공소를 제기하지 아니하면 석방함. 다만, 판사의 허가를 얻어 **10일**을 초과하지 않는 한도에서 구속기간을 1차에 한하여 연장할 수 있음 14. 경찰간부 ㉢ 구속기간연장허가결정이 있은 경우에 그 연장기간은 **종전 구속기간만료 다음 날로부터** 기산함(≪주의 종전 구속기간 만료일부터 ×) 15. 경찰간부, 17 · 18. 경찰승진

	③ 국가보안법 위반사건의 구속기간 ➜ 최장 50일 ㉠ 일정한 범죄에 대해서는 사법경찰관에게 1회, 검사에게 2회에 한하여 구속기간을 연장하고 있는 특례를 규정하고 있음 ㉡ 국가보안법 제7조(찬양 · 고무)와 제10조(불고지)의 죄의 구속기간은 최장 30일
피고인	① 법원의 구속기간은 공소제기일로부터 기산함 ② 제1심 법원의 구속기간은 **2월**로 하고, 특히 구속을 계속할 필요가 있는 경우에는 **심급마다 2개월 단위로 2차**에 한하여 결정으로 갱신할 수 있음. 다만, **상소심**은 추가 심리가 필요한 부득이한 경우에는 **3차**에 한하여 갱신할 수 있음 ➜ 최장 18개월 18. 변호사 · 경찰승진 · 경찰간부

판례 | 구속기간연장신청에 대한 지방법원판사의 재판에 대하여 불복할 수 있는지의 여부(소극)

구속기간의 연장을 허가하지 아니하는 지방법원판사의 결정에 대하여는 항고의 방법으로는 불복할 수 없고 나아가 그 지방법원판사는 수소법원으로서의 재판장 또는 수명법관도 아니므로 그가 한 재판은 준항고의 대상이 되지도 않는다(대결 1997.6.16, 97모1). 14 · 20. 경찰채용, 17 · 18. 경찰승진

(2) 구속기간에 산입하지 않는 기간

피의자 구속기간	① 영장실질심사에 있어서 법원이 서류 등을 접수한 날부터 검찰청에 반환한 날까지의 기간 ② 체포 · 구속적부심사에 있어서 법원이 서류 등을 접수한 때부터 검찰청에 반환된 때까지의 기간 ③ 피의자 감정유치기간 ④ 피의자가 도망간 기간 ⑤ 구속집행 정지기간 등
피고인 구속기간	① 기피신청에 의한 소송진행 정지기간 ② 심신상실 · 질병으로 인한 공판절차 정지기간 ③ 공소장변경에 의한 공판절차 정지기간 ④ 공소제기 전의 체포 · 구인 · 구금기간 ⑤ 피고인 감정유치기간 ⑥ 피고인이 도망간 기간 ⑦ 구속집행 정지기간 ⑧ 보석기간 ⑨ 위헌법률심판 제청 등 (《주의 관할지정 · 이전신청에 의한 소송절차 정지기간 또는 토지관할의 병합심리신청에 의한 소송절차 정지기간, 호송 중의 가유치기간은 구속기간에 산입되지 않는다. ×) 14 · 16. 법원직 9급, 15. 경찰채용, 18. 변호사, 19. 경찰간부

03 감정유치

의의	**피의자 · 피고인**의 정신 또는 신체를 감정하기 위하여 일정한 기간 동안 **병원 또는 기타 적당한 장소에 유치하는 강제처분**(«주의 피해자의 정신 또는 신체를 감정 ×) 15. 경찰승진	
절차	피의자 감정유치	① **검사**는 피의자에 대한 감정유치가 필요할 때에는 **판사에게 감정유치를 청구**해야 하고, 판사는 감정유치장을 발부함 15 · 16. 경찰승진 ② 판사는 기간을 정하여 병원 기타 적당한 장소에 피의자를 유치하게 할 수 있고, 감정이 완료되면 즉시 유치를 해제해야 함
	피고인 감정유치	① **법원**은 피고인에 대한 감정유치가 필요한 때에는 **직권으로 감정유치장을 발부**함 ② 법원은 기간을 정하여 병원 기타 적당한 장소에 피고인을 유치하게 할 수 있고, 감정이 완료되면 즉시 유치를 해제해야 함
감정유치와 구속	① **구속에 관한 규정(보석 제외)**은 법률에 특별한 규정이 없는 경우에는 **감정유치에 관하여 이를 준용함** ② 구속 중인 피의자 · 피고인에 대하여 감정유치장이 집행되었을 때에는 유치되어 있는 기간은 **구속의 집행이 정지된 것으로 간주**하고, 감정유치처분이 취소되거나 유치기간이 만료된 때에는 구속의 집행정지가 취소된 것으로 간주함 16 · 18. 경찰승진 ③ 감정유치기간은 **미결구금일수의 산입에 있어 이를 구속으로 간주함** 15. 경찰승진, 17. 국가직 9급	

04 접견교통권

1. 의의

개념	신체구속을 당한 피의자 · 피고인이 **변호인이나 가족 등과 접견**하고, **서류 또는 물건을 수수**하며, **의사의 진료를 받을 수 있는 권리**
취지	피의자 · 피고인의 인권보장과 방어권보장에 그 취지가 있음

2. 내용

(1) 변호인과의 접견교통권

내용	① 누구든지 체포 · 구속을 당한 때에는 **즉시** 변호인의 조력을 받을 권리를 가짐 ② 변호인 또는 변호인이 되려는 자는 신체구속을 당한 피의자 · 피고인과 접견하고 서류 또는 물건을 수수할 수 있으며 의사로 하여금 진료하게 할 수 있음 16. 경찰간부
접견제한 금지의 원칙	① 변호인과의 접견교통권은 피의자 · 피고인의 인권보장과 방어준비를 위하여 필수불가결한 권리이므로 **법령에 의한 제한이 없는 한** 수사기관의 처분은 물론 법원의 결정으로도 이를 **제한할 수 없음** ② 미결수용자와 변호인간의 접견은 **시간과 횟수를 제한하지 아니함** ③ 미결수용자와 변호인과의 접견에는 **교도관이 참여하지 못하며 그 내용을 청취 또는 녹취하지 못함**. 다만, 보이는 거리에서 미결수용자를 관찰할 수 있음 14. 경찰채용, 15. 국가직 7급, 16 · 17. 경찰간부, 17. 경찰승진

법령에 의한 제한	① 수용자의 접견은 매일(공휴일 및 법무부장관이 정한 날은 제외) 국가공무원 복무규정 제9조에 따른 **근무시간 내**에서 함 ② 미결수용자와 변호인간의 서신은 교정시설에서 상대방이 변호인임을 확인할 수 없는 경우를 제외하고는 **검열**할 수 없음 ③ 미결수용자가 외부의사의 진료를 받는 경우에는 **교도관이 참여**하고 그 경과를 수용기록부에 기록해야 함

판례 |

1 형사소송법 제34조의 '변호인이 되려는 자' 관련 판례

① [1] **변호인이 되려는 의사를 표시한 자가 객관적으로 변호인이 될 가능성이 있다고 인정되는데도,** 형사소송법 제34조에서 정한 '변호인 또는 변호인이 되려는 자'가 아니라고 보아 신체구속을 당한 피고인 또는 피의자와 접견하지 못하도록 제한하여서는 아니 된다. [2] 변호사 A가 노동조합으로부터 근로자들이 연행될 경우 적절한 조치를 취해 줄 것을 부탁한다는 내용의 공문을 받았고 조합원 B에 대한 체포현장에서 변호사 신분증을 제시하면서 변호인이 되려는 자로서 접견을 요청하였다면, 형사소송법 제34조에서 정한 접견교통권이 인정된다(대판 2017.3.9, 2013도16162 **쌍용차 사태 변호사 불법체포 사건**). 17. 국가직 7급, 18. 경찰간부, 18 · 19. 경찰채용

② 검사가 甲을 긴급체포하여 조사 중, 甲의 친구인 변호사 A가 甲의 변호인이 되기 위하여 검사에게 접견신청을 하였으나, **검사가 변호인선임신고서의 제출을 요구하면서 변호인 접견을 못하게 한 상태에서 검사가 작성한 甲에 대한 피의자신문조서는 甲에 대한 유죄의 증거로 사용할 수 없다**(헌재 2019.2.28, 2015헌마1204 **접견신청 묵살 사건**). 21. 경찰간부

2 신체구속을 당하지 않은 피의자도 변호인과의 접견교통권이 인정되는지의 여부(적극)

비록 법에는 접견교통권 등 변호인의 조력을 받을 권리의 주체를 체포 또한 구속을 당한 피의자 · 피고인이라고 규정하고 있으나(헌법 제12조 제4항, 형사소송법 제34조 등), **신체구속 상태에 있지 않은 피의자도 당연히 접견교통권의 주체가 될 수 있다**(헌재 2004.9.23, 2000헌마138 **총선시민연대 낙선운동 사건**). 14. 법원직 9급, 16 · 17 · 20. 경찰승진

3 임의동행된 피의자 또는 피내사자에게도 변호인과의 접견교통권이 인정되는지의 여부(적극)

임의동행의 형식으로 수사기관에 연행된 피의자에게도 변호인 또는 변호인이 되려는 자와의 **접견교통권은 당연히 인정**된다고 보아야 하고 **임의동행의 형식으로 연행된 피내사자의 경우에도 이는 마찬가지이다**(대결 1996.6.3, 96모18 **<종로저널> 발행인 사건**). 14 · 16. 경찰간부, 15. 경찰승진 · 국가직 7급, 16. 국가직 9급

4 형집행 중에 있는 수형자에 대하여도 변호인과의 접견교통권이 인정되는지의 여부(= 제한적 인정)

① **형사소송법 제34조는 형이 확정되어 집행 중에 있는 수형자에 대한 재심개시의 여부를 결정하는 재심청구절차에는 그대로 적용될 수 없다**(대판 1998.4.28, 96다48831 **사노맹 중앙상임위원 사건**). 17. 경찰간부

② **형사절차가 종료되어 교정시설에 수용 중인 수형자는 원칙적으로 변호인의 조력을 받을 권리의 주체가 될 수 없다.** 다만, 수형자의 경우에도 재심절차 등에는 변호인선임을 위한 일반적인 교통 · 통신이 보장될 수도 있겠으나, 청구인이 교도소 내에서의 처우를 왜곡하여 외부인과 연계, 교도소 내의 질서를 해칠 목적으로 변호사에게 서신을 발송하려는 것이었다면 이와 같은 경우에는 변호인의 조력을 받을 권리가 보장되는 경우에 해당한다고 할 수 없다(헌재 1998.8.27, 96헌마398). 14 · 16. 경찰승진

③ 형사절차가 종료되어 교정시설에 **수용 중인 수형자나 미결수용자가 형사사건의 변호인이 아닌 민사재판, 행정재판, 헌법재판 등에서** 변호사와 접견할 경우에는 원칙적으로 **헌법상 변호인의 조력을 받을 권리의 주체가 될 수 없다**(헌재 2013.8.29, 2011헌마122). 14. 변호사 · 국가직 7급

5 변호인과의 접견교통권을 제한할 수 있는지의 여부(= 법령에 의한 제한이 없는 한 불가)

① **변호인의 접견교통권**은 신체구속을 당한 피고인이나 피의자의 인권보장과 방어준비를 위하여 필수불가결한 권리이므로 **법령에 의한 제한이 없는 한 수사기관의 처분은 물론 법원의 결정으로도 이를 제한할 수 없는 것이다**(대결 1991.3.28, 91모24 **시인 접견불허 사건**). 14 · 16. 경찰채용, 16. 경찰승진 · 경찰간부

② **변호인의 조력을 받을 권리** 역시 다른 모든 헌법상 기본권과 마찬가지로 국가안전보장 · 질서유지 또는 공공복리를 위하여 필요한 경우에는 **법률로써 제한할 수 있는 것이다**(헌재 2011.5.26, 2009헌마341 **현충일 접견제한 사건**).

③ **변호인의 구속된 피고인 또는 피의자와의 접견교통권**은 신체구속을 당한 피고인 또는 피의자의 인권보장과 방어준비를 위하여 필수불가결한 권리이므로 **수사기관의 처분 등에 의하여 이를 제한할 수 없고, 다만 법령에 의하여서만 제한이 가능하다**(대결 2002.5.6, 2000모112 **국정원추천 의사 참여요구 사건**). 17. 경찰승진 · 법원직 9급, 19. 경찰간부

④ **변호인의 접견교통의 상대방인 신체구속을 당한 사람이 그 변호인을 자신의 범죄행위에 공범으로 가담시키려고 하였다는 등의 사정**만으로 그 변호인의 신체구속을 당한 사람과의 **접견교통을 금지하는 것이 정당화될 수는 없다**(대결 2007.1.31, 2006모656 **일심회 마이클장 사건**). 14. 경찰승진, 14 · 18. 경찰간부, 15 · 20. 국가직 7급, 17 · 18 · 19. 경찰채용

6 법령에 의한 변호인과의 접견교통권 제한으로 위법하지 않은 경우

① **구치소 내의 변호인접견실에 CCTV를 설치하여 미결수용자와 변호인간의 접견을 관찰한 행위는** 형집행법 제94조 제1항과 제4항에 근거를 두고 이루어진 것으로, 접견내용의 비밀이 침해되거나 접견교통에 방해가 되지 않으므로 **변호인의 조력을 받을 권리를 침해하지 않는다**(헌재 2016.4.28, 2015헌마243 **접견실 내 CCTV와 수수서류 확인 사건**). 20. 경찰승진

② **교도관이 미결수용자와 변호인간에 주고받는 서류를 확인하고 소송관계서류처리부에 그 제목을 기재하여 등재한 행위**는 형집행법 제43조 제3항과 제8항에 근거를 두고 이루어진 것으로, 내용에 대한 검열이 이루어지는 것이 아니므로 **변호인의 조력을 받을 권리나 개인정보자기결정권을 침해하지 않는다**(헌재 2016.4.28, 2015헌마243 **접견실 내 CCTV와 수수서류 확인 사건**). 17 · 18. 경찰채용, 20. 경찰승진

③ 불구속 상태에서 재판을 받은 후 선고기일에 출석하지 않아 구속된 피고인을 **국선변호인이 접견하고자 하였으나 공휴일(2009.6.6.)이라는 이유로 접견이 불허되었다가 그로부터 이틀 후 접견이 이루어지고, 다시 그로부터 열흘 넘게 지난 후 공판이 이루어진 경우, 피고인의 변호인의 조력을 받을 권리를 침해했다고 할 수 없다**(헌재 2011.5.26, 2009헌마341 **현충일 접견제한 사건**). 14. 법원직 9급, 15 · 18. 경찰채용

④ **국가정보원 사법경찰관**이 경찰서 유치장에 구금되어 있던 **피의자에 대하여 의사의 진료를 받게 할 것을 신청한 변호인에게 국가정보원이 추천하는 의사의 참여를 요구**한 것은 행형법 시행령 제176조의 규정에 근거한 것으로서 적법하고 이를 가리켜 변호인의 수진권을 침해하는 **위법한 처분이라고 할 수는 없다**(대결 2002.5.6, 2000모112 **국정원추천 의사 참여요구 사건**). 16 · 19. 경찰채용, 17 · 18 경찰승진

7 피의자와의 접견교통 허가 여부의 결정 주체(원칙적으로 교도소장 등, 다만 피의자신문의 경우에는 검사 또는 사법경찰관)

[1] 수용자에 대한 접견신청이 있는 경우 이는 수용자의 처우에 관한 사항이므로 그 장소가 교도관의 수용자 계호 및 통제가 요구되는 공간이라면 교도소장 · 구치소장 또는 그 위임을 받은 교도관이 그 허가 여부를 결정하는 것이 원칙이다. [2] 형사소송법 제243조의2 제1항은 피의자신문 중에 변호인 접견신청이 있는 경우에는 검사 또는 사법경찰관으로 하여금 그 허가 여부를 결정하도록 하고 있고, 형사소송법 제34조는 변호인의 접견교통권과 '변호인이 되려는 자'의 접견교통권에 차이를 두지 않고 함께 규정하고 있으므로 '변호인이 되려는 자'가 피의자신문 중에 형사소송법 제34조에 따라 접견신청을 한 경우에도 **그 허가 여부를 결정할 주체는 검사 또는 사법경찰관이다**(헌재 2019.2.28, 2015헌마1204 **접견신청 묵살 사건**).

8 변호인의 접견교통권의 포기 허용 여부(적극)

[1] 변호인의 접견교통권은 피의자 등이 변호인의 조력을 받을 권리를 실현하기 위한 것으로서, **피의자 등이 헌법 제12조 제4항에서 보장한 기본권의 의미와 범위를 정확히 이해하면서도 이성적 판단에 따라 자발적으로 그 권리를 포기한 경우까지** 피의자 등의 의사에 반하여 **변호인의 접견이 강제될 수 있는 것은 아니다.** [2] 그러나 변호인이 피의자 등에 대한 접견신청을 하였을 때 위와 같은 요건이 갖추어지지 않았는데도 수사기관이 접견을 허용하지 않는 것은 변호인의 접견교통권을 침해하는 것이고, 이 경우 국가는 변호인이 입은 정신적 고통을 배상할 책임이 있다(대판 2018.12.27, 2016다266736 **유우성 접견거부 사건**). 19. 경찰채용

(2) 비변호인과의 접견교통권

내용	체포 · 구속된 피의자 · 피고인은 법률의 범위 내에서 타인과 접견하고 서류 또는 물건을 수수하며 의사의 진료를 받을 수 있음
접견교통권의 제한	① **비변호인과의 접견교통권**은 변호인과의 접견교통권과는 달리 **법원 또는 수사기관의 결정으로 이를 제한할 수 있음** ② 법원은 도망하거나 또는 죄증을 인멸할 염려가 있다고 인정할 만한 상당한 이유가 있는 때에는 구속된 피의자 · 피고인과 비변호인과의 접견을 금하거나 수수할 서류 기타 물건의 검열, 수수의 금지 또는 압수를 할 수 있음. 다만, **의류 · 양식 · 의료품의 수수는 금지 또는 압수할 수 없음** 16. 경찰채용, 17. 법원직 9급 ③ 교도소장 등은 비변호인과의 접견을 금지할 수 있고 접견에 교도관을 참여하게 할 수 있으며, 비변호인과의 서신을 검열할 수 있음

판례 | 비변호인과의 접견교통권을 제한할 수 있는지의 여부(= 적극)

검사의 접견금지결정으로 피고인들의 **(비변호인간의) 접견이 제한된 상황하에서 피의자신문조서가 작성**되었다는 사실만으로 바로 그 조서가 임의성이 없는 것이라고는 볼 수 없다(대판 1984.7.10, 84도846). 14. 경찰채용, 15. 경찰승진, 18. 경찰간부

3. 접견교통권 침해에 대한 구제

접견교통권 침해	법원 또는 수사기관이 변호인과의 접견을 즉시 그리고 자유롭게 해주지 않는 것
구제수단	① 항고와 준항고: 법원의 접견교통권 제한결정에 불복이 있는 경우에는 **보통항고**를 할 수 있고, 수사기관의 접견교통권 제한결정에 대하여는 **준항고**로 그 취소 또는 변경을 청구할 수 있음 14. 경찰채용 ② 증거능력 부정: 접견교통권을 침해하여 얻은 자백 · 진술은 자백배제법칙 또는 위법수집증거배제법칙에 의하여 **증거능력이 부정됨**

판례 |

1 변호인과의 접견교통권을 침해한 경우

① **접견신청일이 경과하도록 접견이 이루어지지 아니한 것**은 실질적으로 접견불허가처분이 있는 것과 동일시된다고 할 것이다(대결 1991.3.28, 91모24 **박노해 시인 접견불허 사건**). 15. 경찰간부, 15·17. 경찰채용, 16. 경찰승진

② 피의자들에 대한 **접견이 접견신청일로부터 상당한 기간(약 10일)이 경과하도록 허용되지 않고 있는 것**은 **접견불허처분이 있는 것과 동일시된다**고 봄이 상당하다(대결 1990.2.13, 89모37 **서경원 의원 접견불허 사건**). 15. 경찰간부·국가직 7급, 16. 경찰승진

③ 피의자가 국가안전기획부 면회실에서 그의 **변호인과 접견할 때 국가안전기획부 소속 직원이 참여하여 대화내용을 듣거나 기록한 것**은 변호인의 조력을 받을 권리를 침해한 것이다(헌재 1992.1.28, 91헌마111 **유상덕 전교조 정책실장 사건**).

④ **변호인이 피의자를 접견할 때 국가정보원 직원이 승낙 없이 사진촬영을 한 것**은 접견교통권 침해에 해당한다(대판 2003.1.10, 2002다56628 **민혁당 관련 구속자 사건**). 17. 법원직 9급

⑤ 미결구금자가 수발하는 서신이 **변호인 또는 변호인이 되려는 자와의 서신**임이 확인되고 미결구금자의 범죄혐의 내용이나 신분에 비추어 소지금지품의 포함 또는 불법내용의 기재 등이 있다고 의심할 만한 합리적인 이유가 없음에도 **그 서신을 검열하는 행위**는 위헌이다(헌재 1995.7.21, 92헌마144 **이수호 전교조 서울지부장 사건**).

⑥ **피의자에 대한 사실상의 구금장소의 임의적 변경**은 청구인의 방어권이나 접견교통권의 행사에 중대한 장애를 초래하는 것이므로 위법하다(대결 1996.5.15, 95모94 **전창일 범민련 부의장 사건**). 14·15·16·17. 경찰승진, 16. 경찰채용

2 수사기관의 접견교통권 제한처분에 대한 불복방법(= 준항고)

검사 또는 사법경찰관의 구금에 관한 처분에 대하여 불복이 있는 경우 **형사소송법 제417조에 따라 법원에 그 처분의 취소 또는 변경을 청구할 수 있다**(대판 1990.6.8, 90도646 **문익환 목사 방북 사건**). 14. 경찰승진

3 위법한 변호인접견 불허기간 중에 작성된 피의자신문조서의 증거능력 유무(소극)

① **'변호인의 접견교통권' 제한은 헌법이 보장하는 기본권을 침해하는 것**으로서 이러한 위법한 상태에서 얻어진 **피의자의 자백은 그 증거능력을 부인하여 유죄의 증거에서 배제**하여야 하며, 이러한 위법증거의 배제는 실질적이고 완전하게 증거에서 제외함을 뜻하는 것이다(대판 2007.12.13, 2007도7257 **일심회 사건**).

② 검사 작성의 피의자신문조서가 검사에 의하여 **피의자에 대한 변호인의 접견이 부당하게 제한**되고 있는 동안에 작성된 경우에는 **증거능력이 없다**(대판 1990.8.24, 90도1285 **서경원 의원 방북 사건**). 14. 경찰승진, 15. 변호사

4 변호인접견 전에 작성된 피의자신문조서의 증거능력 유무(적극)

변호인접견 전에 작성된 검사의 피고인에 대한 피의자신문조서가 **증거능력이 없다고 할 수 없다**(대판 1990.9.25, 90도1613).

05 체포 · 구속적부심사제도

1. 의의

개념	체포 · 구속된 피의자에 대하여 **법원이 그 체포 · 구속의 적부 여부를 심사**하여 체포 · 구속이 위법 · 부당한 경우 피의자를 석방시키는 제도
구별개념	① 보석과의 구별: 체포 · 구속적부심사는 수사단계에서 체포 · 구속의 적부 여부를 심사하여 피의자를 석방시키는 제도임에 반하여, 보증금납입 등의 조건으로 법원의 결정으로 피고인에 대하여 구속의 집행을 정지하는 보석과 구별됨 ② 구속취소와의 구별: 체포 · 구속적부심사는 법원의 결정으로 피의자를 석방시키는 제도라는 점에서 수사기관의 처분으로 피의자를 석방시키는 구속취소와 구별됨

2. 심사의 청구

청구권자	① 체포 · 구속된 **피의자 또는 그 변호인 · 법정대리인 · 배우자 · 직계친족 · 형제자매 · 가족 · 동거인 · 고용주**는 관할법원에 체포 · 구속의 적부심사를 청구할 수 있음 14 · 17. 경찰승진, 14. 경찰간부, 14 · 15 · 17. 경찰채용, 15. 국가직 7급 ② 피의자를 체포 · 구속한 검사 또는 사법경찰관은 피의자 등에게 적부심사를 청구할 수 있음을 알려야 함
청구사유	① 체포 · 구속적부심사 청구사유에는 제한이 없음 ② 체포 · 구속이 불법한 경우에는 물론 부당한 경우에도 심사청구를 할 수 있고 청구대상 범죄에도 제한이 없음 ③ 체포 · 구속의 적부 여부는 체포 · 구속시가 아니라 심사시를 기준으로 함

3. 법원의 심사

심사법원	① 체포 · 구속적부심사는 지방법원 합의부(구속적부심) 또는 단독판사(체포적부심)가 관할하는 것이 원칙 ② **체포영장 또는 구속영장을 발부한 법관은 심문 · 조사 · 결정에 관여하지 못함.** 다만, 체포 · 구속영장을 발부한 법관 외에는 심문 · 조사 · 결정을 할 법관이 없는 경우에는 관여할 수 있음 18. 경찰간부 · 국가직 9급
간이기각 결정	① 법원은 다음의 경우에 심문 없이 청구를 기각할 수 있음(《주의》 적부심 청구는 심문 없이 기각할 수 없다. ×) 14 · 16. 경찰승진, 18. 변호사 · 경찰간부 · 국가직 9급 ㉠ 청구권자 아닌 자가 청구하거나 동일한 영장의 발부에 대하여 재청구한 때 ㉡ 공범 또는 공동피의자의 순차청구가 수사방해의 목적임이 명백한 때 ② 기각결정에 대하여 항고하지 못함
심문기일 지정 등	① 청구를 받은 법원은 지체 없이 심문기일을 지정하고 즉시 청구인 · 변호인 · 검사 및 피의자를 구금하고 있는 경찰서 등의 장에게 심문기일과 장소를 통지해야 함 ② 사건을 수사 중인 검사 또는 사법경찰관은 지정된 심문기일까지 수사관계서류와 증거물을 법원에 제출해야 하고, 피의자를 구금하고 있는 관서의 장은 심문기일에 피의자를 출석시켜야 함

법원의 심문	① 청구를 받은 법원은 심문기일에 피의자를 심문하고 수사관계서류와 증거물을 조사함 ② 피의자의 출석은 절차개시요건이며 검사 · 변호인 · 청구인은 심문기일에 출석하여 의견을 진술할 수 있음 15. 경찰채용 ③ 피의자에게 변호인이 없는 때에는 **국선변호인 선정에 관한 제33조의 규정을 준용함**. 이는 심문 없이 청구를 기각하는 경우에도 동일함 18. 변호사 · 법원직 9급
구속기간 불산입	법원이 수사관계서류와 증거물을 **접수**한 때부터 결정 후 검찰청에 **반환**될 때까지의 기간은 수사기관의 체포 · 구속기간에 산입하지 아니함 14 · 16. 경찰채용, 15. 국가직 9급, 19. 경찰간부

4. 법원의 결정

심문과 결정	① 법원은 청구서가 접수된 때부터 **48시간 이내**에 피의자를 심문해야 함(≪주의 24시간 이내에 심문한다. ×) 14. 경찰승진, 14 · 15 · 16. 경찰채용 ② 결정은 심문이 종료된 때로부터 **24시간 이내**에 해야 함 14 · 15. 경찰채용, 16. 경찰승진
기각결정	① 법원은 청구가 이유 없다고 인정한 때에는 결정으로 이를 기각함 16. 경찰채용 ② **기각결정에 대하여 항고하지 못함** 14 · 15 · 16 · 17. 경찰채용, 16. 경찰승진, 18. 경찰간부 · 법원직 9급
석방결정	① 법원은 청구가 이유 있다고 인정한 때에는 결정으로 체포 · 구속된 피의자(심사청구 후 공소제기된 자 포함)의 석방을 명함 14 · 18. 경찰간부, 16. 경찰채용, 18. 변호사 ② **석방결정에 대하여 항고하지 못함** 14 · 15. 경찰채용, 16. 경찰승진 · 국가직 9급, 18. 변호사 · 경찰간부 · 법원직 9급 ③ 재체포 · 재구속사유 14 · 15 · 16 · 17. 경찰채용, 15. 국가직 7급, 18. 변호사 · 경찰간부 ㉠ 도망한 경우 ㉡ 죄증을 인멸하는 경우
보증금납입 조건부 석방결정 (피의자보석)	① 구속적부심사청구가 있는 경우 **법원이 출석을 보증할 만한 보증금의 납입을 조건으로 구속된 피의자**(심사청구 후 공소제기된 자를 포함)를 석방시키는 제도(≪주의 피의자보석을 청구할 수 있다. ×) 14. 경찰승진 · 국가직 7급, 14 · 15. 경찰채용 ② 보석불허사유 ㉠ 죄증을 인멸할 염려가 있다고 믿을 만한 충분한 사유 있을 때 ㉡ 피해자 등의 생명 · 신체 · 재산에 해를 가하거나 가할 염려가 있다고 믿을 만한 충분한 이유가 있을 때 ③ 보증금납입조건부 피의자석방결정에 대하여 **보통항고가 허용됨** ④ 재체포 · 재구속사유 17. 경찰간부 ㉠ 도망한 때 ㉡ 도망하거나 죄증을 인멸할 염려가 있다고 믿을 만한 충분한 이유가 있는 때 ㉢ 출석요구를 받고 정당한 이유 없이 출석하지 아니한 때 ㉣ 주거의 제한 기타 법원이 정한 조건을 위반한 때 ⑤ 보증금 몰수 ㉠ 임의적 몰수: 석방된 자를 재차 구속하거나, 공소제기 후 재차 구속할 경우에 보증금의 전부 또는 일부를 몰수할 수 있음 ➜ 판결확정 전 ㉡ 필요적 몰수: 석방된 자가 형의 선고를 받아 그 판결이 확정된 후 집행하기 위한 소환을 받고 정당한 이유 없이 출석하지 아니하거나 도망한 때에 보석금의 전부 또는 일부를 몰수해야 함 ➜ 판결확정 후

판례 |

1 체포적부심사에서 체포된 피의자를 보증금납입을 조건으로 석방할 수 있는지의 여부(소극)
현행법상 **체포된 피의자**에 대하여는 **보증금납입을 조건으로 한 석방이 허용되지 않는다**(대결 1997.8.27, 97모21). 14·20. 경찰승진, 14·15. 경찰채용, 16. 변호사, 18·21. 경찰간부, 18·20.국가직 9급

2 보증금납입조건부 석방(피의자보석)결정에 대하여 불복할 수 있는지의 여부(= 보통항고)
기소 후 보석결정에 대하여 항고가 인정되는 점에 비추어 그 보석결정과 성질 및 내용이 유사한 기소 전 보증금납입조건부 석방결정에 대하여도 항고할 수 있도록 하는 것이 균형에 맞는 측면도 있다 할 것이므로 **형사소송법 제214조의2 제4항(개정법 제5항) 석방결정에 대하여는 피의자나 검사가 그 취소의 실익이 있는 한 같은 법 제402조에 의하여 항고할 수 있다**(대결 1997.8.27, 97모21). 15. 국가직 7급

06 보석

1. 의의

개념	구속된 피고인에 대하여 보증금납입 등의 조건으로 구속의 집행을 정지하는 제도 ➔ **구속영장은 효력 유지**
보석의 대상자	① 보석의 대상자는 구속된 피고인임 ② 감정유치된 피고인이나 구인된 증인에게는 보석이 인정되지 않음

2. 보석의 종류

필요적 보석	① 보석의 청구가 있으면 보석불허가사유가 없는 한 법원은 **보석을 허가해야 함** ② 필요적 보석의 예외사유 15. 경찰채용 ㉠ 사형, 무기 또는 장기 10년이 넘는 징역이나 금고에 해당하는 죄를 범한 때(주의 사형, 무기, 장기 10년 이상 ×) ㉡ 누범에 해당하거나 상습범인 죄를 범한 때 ㉢ 죄증을 인멸하거나 인멸할 염려가 있다고 믿을 만한 충분한 이유가 있는 때 ➔ 구속사유 ㉣ 도망하거나 도망할 염려가 있다고 믿을 만한 충분한 이유가 있는 때 ➔ 구속사유 ㉤ 주거가 분명하지 아니한 때 ➔ 구속사유 ㉥ 피해자 등의 생명 · 신체 · 재산에 해를 가하거나 가할 염려가 있다고 믿을 만한 충분한 이유가 있는 때
임의적 보석	필요적 보석의 예외사유에 해당하는 때에도 법원은 상당한 이유가 있을 때에 직권 또는 청구에 의하여 결정으로 **보석을 허가할 수 있음**(예 병보석) 14. 경찰간부, 18. 국가직 9급

판례 | 다른 사건으로 집행유예기간 중에 있는 피고인에 대하여 보석을 허가할 수 있는지의 여부(적극)

피고인이 집행유예의 기간 중에 있어 집행유예의 결격자라고 하여 보석을 허가할 수 없는 것은 아니고 형사소송법 제95조는 그 제1 내지 5호(개정법 6호) 이외의 경우에는 필요적으로 보석을 허가하여야 한다는 것이지, 여기에 해당하는 경우에는 보석을 허가하지 아니할 것을 규정한 것이 아니므로 **집행유예기간 중에 있는 피고인의 보석을 허가**한 것이 누범과 상습범에 대하여는 보석을 허가하지 아니할 수 있다는 형사소송법 제95조 제2호의 취지에 위배되어 **위법이라고 할 수 없다**(대결 1990.4.18, 90모22). 14·19. 경찰채용, 16. 경찰승진, 18. 법원직 9급

3. 보석의 절차

보석의 청구	① 청구권자: **피고인, 피고인의 변호인 · 법정대리인 · 배우자 · 직계친족 · 형제자매 · 가족** · 동거인 · 고용주(주의 검사 ×) 14·16·17. 경찰승진, 18. 국가직 9급 ② 검사의 의견청취 ㉠ 재판장은 보석에 관한 결정을 함에는 **검사의 의견을 물어야 함**(주의 급속을 요하는 경우에는 검사의 의견을 묻지 않을 수 있다. ×) 17. 법원직 9급 ㉡ 검사는 재판장의 의견요청에 대하여 지체 없이(늦어도 요청을 받은 날의 다음날까지) 의견을 표명해야 함 ③ 보석청구를 받은 법원은 원칙적으로 심리기일을 정하여 **구속된 피고인을 심문해야 함** 14. 경찰간부, 18. 국가직 7급
보석의 결정	① 보석의 결정: 보석청구가 이유 없을 때에는 보석청구기각결정을 하고, 보석청구가 이유 있을 때에는 보석허가결정을 함 ② 불복방법: 보석청구기각결정과 보석허가결정에 대하여 피고인과 검사는 각각 **보통항고**할 수 있음 16. 국가직 7급, 18. 법원직 9급
보석의 조건	① 법원은 보석허가결정을 하는 경우 필요하고 상당한 범위 안에서 다음 조건 중 하나 이상의 조건을 정해야 함(제98조) ㉠ 법원이 지정하는 일시 · 장소에 출석하고 증거를 인멸하지 아니하겠다는 서약서를 제출할 것(제1호) ㉡ 법원이 정하는 보증금 상당의 금액을 납입할 것을 약속하는 약정서를 제출할 것(제2호) ㉢ 법원이 지정하는 장소로 주거를 제한하고 이를 변경할 필요가 있는 경우에는 법원의 허가를 받는 등 도주를 방지하기 위하여 행하는 조치를 수인할 것(제3호) ㉣ 피해자 등의 생명 · 신체 · 재산에 해를 가하는 행위를 하지 아니하고 주거 · 직장 등 그 주변에 접근하지 아니할 것(제4호) ㉤ 피고인 외의 자가 작성한 출석보증서를 제출할 것(제5호) ㉥ 법원의 허가 없이 외국으로 출국하지 아니할 것을 서약할 것(제6호) ㉦ 법원이 지정하는 방법으로 피해자의 권리회복에 필요한 금원을 공탁하거나 그에 상당한 담보를 제공할 것(제7호) ㉧ 피고인 또는 법원이 지정하는 자가 보증금을 납입하거나 담보를 제공할 것(제8호) ㉨ 그 밖에 피고인의 출석을 보증하기 위하여 법원이 정하는 적당한 조건을 이행할 것(제9호) ② 법원은 직권 또는 피고인 등의 신청에 따라 결정으로 **보석조건을 변경**하거나 일정기간 동안 당해 **조건의 이행을 유예할 수 있음** 14. 경찰간부

고려사항	① 보석조건을 정함에 있어서 다음 사항을 고려해야 함 ㉠ 범죄의 성질 및 죄상 ㉡ 증거의 증명력(≪주의 증거의 증거능력 ×) ㉢ 피고인의 전과 · 성격 · 환경 및 자산 ㉣ 피해자에 대한 배상 등 범행 후의 정황에 관련된 사항 ② 법원은 피고인의 자력 또는 자산 정도로는 이행할 수 없는 조건을 정할 수 없음
보석의 집행	① 선이행 · 후석방 방식: 보석의 조건 중에서 제1호 · 제2호 · 제5호 · 제7호 · 제8호의 조건은 이를 이행한 후가 아니면 보석허가결정을 집행하지 못함 ② 선석방 · 후이행 방식: 보석의 조건 중에서 제3호 · 제4호 · 제6호 · 제9호의 조건은 보석허가결정 집행 후 이행해야 하지만, 법원은 필요하다고 인정하는 때에는 그 이행 이후 보석허가결정을 집행하도록 정할 수 있음
보석의 실효	보석은 보석의 취소 또는 구속영장의 실효에 의하여 실효됨
보석조건의 실효	① **구속영장의 효력이 소멸한 때** 14 · 16 · 17. 경찰승진, 18. 법원직 9급 ② 보석이 취소된 때. 다만, 제98조 제8호 조건(보증금납입 또는 담보제공의 조건)은 예외로 함 18. 국가직 7급

> **판례 | 검사의 의견청취절차를 거치지 아니한 보석허가결정의 효력(한정 적극)**
>
> 검사의 의견청취절차는 보석에 관한 결정의 본질적 부분이 되는 것은 아니므로 설사 **법원이 검사의 의견을 듣지 아니한 채 보석에 관한 결정**을 하였다고 하더라도 그 **결정이 적정한 이상 절차상의 하자만을 들어 그 결정을 취소할 수는 없다**(대결 1997.11.27, 97모88). 14 · 19. 경찰채용, 17. 법원직 9급, 18. 국가직 7급

4. 보석의 취소와 보증금의 몰취

보석조건 위반에 대한 제재	출석 보증인	법원은 피고인이 기일에 불출석하는 경우 결정으로 그 출석보증인에 대하여 **500만원 이하의 과태료**를 부과할 수 있음(≪주의 출석보증인에게 과태료 또는 감치를 부과할 수 있다. ×) 14. 경찰채용
	피고인	법원은 피고인이 보석조건을 위반한 경우에는 결정으로 **1천만원 이하의 과태료**를 부과하거나 **20일 이내의 감치**에 처할 수 있음(≪주의 1천만원 이하의 과태료를 부과하거나 10일 이내의 감치 ×) 15. 국가직 9급, 17. 경찰승진, 18. 국가직 7급
보석의 취소	① 다음의 경우에 법원은 직권 또는 검사의 청구에 의하여 결정으로 보석을 취소할 수 있음**(구속집행정지 취소의 사유도 동일함)** 15. 국가직 9급 ㉠ 도망한 때 ㉡ 도망하거나 죄증을 인멸할 염려가 있다고 믿을 만한 충분한 이유가 있는 때 ㉢ 소환을 받고 정당한 이유 없이 출석하지 아니한 때 ㉣ 피해자 등의 생명 · 신체 · 재산에 해를 가하거나 가할 염려가 있다고 믿을 만한 충분한 이유가 있는 때 ㉤ 법원이 정한 조건을 위반한 때 ② 보석취소결정이 있는 때에는 검사는 그 취소결정등본에 의하여 피고인을 재구금해야 함(≪주의 새로운 구속영장의 발부 ×) 14. 경찰채용, 18. 법원직 9급	

보증금의 몰취	임의적 몰취	보석을 취소할 때에는 결정으로 보증금의 전부 또는 일부를 몰취할 수 있음 ➜ 판결확정 전 14. 경찰승진, 18. 국가직 9급
	필요적 몰취	보석으로 석방된 자가 형의 선고를 받고 그 판결이 확정된 후 집행하기 위한 소환을 받고 정당한 이유 없이 출석하지 아니하거나 도망한 때에는 보증금의 전부 또는 일부를 몰취해야 함 ➜ 판결확정 후
보증금의 환부	구속 또는 보석을 취소하거나 구속영장의 효력이 소멸된 때에는 몰취하지 아니한 보증금을 청구한 날로부터 **7일 이내**에 환부함 14·16. 경찰승진	

판례 |

1 보석취소와 피고인 재구금

보석허가결정의 취소는 **그 취소결정을 고지하거나 결정 법원에 대응하는 검찰청 검사에게 결정서를 교부 또는 송달함으로써 즉시 집행할 수 있는 것**이고, 그 결정등본이 피고인에게 송달 또는 고지되어야 집행할 수 있는 것은 아니다(대결 1983.4.21, 83모19). 19. 경찰채용

2 보석보증금 몰수결정은 반드시 보석취소와 동시에 해야 하는지의 여부(소극)

보석보증금을 몰수하려면 반드시 보석취소와 동시에 하여야만 가능한 것이 아니라 **보석취소 후에 별도로 보증금 몰수결정을 할 수도 있다**[대결 2001.5.29, 2000모22(전합)]. 16. 변호사·국가직 9급, 19. 경찰채용

07 구속의 집행정지, 구속의 취소, 구속의 실효

1. 구속의 집행정지

의의	상당한 이유가 있는 때에 구속된 피의자·피고인의 **구속의 집행을 정지하는 제도** ➜ 구속영장은 효력 유지
피고인	① 피고인에 대한 구속집행정지는 **법원의 직권으로 행함**(주의 직권 또는 청구 ×) ② 법원이 구속의 집행정지결정을 함에는 급속을 요하는 경우를 제외하고는 검사의 의견을 물어야 함 ③ 구속의 집행정지결정에 대하여 검사는 **보통항고**를 할 수 있음(주의 즉시항고 ×) 17. 경찰승진, 18. 경찰채용·법원직 9급 ④ 헌법 제44조에 의하여 구속된 국회의원에 대한 석방요구가 있으면 당연히 구속영장의 집행이 정지됨 ⑤ 구속 중인 피고인에 대하여 감정유치장이 집행되었을 때에는 피고인이 유치되어 있는 기간 구속은 그 집행이 정지된 것으로 간주함
피의자	① 피의자에 대한 구속집행정지는 **검사 또는 사법경찰관이 직권으로 행함** ② 구속 중인 피의자에 대하여 감정유치장이 집행되었을 때에는 피의자가 유치되어 있는 기간 구속은 그 집행이 정지된 것으로 간주함

2. 구속의 취소

의의	구속의 사유가 없거나 소멸된 때에 직권 또는 청구에 의하여 **구속된 피의자 · 피고인을 석방하는 제도 ➜ 구속영장은 효력 상실**
피고인	① 법원은 구속의 사유가 없거나 소멸된 때에는 **직권 또는 검사 · 피고인 · 변호인과 피고인의 법정대리인 · 배우자 · 직계친족 · 형제자매의 청구**에 의하여 결정으로 구속을 취소해야 함 14 · 18. 경찰승진, 15. 경찰채용 ② 구속취소에 관한 결정을 함에는 검사의 청구에 의하거나 급속을 요하는 경우 외에는 검사의 의견을 물어야 함 ③ 구속취소결정에 대하여 검사는 **즉시항고**를 할 수 있음 16. 변호사, 17. 경찰승진
피의자	검사 또는 사법경찰관은 구속의 사유가 없거나 소멸된 때에는 **직권 또는 피의자 · 변호인과 피의자의 법정대리인 · 배우자 · 직계친족 · 형제자매의 청구**에 의하여 구속을 취소함

3. 구속의 실효

구속의 취소	2. 구속의 취소 부분에서 상술
구속의 당연실효	① 구속기간의 만료: 구속기간이 만료되면 구속영장의 효력은 당연히 상실된다는 것이 통설이나, 판례는 구속영장의 효력이 당연히 실효되는 것은 아니라는 입장 13. 경찰간부 ② 구속영장의 실효 ㉠ 무죄, 면소, 형의 면제, 형의 선고유예, 형의 집행유예, 공소기각 또는 벌금 · 과료를 과하는 판결이 **선고**된 때에는 구속영장이 실효됨(«주의 관할위반판결 ×) 14. 국가직 9급, 14 · 15 · 18. 법원직 9급, 15. 경찰간부 ㉡ 사형 또는 자유형(실형)의 판결이 확정된 때에도 구속영장이 실효됨(«주의 사형 또는 자유형이 선고된 때에는 구속영장의 효력은 상실된다. ×)

제4절 압수 · 수색 · 검증 등

01 압수와 수색

1. 의의

의의	① 압수 ㉠ **증거물**이나 **몰수물**의 점유를 취득하는 강제처분 ㉡ 압류, 영치, 제출명령을 그 내용으로 함. 다만, 법원과는 달리 수사기관은 제출명령을 할 수 없음 ② 수색: 압수할 물건이나 피의자 · 피고인을 발견하기 위하여 사람의 신체 또는 일정한 장소를 뒤지는 강제처분

요건	① 범죄혐의 ㉠ 수사기관은 피의자가 죄를 범하였다고 의심할 만한 정황이 있을 때에 압수·수색을 할 수 있음 ㉡ 명문의 규정은 없지만 법원의 압수·수색의 경우에도 범죄혐의는 당연히 필요한 요건임 ② 필요성 및 사건과의 관련성 17. 경찰간부·국가직 9급 ㉠ 수사기관은 범죄수사에 필요한 때에는 **해당 사건과 관계가 있다고 인정할 수 있는 것에 한정하여** 압수·수색을 할 수 있음 ㉡ 법원은 필요한 때에는 **피고사건과 관계가 있다고 인정할 수 있는 것에 한정하여** 증거물 또는 몰수할 것으로 사료하는 물건을 압수하거나 피고인의 신체, 물건 또는 주거 기타 장소를 수색할 수 있음

판례 |

1 압수와 몰수의 관계

몰수는 반드시 압수되어 있는 물건에 대하여서만 하는 것이 아니므로 몰수대상 물건이 압수되어 있는가 하는 점 및 적법한 절차에 의하여 압수되었는가 하는 점은 몰수의 요건이 아니라고 할 것이다(대판 2003.5.30, 2003도705 **농협조합장선거 관련 6천만원 몰수 사건**). 15. 국가직 9급, 16. 경찰간부, 20. 경찰채용

2 필요한 한도를 초과하여 압수가 위법한 경우

원심은 검사가 피의자들의 **폐수무단방류 혐의**가 인정된다는 이유로 피의자들의 **공장부지, 건물, 기계류 일체 및 폐수운반차량 7대에 대하여 한 압수처분**은 수사상의 필요에서 행하는 압수의 본래 취지를 넘는 것으로 상당성이 없을 뿐만 아니라 비례성의 원칙에 위배되어 위법하다고 판단하였는바, 원심의 위와 같은 판단은 정당하다(대결 2004.3.23, 2003모126). 15. 경찰채용, 17. 경찰간부

3 압수·수색에 있어 '사건과의 관련성'의 의미 등

① **영장발부의 사유로 된 범죄 혐의사실과 무관한 별개의 증거를 압수하였을 경우 이는 원칙적으로 유죄 인정의 증거로 사용할 수 없다.** 그러나 압수·수색의 목적이 된 범죄나 이와 관련된 범죄의 경우에는 그 압수·수색의 결과를 유죄의 증거로 사용할 수 있다(대판 2017.12.5, 2017도13458 **최명길 의원 사건**).

② [1] 압수·수색영장의 범죄 혐의사실과 관계있는 범죄라는 것은 압수·수색영장에 기재한 혐의사실과 **객관적 관련성이 있고 압수·수색영장 대상자와 피의자 사이에 인적 관련성이 있는 범죄를 의미한다.** [2] 그중 혐의사실과의 객관적 관련성은 압수·수색영장에 기재된 **혐의사실 자체 또는 그와 기본적 사실관계가 동일한 범행**과 직접 관련되어 있는 경우는 물론 범행 동기와 경위, 범행 수단과 방법, 범행 시간과 장소 등을 증명하기 위한 **간접증거나 정황증거** 등으로 사용될 수 있는 경우에도 인정될 수 있다. 그 관련성은 압수·수색영장에 기재된 혐의사실의 내용과 수사의 대상, 수사 경위 등을 종합하여 구체적·개별적 연관관계가 있는 경우에만 인정된다고 보아야 하고, 혐의사실과 단순히 **동종 또는 유사 범행이라는 사유만으로 관련성이 있다고 할 것은 아니다.** [3] 그리고 **피의자와 사이의 인적 관련성은 압수·수색영장에 기재된 대상자의 공동정범이나 교사범 등 공범이나 간접정범은 물론 필요적 공범 등에 대한 피고사건에 대해서도 인정될 수 있다**(대판 2017.12.5, 2017도13458 **최명길 의원 사건**). 19·20. 경찰채용

4 사건과의 관련성을 인정할 수 없는 경우 증거능력을 인정할 수 있는지의 여부(소극)

① 영장발부의 사유로 된 범죄 혐의사실과 관련된 증거가 아니라면 적법한 압수·수색이 아니므로 **영장발부의 사유로 된 범죄 혐의사실과 무관한 별개의 증거를 압수하였을 경우** 이는 원칙적으로 **유죄 인정의 증거로 사용할 수 없다**(대판 2017.11.14, 2017도3449 **권선택 대전시장 사건**). 17. 법원직 9급

② [1] 압수 · 수색은 영장발부의 사유로 된 범죄 혐의사실과 관련된 증거에 한하여 할 수 있는 것이므로 **영장 발부의 사유로 된 범죄 혐의사실과 무관한 별개의 증거를 압수하였을 경우 이는 원칙적으로 유죄 인정의 증거로 사용할 수 없다.** [2] 다만, **수사기관이 그 별개의 증거를 피압수자 등에게 환부하고 후에 이를 임의제출받아 다시 압수하였다면 그 증거를 압수한 최초의 절차 위반행위와 최종적인 증거수집 사이의 인과관계가 단절되었다고 평가할 수 있는 사정이 될 수 있으나,** 환부 후 다시 제출하는 과정에서 수사기관의 우월적 지위에 의하여 임의제출의 명목으로 실질적으로 강제적인 압수가 행하여질 수 있으므로 그 제출에 임의성이 있다는 점에 관하여는 검사가 합리적 의심을 배제할 수 있을 정도로 증명하여야 하고, **임의로 제출된 것이라고 볼 수 없는 경우에는 그 증거능력을 인정할 수 없다**(대판 2016.3.10, 2013도11233 **광우병의심 소고기 유통 사건**). 16 · 17. 국가직 7급, 17. 법원직 9급, 18. 국가직 9급

5 전자정보 압수 · 수색 과정에서 생성한 이미징 사본 등의 복제본에 혐의사실과 관련 없는 전자정보가 남아 있는 경우 이를 새로운 범죄혐의의 수사를 위하여 탐색, 복제 또는 출력할 수 있는지의 여부(소극)

수사기관의 전자정보에 대한 압수 · 수색은 원칙적으로 영장 발부의 사유로 된 범죄 혐의사실과 관련된 부분만을 문서 출력물로 수집하거나 수사기관이 휴대한 저장매체에 해당 파일을 복제하는 방식으로 이루어져야 한다. 수사기관이 저장매체 자체를 직접 반출하거나 그 저장매체에 들어 있는 전자파일 전부를 하드카피나 이미징 등 형태(이하 '복제본'이라 한다)로 수사기관 사무실 등 외부에 반출하는 방식으로 압수 · 수색하는 것은 현장의 사정이나 전자정보의 대량성으로 인하여 관련 정보 획득에 긴 시간이 소요되거나 전문 인력에 의한 기술적 조치가 필요한 경우 등 범위를 정하여 출력 또는 복제하는 방법이 불가능하거나 압수의 목적을 달성하기에 현저히 곤란하다고 인정되는 때에 한하여 예외적으로 허용될 수 있을 뿐이다. **수사기관은 복제본에 담긴 전자정보를 탐색하여 혐의사실과 관련된 정보(이하 '유관 정보'라 한다)를 선별하여 출력하거나 다른 저장매체에 저장하는 등으로 압수를 완료하면 혐의사실과 관련 없는 전자정보(이하 '무관정보'라 한다)를 삭제 · 폐기하여야 한다. 수사기관이 새로운 범죄 혐의의 수사를 위하여 무관정보가 남아있는 복제본을 열람하는 것은 압수 · 수색영장으로 압수되지 않은 전자정보를 영장 없이 수색하는 것과 다르지 않다.** 따라서 복제본은 더 이상 수사기관의 탐색, 복제 또는 출력 대상이 될 수 없으며, **수사기관은 새로운 범죄 혐의의 수사를 위하여 필요한 경우에도 유관정보만을 출력하거나 복제한 기존 압수 · 수색의 결과물을 열람할 수 있을 뿐이다**(대판 2023.6.1, 2018도19782 **소형무장헬기사업 기밀누설 사건**).

6 사건과의 관련성을 인정할 수 없어 증거능력이 부정되는 경우

① 압수 · 수색영장의 **'압수할 물건'란에 甲의 기부금품의 모집 및 사용에 관한 법률 위반, 업무방해죄, 횡령죄와 관련하여 甲이 소유하거나 보관 중인 물건들이 열거되어 있음에도,** 압수한 전자정보가 '청와대 인사안, 청와대 및 행정 각부의 보고서, 대통령 일정 관련 자료, 대통령 말씀자료, 외교관계자료 등'으로서 **영장 기재 범죄사실에 대한 직접 또는 간접증거로서의 가치가 있다고 보기 어렵다면 전자정보 출력물은 위법수집증거에 해당하여 유죄의 증거로 쓸 수 없다**(대판 2018.4.26, 2018도2624 **정호성 비서관 사건**).

② **압수영장의 발부사유가 된 혐의사실이** '피고인 甲은 2014년 5월에서 6월 사이 피고인 乙의 선거사무소에서 **전화홍보원들에게 선거운동과 관련하여 금품을 제공하였다'는 것임에도 불구하고** 그 영장을 통하여 압수한 증거물이 '2012년 8월에서 2013년 11월 사이 피고인 甲 · 乙 · 丙 등이 **대전미래경제연구포럼을 설립 · 운영하고 회비를 조성한 것과 관련하여 유사기관 설치와 사전선거운동으로 인한 공직선거법 위반, 정치자금법 위반의 혐의'와 관련이 있는 것이라면** 압수영장으로 압수한 증거물은 압수영장 발부의 사유가 된 범죄 혐의사실과 관련이 없으므로 이들은 **유죄 인정의 증거로 사용할 수 없다**(대판 2017.11.14, 2017도3449 **권선택 대전시장 사건**).

③ 수사관들이 (집행현장에서 혐의사실과 관련된 부분만을 문서로 출력하거나 수사기관이 휴대한 저장매체에 복사하는 것이 현저히 곤란한 상황이어서) **압수·수색영장 기재에 따라 외장 하드디스크 자체를 수사기관 사무실로 반출한 후**, 영장에 기재된 범죄혐의와 관련된 전자정보를 탐색하여 해당 전자정보만을 출력 또는 복사하는 것을 넘어, **위 범죄혐의와 자금 조성의 주체·목적·시기·방법 등이 전혀 다른 전자정보인 인센티브 보너스 추가지급 관련 전산자료까지 출력한 후 이를 제시하면서 관련자들을 조사하여 진술을 받아낸 경우**, 전산자료 출력물은 **증거능력이 없는 위법수집증거에 해당하고,** 이러한 위법수집증거를 제시하여 수집된 관련자들의 진술 등도 위법수집증거에 기한 2차적 증거에 해당하므로 **증거능력이 부정된다**(대판 2014.2.27, 2013도12155 **최태원 SK그룹회장 사건**).

④ '피의자: 甲, 압수할 물건: 乙이 소지하고 있는 휴대전화 등, **범죄사실: 甲은 공천과 관련하여 새누리당 공천심사위원에게 돈 봉투를 제공하였다 등'이라고 기재된 압수·수색영장**에 의하여 검찰청 수사관이 乙의 주거지에서 그의 휴대전화를 압수하고 그 휴대전화에서 추출한 전자정보를 분석하던 중 피고인 乙·丙 사이의 대화가 녹음된 녹음파일을 통하여 피고인들에 대한 공직선거법 위반의 혐의점을 발견하고 수사를 개시하였으나, **피고인들로부터 녹음파일을 임의로 제출받거나 새로운 압수·수색영장을 발부받지 아니한 경우**, 그 녹음파일은 압수·수색영장에 의하여 압수할 수 있는 물건 내지 전자정보로 볼 수 없으므로(형사소송법 제215조 제1항에 규정된 '해당 사건'과 관계가 있다고 인정할 수 있는 것에 해당한다고 할 수 없으므로) **피고인들의 공소사실(피고인 乙·丙 사이의 정당 후보자 추천 및 선거운동 관련 대가제공 요구 및 약속 범행)에 대해서는 증거능력이 부정된다**(대판 2014.1.16, 2013도7101 **현영희 의원 사건**).
14·15. 국가직 9급, 15·20. 변호사, 15.경찰승진, 15·16·20. 경찰채용, 17. 경찰간부·법원직 9급

⑤ 검찰청 수사관이 2009.2.6.자 **압수·수색영장에 의하여 甲으로부터 'PC 1대, 서류 23박스, 매입·매출 등 전산자료 저장 USB 1개 등'을 압수하였으나 그 압수물들이 영장 기재 혐의사실과 무관한 것임에도**(또한 압수목록을 작성·교부하지 않았고 압수조서도 작성하지 않았음), **검사는 甲에게 반환하는 등의 조치를 취하지 않고 보유하고 있다가** 2009.5.1.에 이르러 피고인 丙의 동생 乙을 검사실로 불러 '일시 보관 서류 등의 목록', '압수물건 수령서 및 승낙서'를 작성하게 한 다음(이 서류에는 USB는 기재되어 있지 않았음) 당시 검사실로 오게 한 세무공무원 丁에게 이를 제출하도록 한 경우, **설령 乙이 USB를 세무공무원에게 제출하였다고 하더라도 그 제출에 임의성이 있는지가 증명되었다고 할 수 없다면**, 乙이 압수물건 수령서 및 승낙서를 제출하였다는 사정만으로 영장 기재 혐의사실과 무관한 USB가 압수되었다는 절차위반행위와 최종적인 증거수집 사이의 인과관계가 단절되었다고 보기 어려워 **USB 및 그에 저장되어 있던 영업실적표는 증거능력이 없다**(대판 2016.3.10, 2013도11233 **광우병의심 소고기 유통 사건**).

2. 압수·수색의 제한

비밀	군사상 비밀	① 군사상 비밀을 요하는 장소는 그 책임자의 승낙 없이는 압수·수색할 수 없음 ② 책임자는 국가의 중대한 이익을 해하는 경우를 제외하고는 승낙을 거부하지 못함
	공무상 비밀	① 공무원 또는 공무원이었던 자가 소지 또는 보관하는 물건에 관하여는 본인 또는 그 해당 공무소가 직무상의 비밀에 관한 것임을 신고한 때에는 그 소속 공무소 또는 당해 감독관공서의 승낙 없이는 압수하지 못함 17. 국가직 9급 ② 소속 공무소 또는 당해 감독관공서는 국가의 중대한 이익을 해하는 경우를 제외하고는 승낙을 거부하지 못함 17. 국가직 9급
	업무상 비밀	① 변호사·변리사·공증인·공인회계사·세무사·대서업자·의사·한의사·치과의사·약사·약종상·조산사·간호사·종교의 직에 있는 자 또는 이러한 직에 있던 자가 그 업무상 위탁을 받아 소지 또는 보관하는 물건으로 타인의 비밀에 관한 것은 압수를 거부할 수 있음(《주의》 감정인 ×, 교사 ×) ② 타인의 승낙이 있거나 중대한 공익상 필요가 있는 때에는 예외로 함

정보 및 우체물	① 압수의 목적물이 정보저장매체인 경우에는 **기억된 정보의 범위를 정하여 출력하거나 복제하여 제출받아야 함**. 다만, 압수 방법의 실행이 불가능하거나 그 방법으로는 압수의 목적을 달성하는 것이 현저히 곤란한 경우에는 압수 · 수색 또는 검증 현장에서 정보저장매체 등에 들어 있는 전자정보 전부를 복제하여 그 **복제본을 정보저장매체 등의 소재지 외의 장소로 반출할 수 있음**. 그럼에도 **압수 방법의 실행이 불가능하거나 그 방법으로는 압수의 목적을 달성하는 것이 현저히 곤란한 경우에는** 피압수자 또는 압수 · 수색영장을 집행할 때 참여하게 해야 하는 사람이 참여한 상태에서 정보저장매체 등의 **원본을 봉인(封印)하여 정보저장매체 등의 소재지 외의 장소로 반출할 수 있음** 14. 경찰간부, 16 · 18. 경찰승진 ② 우체물 또는 전기통신에 관한 것으로서 필요한 때에는 **피고사건(피의사건)과 관계가 있다고 인정할 수 있는 것에 한정하여** 체신관서 기타 관련기관 등이 소지 또는 보관하는 물건의 제출을 명하거나 압수를 할 수 있음

판례 |

1 적법한 임의제출물의 압수에 해당하는 사례

① 검사가 교도관으로부터 보관하고 있던 **피고인의 비망록**을 뇌물수수 등의 증거자료로 **임의로 제출받아 이를 압수한 경우 그 압수절차가 피고인의 승낙 및 영장 없이 행하여졌다고 하더라도 이에 적법절차를 위반한 위법이 있다고 할 수 없다**(대판 2008.5.15, 2008도1097 **김태촌 비망록 사건**). 14 · 17. 변호사, 15 · 18. 경찰간부, 18. 경찰채용 · 국가직 7급

② **경찰관이 간호사로부터 진료 목적으로** 이미 채혈되어 있던 **피고인의 혈액 중 일부를** 주취운전 여부에 대한 감정을 목적으로 **임의로 제출받아 이를 압수한 경우 그 압수절차가 피고인 또는 피고인의 가족의 동의 및 영장 없이 행하여졌다고 하더라도 이에 적법절차를 위반한 위법이 있다고 할 수 없다**(대판 1999.9.3, 98도968 **공주의료원 사건**). 15. 경찰간부 · 국가직 9급, 18. 경찰채용

③ **피의자가 휴대전화를 임의제출하면서** 휴대전화에 저장된 전자정보가 아닌 클라우드 등 제3자가 관리하는 원격지에 저장되어 있는 전자정보를 수사기관에 제출한다는 의사로 수사기관에게 클라우드 등에 접속하기 위한 **아이디와 비밀번호를 임의로 제공하였다면 위 클라우드 등에 저장된 전자정보를 임의제출하는 것으로 볼 수 있다**(대판 2021.7.29, 2020도14654 **음란물 저장 휴대폰 압수 사건**).

2 전자정보(컴퓨터 파일 등)에 대한 압수 · 수색영장 집행의 적법성 인정요건

[1] 전자정보에 대한 압수 · 수색영장의 집행에 있어서는 원칙적으로 **영장발부의 사유로 된 혐의사실과 관련된 부분만을 문서 출력물로 수집하거나 수사기관이 휴대한 저장매체에 해당 파일을 복사하는 방식으로 이루어져야 하고,** 집행현장의 사정상 위와 같은 방식에 의한 집행이 불가능하거나 현저히 곤란한 부득이한 사정이 존재하더라도 그와 같은 경우에 **그 저장매체 자체를 직접 혹은 하드카피나 이미징 등 형태로 수사기관 사무실 등 외부로 반출하여 해당 파일을 압수 · 수색할 수 있도록 영장에 기재되어 있고 실제 그와 같은 사정이 발생한 때에 한하여 예외적으로 허용될 수 있을 뿐이다.** [2] 나아가 이처럼 저장매체 자체를 수사기관 사무실 등으로 옮긴 후 영장에 기재된 범죄혐의 관련 전자정보를 탐색하여 해당 전자정보를 문서로 출력하거나 파일을 복사하는 과정 역시 전체적으로 압수 · 수색영장 집행의 일환에 포함된다고 보아야 한다. 따라서 그러한 경우의 문서출력 또는 파일복사의 대상 역시 혐의사실과 관련된 부분으로 한정되어야 함은 헌법 제12조 제1항 · 제3항, 형사소송법 제114조, 제215조의 적법절차 및 영장주의의 원칙상 당연하다. 그러므로 수사기관 사무실 등으로 옮긴 저장매체에서 범죄혐의와의 관련성에 대한 구분 없이 저장된 전자정보 중 임의로 문서출력 혹은 파일복사를 하는 행위는 특별한 사정이 없는 한 영장주의 등 원칙에 반하는 위법한 집행이 된다(대판 2014.2.27, 2013도12155 **최태원 SK그룹회장 사건**). 14 · 15. 변호사, 15 · 18. 경찰승진, 15 · 16 · 17. 경찰채용, 16. 법원직 9급, 국가직 7급, 국가직 9급, 19. 경찰간부

3 전자정보를 탐색하는 과정에서 별도의 범죄혐의와 관련된 전자정보를 발견한 경우, 수사기관이 취해야 할 조치

[1] 전자정보에 대한 압수 · 수색에 있어 그 저장매체 자체를 외부로 반출하거나 하드카피 · 이미징 등의 형태로 복제본을 만들어 외부에서 그 저장매체나 복제본에 대하여 압수 · 수색이 허용되는 예외적인 경우에도 혐의사실과 관련된 전자정보 이외에 이와 무관한 전자정보를 탐색 · 복제 · 출력하는 것은 원칙적으로 위법한 압수 · 수색에 해당하므로 허용될 수 없다. [2] 그러나 전자정보에 대한 압수 · 수색이 종료되기 전에 혐의사실과 관련된 **전자정보를 적법하게 탐색하는 과정에서 별도의 범죄혐의와 관련된 전자정보를 우연히 발견한 경우라면,** 수사기관으로서는 더 이상의 추가 탐색을 중단하고 **법원으로부터 별도의 범죄혐의에 대한 압수 · 수색영장을 발부받은 경우에 한하여 그러한 정보에 대하여도 적법하게 압수 · 수색을 할 수 있다.** 나아가 이러한 경우에도 별도의 압수 · 수색 절차는 최초의 압수 · 수색 절차와 구별되는 별개의 절차이고, 별도 범죄혐의와 관련된 전자정보는 최초의 압수 · 수색영장에 의한 압수 · 수색의 대상이 아니어서 저장매체의 원래 소재지에서 별도의 압수 · 수색영장에 기해 압수 · 수색을 진행하는 경우와 마찬가지로 피압수자는 최초의 압수 · 수색 이전부터 해당 전자정보를 관리하고 있던 자라 할 것이므로, 특별한 사정이 없는 한 **그 피압수자에게** 형사소송법 제219조, 제121조, 제129조에 따라 **참여권을 보장하고 압수한 전자정보 목록을 교부하는 등 피압수자의 이익을 보호하기 위한 적절한 조치가 이루어져야 한다.** [3] **준항고인**이 전체 압수 · 수색 과정을 단계적 · 개별적으로 구분하여 **각 단계의 개별 처분의 취소를 구하더라도 준항고법원은 특별한 사정이 없는 한 구분된 개별 처분의 위법이나 취소 여부를 판단할 것이 아니라 당해 압수 · 수색 과정 전체를 하나의 절차로 파악하여 그 과정에서 나타난 위법이 압수 · 수색 절차 전체를 위법하게 할 정도로 중대한지 여부에 따라 전체적으로 압수 · 수색 처분을 취소할 것인지를 가려야 한다.** 여기서 위법의 중대성은 위반한 절차조항의 취지, 전체과정 중에서 위반행위가 발생한 과정의 중요도, 위반사항에 의한 법익침해 가능성의 경중 등을 종합하여 판단하여야 한다[대결 2015.7.19, 2011모1839(전합) **종근당 압수 · 수색 사건**]. 16. 변호사, 16 · 20 국가직 9급, 17 · 19 · 20. 경찰채용, 18 · 19. 경찰간부

4 피의자의 컴퓨터 등 정보처리장치 내에 저장된 이메일 등 전자정보에 대한 압수 · 수색이 허용되는지의 여부(적극)

수사기관이 인터넷서비스이용자인 피의자를 상대로 **피의자의 컴퓨터 등 정보처리장치 내에 저장되어 있는 이메일 등 전자정보를 압수 · 수색하는 것은** 전자정보의 소유자 내지 소지자를 상대로 해당 전자정보를 압수 · 수색하는 **대물적 강제처분으로 허용된다**(대판 2017.11.29, 2017도9747 **원격 이메일 압수 · 수색 사건**). 18. 경찰채용

5 이메일 등 전자정보가 수색장소에 있는 컴퓨터 등 정보처리장치 내에 있지 않고 원격지(遠隔地) 서버 등의 저장매체에 저장되어 있는 경우에도 이메일 등 전자정보에 대한 압수 · 수색이 허용되는지의 여부(적극)

압수 · 수색할 전자정보가 압수 · 수색영장에 기재된 수색장소에 있는 컴퓨터 등 정보처리장치 내에 있지 아니하고 그 정보처리장치와 정보통신망으로 연결되어 제3자가 관리하는 **원격지의 서버 등 저장매체에 저장되어 있는 경우에도,** 수사기관이 피의자의 이메일 계정에 대한 접근권한에 갈음하여 발부받은 영장에 따라 영장 기재 수색장소에 있는 컴퓨터 등 정보처리장치를 이용하여 적법하게 취득한 피의자의 이메일 계정 아이디와 비밀번호를 입력하는 등 **피의자가 접근하는 통상적인 방법에 따라 그 원격지의 저장매체에 접속하고 그 곳에 저장되어 있는 피의자의 이메일 관련 전자정보를 수색장소의 정보처리장치로 내려받거나 그 화면에 현출시키는 것 역시**(이는 형사소송법 제120조 제1항에서 정한 '압수 · 수색영장의 집행에 필요한 처분'에 해당한다) **피의자의 소유에 속하거나 소지하는 전자정보를 대상으로 이루어지는 것이므로 그 전자정보에 대한 압수 · 수색도 허용되고,** 이는 원격지의 저장매체가 국외에 있는 경우라 하더라도 달리 볼 것은 아니다(대판 2017.11.29, 2017도9747 **원격 이메일 압수 · 수색 사건**). 18 · 19 · 20. 경찰채용, 21. 경찰간부

3. 압수 · 수색의 절차

영장의 발부	① 법원의 압수 · 수색: 법원의 **공판정 내**에서의 압수 · 수색은 영장이 필요 없으나, **공판정 외**에서의 압수 · 수색은 영장을 요함 ② 수사기관의 압수 · 수색: **검사는 지방법원판사에게** 청구하여 발부받은 영장에 의하여 압수 · 수색을 할 수 있으며, **사법경찰관은 검사에게** 신청함
영장의 집행	① 압수 · 수색영장은 원칙적으로 **검사의 지휘에 의하여 사법경찰관리가 집행함** ② 영장은 처분을 받는 자에게 **반드시 사전에 제시하여야 하고** 처분을 받는 자가 피고인인 경우에는 그 **사본**을 교부해야 한다. 다만, 처분을 받는 자가 현장에 없는 등 영장의 제시나 그 사본의 교부가 현실적으로 불가능한 경우 또는 처분을 받는 자가 영장의 제시나 사본의 교부를 거부한 때에는 예외로 한다.(주의 급속을 요하는 경우에는 집행 후에 압수 · 수색영장을 제시할 수 있다. ×) 14. 변호사 · 경찰승진, 15. 경찰간부 ③ 압수 · 수색영장의 집행 중에는 타인의 출입을 금지할 수 있음. 이에 위배한 자에게는 퇴거하게 하거나 집행종료시까지 간수자를 붙일 수 있음 15. 경찰승진 ④ 압수 · 수색영장의 집행에 있어서는 건정을 열거나 개봉 기타 필요한 처분을 할 수 있음 ⑤ 미리 집행의 일시와 장소를 검사 · 피의자 · 피고인 · 변호인에게 **통지해야 함**. 다만, 참여하지 아니한다는 의사를 명시한 때 또는 급속을 요하는 때에는 예외로 함 ⑥ 당사자와 책임자 등의 참여 ㉠ 검사 · 피의자 · 피고인 · 변호인은 압수 · 수색영장의 집행에 참여할 수 있음 ㉡ **여자의 신체에 대하여 수색**할 때에는 **성년의 여자**를 참여하게 해야 함(주의 의사 또는 성년의 여자 ×) 15. 경찰승진
야간집행의 제한	① 일출 전, 일몰 후에는 영장에 야간집행을 할 수 있는 기재가 없으면 타인의 주거 등에 들어가지 못함 ② 영장에 야간집행을 할 수 있는 기재가 없더라도 다음 장소에서는 제한 없이 압수 · 수색을 할 수 있음 ㉠ 도박 기타 풍속을 해하는 행위에 상용된다고 인정하는 장소 ㉡ 여관, 음식점 기타 야간에 공중이 출입할 수 있는 장소. 다만, 공개한 시간 내에 한함(주의 아무런 제한 없이 야간에도 압수 · 수색할 수 있다. ×)
압수조서 등 작성	① 압수 · 수색에 관하여는 조서를 작성해야 함 ② 압수한 경우에는 목록을 작성하여 소유자 등에게 교부해야 함(주의 압수조서를 피압수자에게 교부한다. ×) 15. 경찰승진 ③ 수색한 경우에 증거물 또는 몰수할 물건이 없는 때에는 그 취지의 증명서를 교부해야 함 ④ 다만, 피의자신문조서, 진술조서, 검증조서에 압수의 취지를 적은 경우에는 압수목록과 압수조서를 작성할 필요 없음

판례 |

1 지방법원판사의 압수영장 발부재판에 대하여 불복할 수 있는지의 여부(소극)

지방법원판사가 한 압수영장 발부의 재판에 대하여는 준항고로 불복할 수 없고 나아가 형사소송법 제402조, 제403조에서 규정하는 항고는 법원이 한 결정을 그 대상으로 하는 것이므로 법원의 결정이 아닌 지방법원판사가 한 압수영장 발부의 재판에 대하여 그와 같은 항고의 방법으로도 불복할 수 없다(대결 1997.9.29, 97모66). 16. 변호사, 18. 경찰채용

2 준항고인이 각 단계의 개별 처분의 취소를 구하는 경우 법원의 판단범위

준항고인이 전체 압수 · 수색 과정을 단계적 · 개별적으로 구분하여 각 단계의 개별 처분의 취소를 구하더라도 준항고법원은 특별한 사정이 없는 한 구분된 개별 처분의 위법이나 취소 여부를 판단할 것이 아니라, **당해 압수 · 수색 과정 전체를 하나의 절차로 파악하여 그 과정에서 나타난 위법이 압수 · 수색 절차 전체를 위법하게 할 정도로 중대한지 여부에 따라 전체적으로 압수 · 수색 처분을 취소할 것인지를 가려야 한다.** 여기서 위법의 중대성은 위반한 절차조항의 취지, 전체 과정 중에서 위반행위가 발생한 과정의 중요도, 위반사항에 의한 법익침해 가능성의 경중 등을 종합하여 판단하여야 한다[대결 2015.7.19, 2011모1839(전합) **종근당 압수 · 수색 사건**]. 17. 경찰채용

3 다시 압수 · 수색을 할 수 없는 경우

수사기관이 압수 · 수색영장을 제시하고 집행에 착수하여 압수 · 수색을 실시하고 그 집행을 종료하였다면 이미 그 영장은 목적을 달성하여 효력이 상실되는 것이고, 동일한 장소 또는 목적물에 대하여 다시 압수 · 수색할 필요가 있는 경우라면 그 필요성을 소명하여 법원으로부터 새로운 압수 · 수색영장을 발부받아야 하는 것이지, 앞서 발부받은 **압수 · 수색영장의 유효기간이 남아있다고 하여 이를 제시하고 다시 압수 · 수색을 할 수는 없다**(대결 1999.12.1, 99모161 **집행 후 재압수 사건**). 14 · 18 · 20. 경찰채용, 15 · 19. 경찰간부, 16 · 17 · 18. 경찰승진, 16 · 17. 변호사, 17. 국가직 7급 · 국가직 9급

4 다시 압수 · 수색을 할 수 있는 경우

압수 · 수색 · 검증영장의 **'압수 · 수색 · 검증할 장소 및 신체'란에 피고인의 주거지와 피고인의 신체 등이 기재**되어 있으므로 비록 영장이 제시되어 **피고인의 신체에 대한 압수 · 수색이 종료**되었다고 하더라도, 국가정보원 수사관들이 영장에 의하여 **피고인의 주거지에 대한 압수 · 수색을 집행한 조치는 위법한 것이라 할 수 없다**(대판 2013.7.26, 2013도2511 **왕재산 간첩단 사건**).

5 압수 · 수색영장에 압수대상물을 압수 · 수색 장소에 '보관 중인' 물건으로 기재한 경우, 이를 '현존하는' 이라고 해석할 수 있는지의 여부(소극)

법관이 압수 · 수색영장을 발부하면서 '압수할 물건'을 특정하기 위하여 기재한 문언은 이를 엄격하게 해석하여야 하고 함부로 피압수자 등에게 불리한 내용으로 확장 또는 유추 해석하는 것은 허용될 수 없다. 압수 · 수색영장에서 압수할 물건을 **'압수장소에 보관 중인 물건'**이라고 기재하고 있는 것을 **'압수장소에 현존하는 물건'으로 해석할 수 없다**(대판 2009.3.12, 2008도763 **김태환 제주 지사 사건**). 14. 변호사, 14 · 17 · 18. 경찰승진, 14 · 18. 경찰간부, 14 · 16 · 18. 경찰채용

6 압수 · 수색영장에 기재된 '압수할 물건'을 엄격하게 해석한 경우

① 경찰은 범행의 피의자로 乙을 특정하여 乙이 소유 · 소지하는 물건을 압수하기 위해 영장을 신청하였고, 판사는 그 신청취지에 따라 **乙이 소유 · 소지하는 물건의 압수를 허가하는 취지의 영장을 발부하였으므로** 영장의 문언상 압수 · 수색의 상대방은 乙이고, **압수할 물건은 乙이 소유 · 소지 · 보관 · 관리 · 사용하는 물건에 한정된다.** 비록 경찰이 압수 · 수색 현장에서 다른 사람으로부터 범행의 진범이 甲이라는 이야기를 들었다고 하더라도 **영장에 기재된 문언에 반하여 甲 소유의 물건을 압수할 수는 없다.** 대물적 강제처분은 대인적 강제처분과 비교하여 범죄사실 소명의 정도 등에서 그 차이를 인정할 수 있다고 하더라도 일단 피의자와 피압수자를 특정하여 영장이 발부된 이상 다른 사람을 피압수자로 선해하여 영장을 집행하는 것이 적법 · 유효하다고 볼 수는 없기 때문이다(대판 2021.7.29, 2020도14654 **음란물 저장 휴대폰 압수 사건**). ➜ 乙은 피고인 甲의 동생이었다.

② 법관이 압수 · 수색영장을 발부하면서 '압수할 물건'을 특정하기 위하여 기재한 문언은 이를 엄격하게 해석하여야 하고, 함부로 피압수자 등에게 불리한 내용으로 확장 또는 유추해석하는 것은 허용될 수 없다. 그러나 **압수의 대상을 압수 · 수색영장의 범죄사실 자체와 직접적으로 연관된 물건에 한정할 것은 아니고**, 압수 · 수색영장의 범죄사실과 기본적 사실관계가 동일한 범행 또는 동종 · 유사의 범행과 관련된다고 의심할 만한 상당한 이유가 있는 범위 내에서는 압수를 실시할 수 있다(대판 2018.10.12, 2018도6252). 22. 경찰간부

③ 압수할 전자정보가 저장된 저장매체로서 압수 · 수색영장에 기재된 수색장소에 있는 컴퓨터, 하드디스크, 휴대전화와 같은 컴퓨터 등 정보처리장치와 수색장소에 있지는 않으나 컴퓨터 등 정보처리장치와 정보통신망으로 연결된 원격지의 서버 등 저장매체(이하 '원격지 서버'라 한다)는 소재지, 관리자, 저장 공간의 용량 측면에서 서로 구별된다. 원격지 서버에 저장된 전자정보를 압수 · 수색하기 위해서는 컴퓨터 등 정보처리장치를 이용하여 정보통신망을 통해 원격지 서버에 접속하고 그곳에 저장되어 있는 전자정보를 컴퓨터 등 정보처리장치로 내려 받거나 화면에 현출시키는 절차가 필요하므로 컴퓨터 등 정보처리장치 자체에 저장된 전자정보와 비교하여 압수 · 수색의 방식에 차이가 있다. 원격지 서버에 저장되어 있는 전자정보와 컴퓨터 등 정보처리장치에 저장되어 있는 전자정보는 그 내용이나 질이 다르므로 압수 · 수색으로 얻을 수 있는 전자정보의 범위와 그로 인한 기본권 침해 정도도 다르다. 따라서 **수사기관이 압수 · 수색영장에 적힌 '수색할 장소'에 있는 컴퓨터 등 정보처리장치에 저장된 전자정보 외에 원격지 서버에 저장된 전자정보를 압수 · 수색하기 위해서는 압수 · 수색영장에 적힌 '압수할 물건'에 별도로 원격지 서버 저장 전자정보가 특정되어 있어야 한다. 압수 · 수색영장에 적힌 '압수할 물건'에 컴퓨터 등 정보처리장치 저장 전자정보만 기재되어 있다면 컴퓨터 등 정보처리장치를 이용하여 원격지 서버저장 전자정보를 압수할 수는 없다**(대판 2022.6.22, 2022도1452 **사기피의자 몰카 발견사건**). 23. 변호사 · 경찰채용 · 경찰간부 ➡ 압수 · 수색영장에 적힌 '압수할 물건'에 원격지 서버 저장 전자정보가 기재되어 있지 않은 이상 압수 · 수색영장에 적힌 '압수할 물건'은 피고인의 주거지에 있는 컴퓨터 하드디스크 및 외부저장매체에 저장된 전자정보에 한정된다. 그럼에도 경찰은 휴대전화가 구글계정에 로그인되어 있는 상태를 이용하여 원격지 서버에 해당하는 구글클라우드에 접속하여 구글클라우드에서 발견한 불법촬영물을 압수하였다. 경찰의 압수는 압수 · 수색영장에서 허용한 압수의 범위를 넘어선 것으로 적법절차 및 영장주의의 원칙에 반하여 위법하다.

7 압수 · 수색영장의 제시방법 등

① **압수 · 수색영장은 처분을 받는 자에게 반드시 제시**하여야 하는바, 현장에서 **압수 · 수색을 당하는 사람이 여러 명일 경우에는 그 사람들 모두에게 개별적으로 영장을 제시해야 하는 것이 원칙**이고, 수사기관이 압수 · 수색에 착수하면서 그 장소의 관리책임자에게 영장을 제시하였다고 하더라도 물건을 소지하고 있는 다른 사람으로부터 이를 압수하고자 하는 때에는 그 사람에게 따로 영장을 제시하여야 한다(대판 2009.3.12, 2008도763 **김태환 제주 지사 사건**). 14 · 18. 경찰간부, 14 · 15 · 16 · 18. 경찰채용, 14 · 16 · 17. 국가직 9급, 15 · 17 · 18. 경찰승진, 16. 국가직 7급, 17. 변호사

② [1] 압수 · 수색영장을 집행하는 **수사기관은** 피압수자로 하여금 법관이 발부한 영장에 의한 압수 · 수색이라는 사실을 확인함과 동시에 형사소송법이 **압수 · 수색영장에 필요적으로 기재하도록 정한 사항이나 그와 일체를 이루는 사항을 충분히 알 수 있도록 압수 · 수색영장을 제시하여야 한다.** [2] 사법경찰관이 피압수자에게 압수 · 수색영장을 제시하면서 표지에 해당하는 첫 페이지와 혐의사실이 기재된 부분만을 보여주고, 영장의 내용 중 압수 · 수색 · 검증할 물건 및 장소, 압수 · 수색 · 검증을 필요로 하는 사유, 압수 대상 및 방법의 제한 등 필요적 기재사항 및 그와 일체를 이루는 부분을 확인하지 못하게 한 것은 적법한 압수 · 수색영장의 제시라고 볼 수 없어, 이에 따라 압수된 동향보고 서류와 휴대전화는 적법한 절차에 따라 수집된 증거라고 보기 어렵다(대판 2017.9.21, 2015도12400 **정상혁 보은 군수 사건**). 19. 경찰채용

③ 수사기관이 이메일에 대한 압수 · 수색영장을 집행할 당시 피압수자인 네이버 주식회사에 **팩스로 영장 사본을 송신했을 뿐 그 원본을 제시하지 않았고, 압수조서와 압수물 목록을 작성하여 피압수 · 수색 당사자에게 교부하였다고 볼 수 없는 경우**, 이러한 방법으로 압수된 이메일은 위법수집증거로 원칙적으로 유죄의 증거로 삼을 수 없다(대판 2017.9.7, 2015도10648 **안재구 경북대 교수 사건**).

8 전자정보 압수 후에 별도로 피압수자 측에게 참여의 기회를 보장해 주어야 하는지의 여부(소극)

수사기관이 정보저장매체에 기억된 정보 중에서 키워드 또는 확장자 검색 등을 통해 **범죄 혐의사실과 관련 있는 정보를 선별한 다음** 정보저장매체와 동일하게 비트열 방식으로 복제하여 생성한 파일(이하 '이미지 파일'이라 한다)을 제출받아 압수하였다면 이로써 압수의 목적물에 대한 압수 · 수색 절차는 종료된 것이므로, 수사기관이 **수사기관 사무실에서 위와 같이 압수된 이미지 파일을 탐색 · 복제 · 출력하는 과정에서도 피의자 등에게 참여의 기회를 보장하여야 하는 것은 아니다**(대판 2018.2.8, 2017도13263). 18 · 21. 국가직 7급, 18 · 19 · 20. 경찰채용, 20. 해경채용 · 경찰승진, 21. 국가직 9급, 22. 경찰간부

9 형사소송법 제219조, 제121조가 규정한 변호인의 참여권의 성격(고유권)

형사소송법 제219조, 제121조가 규정한 **변호인의 참여권은 피압수자의 보호를 위하여 변호인에게 주어진 고유권이다.** 따라서 설령 피압수자가 수사기관에 압수 · 수색영장의 집행에 참여하지 않는다는 의사를 명시하였다고 하더라도 특별한 사정이 없는 한 **그 변호인에게는** 형사소송법 제219조, 제122조에 따라 **미리 집행의 일시와 장소를 통지하는 등으로 압수 · 수색영장의 집행에 참여할 기회를 별도로 보장하여야 한다**(대판 2020.11.26, 2020도10729 **노래방 화장실 몰카 사건**). 21. 경찰채용, 22. 경찰간부

10 수사기관이 甲을 피의자로 하여 발부받은 압수 · 수색영장에 기하여 인터넷서비스업체인 A주식회사를 상대로 A주식회사의 본사 서버에 저장되어 있는 甲의 전자정보인 카카오톡 대화내용 등에 대하여 압수 · 수색을 실시한 경우 수사기관은 압수 · 수색 과정에서 甲에게 참여권을 보장하여야 한다(대결 2022.5.31, 2016모587). 22. 국가직 7급

11 압수 · 수색영장을 제시하지 않은 것이 위법하지 않은 경우

형사소송법 제219조가 준용하는 제118조는 "압수 · 수색영장은 처분을 받는 자에게 반드시 제시하여야 한다."고 규정하고 있으나, 이는 영장제시가 현실적으로 가능한 상황을 전제로 한 규정으로 보아야 하고, 피처분자가 현장에 없거나 현장에서 그를 발견할 수 없는 경우 등 **영장제시가 현실적으로 불가능한 경우에는 영장을 제시하지 아니한 채 압수 · 수색을 하더라도 위법하다고 볼 수 없다**[대판 2015.1.22, 2014도10978(전합) **이석기 의원 사건**]. 15. 경찰채용, 16 · 17. 변호사, 16 · 17 · 18. 경찰승진, 16 · 18. 경찰간부, 17. 국가직 9급

12 사후영장의 경우에도 영장을 제시해야 하는지의 여부(소극)

압수 · 수색영장의 제시에 관한 형사소송법 제118조는 사후에 영장을 받아야 하는 경우에 관한 **형사소송법 제216조 등에 대하여는 적용되지 아니한다**(대판 2014.9.4, 2014도3263).

13 전자정보 압수 후에 별도로 피압수자 측에게 참여의 기회를 보장해 주어야 하는지의 여부(소극)

수사기관이 정보저장매체에 기억된 정보 중에서 키워드 또는 확장자 검색 등을 통해 범죄 혐의사실과 관련 있는 정보를 **선별**한 다음 정보저장매체와 동일하게 비트열 방식으로 복제하여 생성한 파일(이하 '이미지 파일'이라 한다)을 제출받아 압수하였다면 이로써 압수의 목적물에 대한 압수 · 수색 절차는 종료된 것이므로, 수사기관이 **수사기관 사무실에서 위와 같이 압수된 이미지 파일을 탐색 · 복제 · 출력하는 과정에서도 피의자 등에게 참여의 기회를 보장하여야 하는 것은 아니다**(대판 2018.2.8, 2017도13263 **유흥주점 탈세 사건**). 18. 국가직 7급, 18 · 19 · 20. 경찰채용, 20. 해경채용 · 경찰승진

14 압수목록 작성 · 교부 방법 및 시기

압수물 목록은 피압수자 등이 압수처분에 대한 준항고를 하는 등 권리행사절차를 밟는 가장 기초적인 자료가 되므로, 수사기관은 이러한 권리행사에 지장이 없도록 **압수 직후 현장에서 압수물 목록을 바로 작성하여 교부해야 하는 것이 원칙이다.** 그리고 압수된 정보의 상세목록에는 정보의 파일 명세가 특정되어 있어야 하고, **수사기관은 이를 출력한 서면을 교부하거나 전자파일 형태로 복사해 주거나 이메일을 전송하는 등의 방식으로도 할 수 있다**(대판 2018.2.8, 2017도13263 **유흥주점 탈세 사건**). 18. 국가직 7급 · 경찰채용, 20. 해경채용

15 압수의 대상이 되는 전자정보와 그렇지 않은 전자정보가 혼재된 정보저장매체나 그 복제본을 압수 · 수색한 수사기관이 정보저장매체 등을 수사기관 사무실 등으로 옮겨 이를 탐색 · 복제 · 출력하는 경우 그와 같은 일련의 과정에서 형사소송법 제219조, 제121조에서 규정하는 **피압수 · 수색 당사자(이하 '피압수자'라 한다)나 변호인에게 참여의 기회를 보장하고 압수된 전자정보의 파일 명세가 특정된 압수목록을 작성 · 교부하여야 하며 범죄혐의사실과 무관한 전자정보의 임의적인 복제 등을 막기 위한 적절한 조치를 취하는 등 영장주의 원칙과 적법절차를 준수하여야 한다.** 만약 그러한 조치가 취해지지 않았다면 피압수자 측이 참여하지 아니한다는 의사를 명시적으로 표시하였거나 절차 위반행위가 이루어진 과정의 성질과 내용 등에 비추어 피압수자 측에 절차 참여를 보장한 취지가 실질적으로 침해되었다고 볼 수 없을 정도에 해당한다는 등의 특별한 사정이 없는 이상 압수 · 수색이 적법하다고 평가할 수 없고, **비록 수사기관이 정보저장매체 또는 복제본에서 범죄혐의사실과 관련된 전자정보만을 복제 · 출력하였다 하더라도 달리 볼 것은 아니다.** 따라서 수사기관이 피압수자 측에게 참여의 기회를 보장하거나 압수한 전자정보 목록을 교부하지 않는 등 영장주의 원칙과 적법절차를 준수하지 않은 위법한 압수 · 수색 과정을 통하여 취득한 증거는 위법수집증거에 해당하고, **사후에 법원으로부터 영장이 발부되었다거나 피고인이나 변호인이 이를 증거로 함에 동의하였다고 하여 위법성이 치유되는 것도 아니다**(대판 2022.7.28, 2022도2960 **성매매알선 피의자 휴대전화 압수사건**). 22. 경찰채용 · 국가직 7급 ➜ 압수목록은 하드카피 방법으로 복제본을 생성한 때에 교부하는 것이 아니라 수사기관 사무실에서 관련 전자정보를 탐색 · 복제 · 출력한 후에 교부하여야 한다.

16 수사기관이 2022.9.12. 甲을 성폭력범죄의 처벌 등에 관한 특례법 위반(카메라등이용촬영)의 현행범으로 체포하면서 휴대전화를 임의제출받은 후 피의자신문 과정에서 甲과 함께 휴대전화를 탐색하던 중 **2022.6. 경의 동일한 범행에 관한 영상을 발견하고 그 영상을 甲에게 제시하였으며 甲이 해당 영상을 언제, 어디에서 촬영한 것인지 쉽게 알아보고 그에 관해 구체적으로 진술하였던 경우에 甲에게 전자정보의 파일 명세가 특정된 압수목록이 작성 · 교부되지 않았더라도 甲의 절차상 권리가 실질적으로 침해되었다고 볼 수 없다**(대판 2022.2.17, 2019도4938 **임의제출 순수자백 몰카범 사건**). 23. 변호사

17 이른바 동일성과 무결성(無缺性, integrity)의 증명방법

전자문서를 수록한 파일 등의 경우에는, 그 성질상 작성자의 서명 혹은 날인이 없을 뿐만 아니라 작성자 · 관리자의 의도나 특정한 기술에 의하여 그 내용이 편집 · 조작될 위험성이 있음을 고려하여, **원본임이 증명되거나 혹은 원본으로부터 복사한 사본일 경우에는 복사 과정에서 편집되는 등 인위적 개작 없이 원본의 내용 그대로 복사된 사본임이 증명되어야만 하고,** 그러한 증명이 없는 경우에는 쉽게 그 증거능력을 인정할 수 없다. 그리고 증거로 제출된 전자문서 파일의 사본이나 출력물이 복사 · 출력 과정에서 편집되는 등 인위적 개작 없이 원본 내용을 그대로 복사 · 출력한 것이라는 사실은 **전자문서 파일의 사본이나 출력물의 생성과 전달 및 보관 등의 절차에 관여한 사람의 증언이나 진술, 원본이나 사본 파일 생성 직후의 해시값의 비교, 전자문서 파일에 대한 검증 · 감정 결과 등 제반 사정을 종합하여 판단할 수 있다.** 이러한 원본 동일성은 증거능력의 요건에 해당하므로 검사가 그 존재에 대하여 구체적으로 주장 · 증명해야 한다(대판 2018.2.8, 2017도13263 **유흥주점 탈세 사건**). 20. 경찰채용

4. 영장주의의 예외

체포 · 구속 목적 타인주거 등 수색	① 검사 또는 사법경찰관은 피의자를 체포하거나 피의자 · 피고인을 구속하는 경우에 필요한 때에는 영장 없이 타인의 주거나 타인이 간수하는 가옥 · 건조물 · 항공기 · 선차 내에서 **피의자 · 피고인을 수사(수색)**할 수 있음. 다만, 제200조의2 또는 제201조에 따라 피의자를 체포 또는 구속하는 경우의 피의자 수색은 미리 수색영장을 발부받기 어려운 긴급한 사정이 있는 때에 한정함 14 · 18. 경찰승진, 15 · 16. 경찰채용, 16. 변호사, 17. 법원직 9급 ② 사후영장을 발부받을 필요가 없음 ③ 요급처분 가능
체포 · 구속 현장에서의 압수 · 수색 · 검증	① 검사 또는 사법경찰관은 피의자를 체포하거나 피의자 · 피고인을 구속하는 경우에 필요한 때에는 영장 없이 **체포현장**에서 압수 · 수색 · 검증을 할 수 있음 14 · 15 · 16. 경찰승진, 15 · 16. 경찰채용, 17. 국가직 9급 · 법원직 9급, 18. 경찰간부 ② 피의자 체포현장에서의 압수 · 수색 · 검증의 경우에만 **사후에 지체 없이, 늦어도 48시간 이내에** 압수 · 수색영장을 청구해야 함. 압수 · 수색영장을 발부받지 못한 때에는 압수한 물건을 즉시 반환해야 함 17 · 18. 국가직 9급 · 법원직 9급, 18. 경찰간부 ③ 피고인 구속현장에서의 압수 · 수색 · 검증의 경우에는 사후영장이 필요 없는 것으로 해석됨 ④ 요급처분 가능
범죄장소에서의 긴급압수 · 수색 · 검증	① 검사 또는 사법경찰관은 범행 중 또는 범행 직후의 **범죄장소**에서 긴급을 요하여 판사의 영장을 받을 수 없는 때에는 영장 없이 압수 · 수색 · 검증을 할 수 있음 15 · 16 · 18. 경찰채용, 15 · 17. 경찰승진, 15. 경찰간부, 17. 법원직 9급 ② **사후에 지체 없이** 압수 · 수색 · 검증영장을 발부받아야 함(≪주의 체포한 때부터 48시간 이내 ×) 15. 경찰간부, 15 · 17. 법원직 9급, 16 · 18. 경찰채용, 17. 경찰승진 ③ 요급처분 가능
긴급체포된 자의 소유물 등에 대한 압수 · 수색 · 검증	① 검사 또는 사법경찰관은 **긴급체포된 자**가 소유 · 소지 또는 보관하는 물건에 대하여 긴급히 압수할 필요가 있는 경우에는 **체포한 때부터 24시간 이내에 한하여** 영장 없이 압수 · 수색 또는 검증을 할 수 있음 14 · 15 · 17 · 18. 경찰승진, 14. 국가직 9급, 15 · 18 · 19. 경찰간부, 15 · 16. 경찰채용, 15 · 17. 법원직 9급, 18. 변호사 ② **사후에 지체 없이, 늦어도 체포한 때부터 48시간 이내에** 압수 · 수색영장을 청구해야 함. 압수 · 수색영장을 발부받지 못한 때에는 압수한 물건을 즉시 반환해야 함(≪주의 압수한 때부터 48시간 이내 ×) 15. 경찰채용, 17 · 18. 경찰승진, 18. 변호사, 19. 경찰간부 ③ 요급처분 불가
임의제출물 또는 유류물의 압수	① 법원 또는 검사 · 사법경찰관은 피고인, 피의자 기타인이 **유류한 물건**이나 소유자 · 소지자 · 보관자가 **임의로 제출한 물건**을 영장 없이 압수할 수 있음 15. 경찰승진 · 경찰채용, 16. 변호사 · 경찰승진, 17. 경찰승진 ② 사후영장을 발부받을 필요가 없음 15. 경찰승진, 18. 경찰채용
법원의 공판정 내에서의 압수 · 수색	① 법원의 **공판정 내**에서의 압수 · 수색에는 영장이 필요 없음 ② 사후영장을 발부받을 필요가 없음
변사자에 대한 긴급검증	① 검사 또는 사법경찰관은 **변사자검시**로 범죄의 혐의를 인정하고 **긴급을 요할 때에는** 영장 없이 검증을 할 수 있음 14. 경찰승진 ② 사후에 검증영장을 발부받아야 함

판례 |

1 체포영장 집행시 필요한 때에 타인의 주거 등 내에서 피의자 수색을 할 수 있도록 한 형사소송법 제216조 제1항 제1호 중 제200조의2에 관한 부분이 헌법에 위반되는지의 여부(적극, 헌법불합치)

[1] 헌법 제12조 제3항과는 달리 헌법 제16조 후문은 "주거에 대한 압수나 수색을 할 때에는 검사의 신청에 의하여 법관이 발부한 영장을 제시하여야 한다."라고 규정하고 있을 뿐 영장주의에 대한 예외를 명문화하고 있지 않으나, 그 장소에 범죄혐의 등을 입증할 자료나 피의자가 존재할 개연성이 있고, 사전에 영장을 발부받기 어려운 긴급한 사정이 있는 경우에는 제한적으로 영장주의의 예외를 허용할 수 있다고 보는 것이 타당하다. [2] **형사소송법 제216조 제1항 제1호 중 제200조의2에 관한 부분은** 체포영장을 발부받아 피의자를 체포하는 경우에 '필요한 때'에는 영장 없이 타인의 주거 등 내에서 피의자 수사를 할 수 있다고 규정함으로써, 별도로 영장을 발부받기 어려운 긴급한 사정이 있는지 여부를 구별하지 아니하고 피의자가 소재할 개연성이 있으면 영장 없이 타인의 주거 등을 수색할 수 있도록 허용하고 있는데, **이는 체포영장이 발부된 피의자가 타인의 주거 등에 소재할 개연성은 인정되나, 수색에 앞서 영장을 발부받기 어려운 긴급한 사정이 인정되지 않는 경우에도 영장 없이 피의자 수색을 할 수 있다는 것이므로 헌법 제16조의 영장주의 예외 요건을 벗어난다**(헌재 2018.4.26, 2015헌바370 **철도노조 집행부 체포 사건**). ➜ 심판대상 조항(형사소송법 제216조 제1항 제1호 중 제200조의2에 관한 부분)은 2020.3.31.을 시한으로 국회가 법률을 개정할 때까지 형식적으로는 존재하지만 그 내용이 위헌이므로 '체포영장이 발부된 피의자가 타인의 주거 등에 소재할 개연성이 소명되고, 그 장소를 수색하기에 앞서 별도로 수색영장을 발부받기 어려운 긴급한 사정이 있는 경우에 한하여' 적용된다. 18. 경찰채용 · 국가직 7급

2 범죄장소에서의 압수

① 범행 중 또는 범행 직후의 범죄장소에서 긴급을 요하여 법원 판사의 영장을 받을 수 없는 때에는 영장 없이 압수 · 수색 또는 검증을 할 수 있으나, 사후에 지체 없이 영장을 받아야 한다(형사소송법 제216조 제3항). **형사소송법 제216조 제3항의 요건 중 어느 하나라도 갖추지 못한 경우에 그러한 압수 · 수색 또는 검증은 위법하며**, 이에 대하여 사후에 법원으로부터 영장을 발부받았다고 하여 그 위법성이 치유되지 아니한다(대판 2017.11.29, 2014도16080 **노래방 압수 · 수색 사건**).

② [1] 음주운전 중 교통사고를 야기한 후 피의자가 의식불명 상태에 빠져 있는 등으로 호흡조사에 의한 음주측정이 불가능하고 혈액채취에 대한 동의를 받을 수도 없을 뿐만 아니라 법원으로부터 혈액채취에 대한 감정처분허가장이나 사전 압수영장을 발부받을 시간적 여유도 없는 긴급한 상황이 생길 경우 [2] 피의자의 신체 내지 의복류에 주취로 인한 냄새가 강하게 나는 등 형사소송법 제211조 제2항 제3호가 정하는 **범죄의 증적이 현저한 준현행범인으로서의 요건이 갖추어져 있고 교통사고 발생 시각으로부터 사회통념상 범행 직후라고 볼 수 있는 시간 내라면** [3] 피의자의 생명 · 신체를 구조하기 위하여 사고현장으로부터 곧바로 후송된 병원 **응급실 등의 장소는 형사소송법 제216조 제3항의 범죄장소에 준한다 할 것이므로**, 검사 또는 사법경찰관은 피의자의 혈중알코올농도 등 증거의 수집을 위하여 의료법상 의료인의 자격이 있는 자로 하여금 의료용 기구로 의학적인 방법에 따라 필요최소한의 한도 내에서 피의자의 **혈액을 채취하게 한 후 그 혈액을 영장 없이 압수할 수 있다.** 다만, 이 경우 형사소송법 제216조 제3항 단서, 형사소송규칙 제58조, 제107조 제1항 제3호에 따라 **사후에 지체 없이** 강제채혈에 의한 압수의 사유 등을 기재한 영장청구서에 의하여 법원으로부터 **압수영장을 받아야 한다**(대판 2012.11.15, 2011도15258 **구로 강제채혈 사건**). 14 · 16 · 18. 변호사, 18. 경찰채용, 21 경찰간부

③ **주취운전**이라는 범죄행위로 당해 음주운전자를 구속 · 체포하지 아니한 경우에도 필요하다면 **그 차량열쇠는 범행 중 또는 범행 직후의 범죄장소에서의 압수로서 형사소송법 제216조 제3항에 의하여 영장 없이 이를 압수할 수 있다**(대판 1998.5.8, 97다54482). 15. 국가직 9급, 16. 경찰간부

3 형사소송법 제217조 제1항의 규정 취지 등

형사소송법 제217조는 수사기관이 피의자를 긴급체포한 상황에서 피의자가 체포되었다는 사실이 공범이나 관련자들에게 알려짐으로써 관련자들이 **증거를 파괴하거나 은닉하는 것을 방지하고, 범죄사실과 관련된 증거물을 신속히 확보할 수 있도록 하기 위한 것이다. 이 규정에 따른 압수 · 수색 또는 검증은** 체포현장에서의 압수 · 수색 또는 검증을 규정하고 있는 형사소송법 제216조 제1항 제2호와 달리, **체포현장이 아닌 장소에서도 긴급체포된 자가 소유 · 소지 또는 보관하는 물건을 대상으로 할 수 있다**(대판 2017.9.12, 2017도10309 **필로폰 거래자 긴급체포 사건**). 17. 변호사, 20. 경찰승진

4 긴급체포된 자의 소유물 등에 대하여 적법하게 압수한 경우

① 경찰관들이 저녁 8시경 도로에서 위장거래자와 만나서 마약류 거래를 하고 있는 **피고인을 긴급체포하면서 현장에서 메트암페타민을 압수하고, 저녁 8시 24분경 체포현장에서 약 2km 떨어진 피고인의 주거지에서 메트암페타민 약 4.82g을 추가로 찾아내어 이를 압수한 다음 법원으로부터 사후 압수 · 수색영장을 발부받은 경우**, 피고인에 대한 긴급체포 사유, 압수 · 수색의 시각과 경위, 사후 영장의 발부 내역 등에 비추어 피고인의 주거지에서 긴급 압수한 메트암페타민 4.82g은 긴급체포의 사유가 된 범죄사실 수사에 필요한 범위 내의 것으로서 **적법하게 압수되었다고 할 것이다**(대판 2017.9.12, 2017도10309 **필로폰 거래자 긴급체포 사건**). 21. 경찰간부

② 경찰관이 이른바 **전화사기죄 범행의 혐의자를 긴급체포하면서 그가 보관하고 있던 다른 사람의 주민등록증, 운전면허증 등을 압수한 경우**, 이는 구 형사소송법 제217조 제1항에서 규정한 해당 범죄사실의 수사에 필요한 범위 내의 압수로서 **적법하므로 이를 위 혐의자의 점유이탈물횡령죄 범행에 대한 증거로 사용할 수 있다**(대판 2008.7.10, 2008도2245 **전화사기범 압수 · 수색 사건**). 14 · 16 · 17 · 18. 경찰승진, 15. 경찰채용, 16. 변호사, 17 · 18. 경찰간부

5 위법하게 수집된 압수물 등의 증거능력을 부정한 경우

① 피고인이 국제항공특송화물 속에 필로폰을 숨겨 수입할 것이라는 정보를 입수한 검사가 이른바 '통제배달(controlled delivery: 적발한 금제품을 감시하에 배송함으로써 거래자를 밝혀 검거하는 수사기법)'을 하기 위해 **세관공무원의 협조를 받아 특송화물을 통관절차를 거치지 않고 가져와 개봉하여 그 속의 필로폰을 취득한 것은** 구체적인 범죄사실에 대한 증거수집을 목적으로 한 **압수 · 수색이므로 사전 또는 사후에 영장을 받지 않았다면 압수물 등의 증거능력이 부정된다**(대판 2017.7.18, 2014도8719 **통제배달 사건 Ⅱ**).

② 경찰이 (형사소송법 제215조 제2항에 위반하여) 피고인의 집에서 20m 떨어진 곳에서 피고인을 체포하여 수갑을 채운 후 피고인의 집으로 가서 집안을 수색하여 칼과 합의서를 압수하였을 뿐만 아니라 **적법한 시간 내에 압수 · 수색영장을 청구하여 발부받지도 않았음**을 알 수 있는바, 위 칼과 합의서는 임의제출물이 아니라 영장 없이 위법하게 압수된 것으로서 증거능력이 없고, 따라서 이를 기초로 한 2차 증거인 임의제출동의서, 압수조서 및 목록, 압수품 사진 역시 증거능력이 없다(대판 2010.7.22, 2009도14376). 15 · 16. 경찰간부, 16. 국가직 7급, 18. 법원직 9급

③ (사법경찰관이 피의자를 긴급체포하면서 그 체포현장에서 물건을 압수한 경우) **형사소송법 제217조 제2항 · 제3항에 위반하여 압수 · 수색영장을 청구하여 이를 발부받지 아니하고도 즉시 반환하지 아니한 압수물**은 이를 유죄 인정의 증거로 사용할 수 없는 것이고, 헌법과 형사소송법이 선언한 영장주의의 중요성에 비추어 볼 때 피고인이나 변호인이 이를 증거로 함에 동의하였다고 하더라도 달리 볼 것은 아니다(대판 2009.12.24, 2009도11401). 14 · 16. 경찰채용, 17. 경찰승진, 19. 경찰간부

④ 정보통신망법상 음란물 유포의 범죄혐의를 이유로 압수 · 수색영장을 발부받은 사법경찰리가 피고인의 주거지를 수색하는 과정에서 대마를 발견하자, **피고인을 마약법 위반죄의 현행범으로 체포하면서 대마를 압수**하였으나, 그 다음날 피고인을 석방하였음에도 **사후 압수 · 수색영장을 발부받지 않은 경우**, 위 압수물과 압수조서는 형사소송법상 영장주의를 위반하여 수집한 증거로서 증거능력이 부정된다(대판 2009.5.14, 2008도10914 **스와핑카페 운영자 사건**). 14. 변호사 · 경찰채용, 15 · 18. 경찰승진, 17. 국가직 9급

⑤ 형사소송법 규정에 위반하여 **수사기관이 법원으로부터 영장 또는 감정처분허가장을 발부받지 아니한 채 피의자의 동의 없이 피의자의 신체로부터 혈액을 채취하고 더구나 사후적으로도 지체 없이 이에 대한 영장을 발부받지 아니하고서** 위와 같이 강제채혈한 피의자의 혈액 중 알코올농도에 관한 감정이 이루어졌다면 이러한 감정결과보고서 등은 피고인이나 변호인의 증거동의 여부를 불문하고 유죄인정의 증거로 사용할 수 없다(대판 2012.11.15, 2011도15258 **구로 강제채혈 사건**). 14·17. 국가직 9급, 15·16·18. 경찰승진, 16. 경찰채용, 17. 국가직 7급, 18. 변호사·법원직 9급

⑥ 사법경찰관사무취급이 행한 검증이 사건발생 후 범행장소에서 긴급을 요하여 판사의 영장 없이 시행된 것이라면 이는 **형사소송법 제216조 제3항에 의한 검증**이라 할 것임에도 불구하고 기록상 **사후영장을 받은 흔적이 없다면 이러한 검증조서는 유죄의 증거로 할 수 없다**(대판 1984.3.13, 83도3006). 18. 경찰채용

⑦ 형사소송법 제218조는 "사법경찰관은 소유자, 소지자 또는 보관자가 임의로 제출한 물건을 영장 없이 압수할 수 있다."고 규정하고 있는바, 위 규정에 위반하여 **소유자, 소지자 또는 보관자가 아닌 자로부터 제출받은 물건을 영장 없이 압수**한 경우 그 압수물 및 압수물을 찍은 사진은 이를 유죄 인정의 증거로 사용할 수 없는 것이고, 헌법과 형사소송법이 선언한 영장주의의 중요성에 비추어 볼 때 **피고인이나 변호인이 이를 증거로 함에 동의하였다고 하더라도 달리 볼 것은 아니다**(대판 2010.1.28, 2009도10092 **쇠파이프 압수 사건**). 15·17. 경찰간부, 15·16·20. 경찰채용, 16·17. 경찰승진, 17·20. 국가직 9급, 18. 변호사, 20. 해경채용

6 임의제출물 압수 관련 판례

① **현행범 체포현장이나 범죄장소에서도 소지자 등이 임의로 제출하는 물건은** 형사소송법 제218조에 의하여 **영장 없이 압수할 수 있고**, 이 경우에는 검사나 사법경찰관이 사후에 영장을 받을 필요가 없다(대판 2016.2.18, 2015도13726 **바지선 필로폰 밀수 사건**). 17·20. 국가직 9급, 18. 경찰채용

② 형사소송법 제217조는 사법경찰관은 소유자, 소지자 또는 보관자가 임의로 제출한 물건을 영장 없이 압수할 수 있다고 규정하고 있는바, 위 규정에 위반하여 소유자, 소지자 또는 보관자가 아닌 자로부터 제출받은 물건을 영장 없이 압수한 경우 그 압수물 및 압수물을 찍은 사진은 이를 유죄 인정의 증거로 사용할 수 없는 것이고, 헌법과 형사소송법이 선언한 영장주의의 중요성에 비추어 볼 때 피고인이나 변호인이 이를 **증거로 함에 동의하였다고 하더라도 달리 볼 것은 아니다**(대판 2010.1.28, 2009도10092). 15·16·18·20·21. 경찰채용, 15·17·23. 경찰간부, 16·17·22. 경찰승진, 17. 국가직 9급, 18·22. 변호사

③ [1] 피의자 소유 정보저장매체를 제3자가 보관하고 있던 중 이를 수사기관에 임의제출하면서 그곳에 저장된 **모든 전자정보를 일괄하여 임의제출한다는 의사를 밝힌 경우에도 특별한 사정이 없는 한 수사기관은 범죄혐의사실과 관련된 전자정보에 한정하여 영장 없이 적법하게 압수할 수 있다.** [2] 수사기관은 피의사실과 관계가 있다고 인정할 수 있는 것에 한정하여 증거물 또는 몰수할 것으로 사료하는 물건을 압수할 수 있다(형사소송법 제219조, 제106조). 따라서 전자정보를 압수하고자 하는 수사기관이 정보저장매체와 거기에 저장된 전자정보를 임의제출의 방식으로 압수할 때, 제출자의 구체적인 제출범위에 관한 의사를 제대로 확인하지 않는 등의 사유로 인해 임의제출자의 의사에 따른 전자정보 압수의 대상과 범위가 명확하지 않거나 이를 알 수 없는 경우에는 **임의제출에 따른 압수의 동기가 된 범죄혐의사실과 관련되고** 이를 증명할 수 있는 최소한의 가치가 있는 전자정보에 한하여 압수의 대상이 된다. 이때 범죄혐의사실과 관련된 전자정보에는 범죄혐의 사실 그 자체 또는 그와 기본적 사실관계가 동일한 범행과 직접 관련되어 있는 것은 물론 범행 동기와 경위, 범행 수단과 방법, 범행 시간과 장소 등을 증명하기 위한 간접증거나 정황증거 등으로 사용될 수 있는 것도 포함될 수 있다[대판 2021.11.18, 2016도348(전합) **몰카피해자 휴대폰 2대 임의제출 사건**]. 22. 경찰승진·국가직 9급·경찰채용

7 제3자에 의하여 임의제출된 전자정보를 탐색하는 과정에서도 피압수자 측에게 참여의 기회를 보장해주어야 하는지의 여부(적극)

[1] 압수의 대상이 되는 전자정보와 그렇지 않은 전자정보가 혼재된 정보저장매체나 그 복제본을 임의제출받은 수사기관이 그 정보저장매체 등을 수사기관 사무실 등으로 옮겨 이를 탐색 · 복제 · 출력하는 경우 그와 같은 일련의 과정에서 형사소송법 제219조, 제121조에서 규정하는 **피압수 · 수색 당사자(이하 '피압수자'라 한다)나 그 변호인에게 참여의 기회를 보장하고 압수된 전자정보의 파일 명세가 특정된 압수목록을 작성 · 교부하여야 하며 범죄혐의사실과 무관한 전자정보의 임의적인 복제 등을 막기 위한 적절한 조치를 취하는 등 영장주의 원칙과 적법절차를 준수하여야 한다.** 만약 그러한 조치가 취해지지 않았다면 피압수자 측이 참여하지 아니한다는 의사를 명시적으로 표시하였거나 임의제출의 취지와 경과 또는 그 절차 위반행위가 이루어진 과정의 성질과 내용 등에 비추어 피압수자 측에 절차 참여를 보장한 취지가 실질적으로 침해되었다고 볼 수 없을 정도에 해당한다는 등의 특별한 사정이 없는 이상 압수 · 수색이 적법하다고 평가할 수 없고, 비록 수사기관이 정보저장매체 또는 복제본에서 범죄혐의사실과 관련된 전자정보만을 복제 · 출력하였다 하더라도 달리 볼 것은 아니다. 나아가 피해자 등 제3자가 피의자의 소유 · 관리에 속하는 정보저장매체를 영장에 의하지 않고 임의제출한 경우에는 실질적 피압수자인 피의자가 수사기관으로 하여금 그 전자정보 전부를 무제한 탐색하는 데 동의한 것으로 보기 어려울 뿐만 아니라 **피의자 스스로 임의제출한 경우 피의자의 참여권 등이 보장되어야 하는 것과 견주어 보더라도 특별한 사정이 없는 한 형사소송법 제219조, 제121조, 제129조에 따라 피의자에게 참여권을 보장하고 압수한 전자정보 목록을 교부하는 등 피의자의 절차적 권리를 보장하기 위한 적절한 조치가 이루어져야 한다.** [2] 임의제출된 정보저장매체에서 압수의 대상이 되는 전자정보의 범위를 초과하여 수사기관 임의로 전자정보를 탐색 · 복제 · 출력하는 것은 원칙적으로 위법한 압수 · 수색에 해당하므로 허용될 수 없다. 만약 전자정보에 대한 압수 · 수색이 종료되기 전에 범죄혐의사실과 관련된 전자정보를 적법하게 탐색하는 과정에서 별도의 **범죄혐의와 관련된 전자정보를 우연히 발견한 경우라면 수사기관은 더 이상의 추가탐색을 중단하고 법원으로부터 별도의 범죄혐의에 대한 압수 · 수색영장을 발부받은 경우에 한하여 그러한 정보에 대하여도 적법하게 압수 · 수색을 할 수 있다.** 따라서 임의제출된 정보저장매체에서 압수의 대상이 되는 전자정보의 범위를 넘어서는 전자정보에 대해 수사기관이 영장 없이 압수 · 수색하여 취득한 증거는 위법수집증거에 해당하고, **사후에 법원으로부터 영장이 발부되었다거나 피고인이나 변호인이 이를 증거로 함에 동의하였다고 하여 그 위법성이 치유되는 것도 아니다**[대판 2021.11.18, 2016도348(전합) **몰카피해자 휴대폰 2대 임의제출 사건**]. 22. 국가직 9급

8 적법한 임의제출물의 압수에 해당하는 경우

① 피의자가 휴대전화를 임의제출하면서 휴대전화에 저장된 전자정보가 아닌 클라우드 등 제3자가 관리하는 원격지에 저장되어 있는 전자정보를 수사기관에 제출한다는 의사로 수사기관에게 **클라우드 등에 접속하기 위한 아이디와 비밀번호를 임의로 제공하였다면 위 클라우드 등에 저장된 전자정보를 임의제출하는 것으로 볼 수 있다**(대판 2021.7.29, 2020도14654 **음란물 저장 휴대폰 압수 사건**).

② 피해자 등 제3자가 피의자의 소유 · 관리에 속하는 정보저장매체를 영장에 의하지 않고 임의제출한 경우에는 실질적 피압수자인 피의자가 수사기관으로 하여금 그 전자정보 전부를 무제한 탐색하는 데 동의한 것으로 보기 어려울 뿐만 아니라 피의자 스스로 임의제출한 경우 피의자의 참여권 등이 보장되어야 하는 것과 견주어 보더라도 특별한 사정이 없는 한 형사소송법 제219조, 제121조, 제129조에 따라 **피의자에게 참여권을 보장하고 압수한 전자정보 목록을 교부하는 등 피의자의 절차적 권리를 보장하기 위한 적절한 조치가 이루어져야 한다**[대판 2021.11.18, 2016도348(전합) **몰카피해자 휴대폰 2대 임의제출 사건**]. 22. 경찰채용

③ [1] 피해자 등 제3자가 피의자의 소유 · 관리에 속하는 정보저장매체를 영장에 의하지 않고 임의제출한 경우에는 실질적 피압수 · 수색 당사자(이하 '피압수자'라 한다)인 피의자가 수사기관으로 하여금 그 전자정보 전부를 무제한 탐색하는 데 동의한 것으로 보기 어려울 뿐만 아니라 피의자 스스로 임의제출한 경우 피의자의 참여권 등이 보장되어야 하는 것과 견주어 보더라도 **특별한 사정이 없는 한 형사소송법 제219조, 제121조, 제129조에 따라 피의자에게 참여권을 보장하고 압수한 전자정보 목록을 교부하는 등 피의자의 절차적 권리를 보장하기 위한 적절한 조치가 이루어져야 한다.** [2] 이와 같이 정보저장매체를 임의제출한 피압수자에 더하여 임의제출자 아닌 피의자에게도 참여권이 보장되어야 하는 '피의자의 소유 · 관리에 속하는 정보저장매체'란, 피의자가 압수 · 수색 당시 또는 이와 시간적으로 근접한 시기까지 해당 정보저장매체를 현실적으로 지배 · 관리하면서 그 정보저장매체 내 전자정보 전반에 관한 전속적인 관리처분권을 보유 · 행사하고, 달리 이를 자신의 의사에 따라 제3자에게 양도하거나 포기하지 아니한 경우로써, 피의자를 그 정보저장매체에 저장된 전자정보에 대하여 실질적인 피압수자로 평가할 수 있는 경우를 말하는 것이다. 이에 해당하는지 여부는 **민사법상 권리의 귀속에 따른 법률적 · 사후적 판단이 아니라 압수 · 수색 당시 외형적 · 객관적으로 인식 가능한 사실상의 상태를 기준으로 판단하여야 한다.** 이러한 정보저장매체의 외형적 · 객관적 지배 · 관리 등 상태와 별도로 단지 **피의자나 그 밖의 제3자가 과거 그 정보저장매체의 이용 내지 개별 전자정보의 생성 · 이용 등에 관여한 사실이 있다거나 그 과정에서 생성된 전자정보에 의해 식별되는 정보주체에 해당한다는 사정만으로 그들을 실질적으로 압수 · 수색을 받는 당사자로 취급하여야 하는 것은 아니다.** [3] 수사기관의 압수 · 수색은 법관이 발부한 압수 · 수색영장에 의하여야 하는 것이 원칙이고, 영장의 원본은 처분을 받는 자에게 반드시 제시되어야 하므로, 금융계좌추적용 압수 · 수색영장의 집행에 있어서도 수사기관이 금융기관으로부터 금융거래자료를 수신하기에 앞서 금융기관에 영장 원본을 사전에 제시하지 않았다면 원칙적으로 적법한 집행 방법이라고 볼 수는 없다. 다만 수사기관이 금융기관에 금융실명거래 및 비밀보장에 관한 법률(이하 '금융실명법'이라 한다) 제4조 제2항에 따라서 금융거래정보에 대하여 영장 사본을 첨부하여 그 제공을 요구한 결과 금융기관으로부터 회신받은 금융 거래자료가 해당 영장의 집행 대상과 범위에 포함되어 있고, 이러한 모사전송 내지 전자적 송수신 방식의 금융거래정보 제공요구 및 자료 회신의 전 과정이 해당 금융기관의 자발적 협조의사에 따른 것이며, 그 자료 중 범죄혐의사실과 관련된 금융거래를 선별하는 절차를 거친 후 최종적으로 영장 원본을 제시하고 위와 같이 선별된 금융거래자료에 대한 압수절차가 집행된 경우로서, 그 과정이 금융실명법에서 정한 방식에 따라 이루어지고 달리 적법절차와 영장주의 원칙을 잠탈하기 위한 의도에서 이루어진 것이라고 볼 만한 사정이 없어, 이러한 일련의 과정을 전체적으로 '하나의 영장에 기하여 적시에 원본을 제시하고 이를 토대로 압수 · 수색하는 것'으로 평가할 수 있는 경우에 한하여, 예외적으로 영장의 적법한 집행 방법에 해당한다고 볼 수 있다(대판 2022.1.27, 2021도11170 **정○○ 교수 사건**). (≪주의 정보저장매체를 임의제출 받아 이를 탐색 · 복제 · 출력하는 경우 압수 · 수색 당시 또는 이와 시간적으로 근접한 시기까지 해당 정보저장매체를 현실적으로 지배 · 관리하지는 아니하였더라도 그곳에 저장되어 있는 개별 전자정보의 생성 · 이용 등에 관여한 자에 대하여서는 압수 · 수색절차에 대한 참여권을 보장해 주어야 한다. ×). 22. 국가직 9급

④ 정보저장매체를 임의제출한 피압수자에 더하여 임의제출자 아닌 피의자에게도 참여권이 보장되어야 하는 '피의자의 소유 · 관리에 속하는 정보저장매체'라 함은, 피의자가 압수 · 수색 당시 또는 이와 시간적으로 근접한 시기까지 해당 정보저장매체를 현실적으로 지배 · 관리하면서 그 정보저장매체 내 전자정보 전반에 관한 전속적인 관리처분권을 보유 · 행사하고, 달리 이를 자신의 의사에 따라 제3자에게 양도하거나 포기하지 아니한 경우로서, 피의자를 그 정보저장매체에 저장된 전자정보 전반에 대한 실질적인 압수 · 수색 당사자로 평가할 수 있는 경우를 말하는 것이다. 이에 해당하는지 여부는 **민사법상 권리의 귀속에 따른 법률적 · 사후적 판단이 아니라 압수 · 수색 당시 외형적 · 객관적으로 인식 가능한 사실상의 상태를 기준으로 판단하여야 한다.** 이러한 정보저장매체의 외형적 · 객관적 지배 · 관리 등 상태와 별도로 단지 피의자나 그 밖의 제3자가 과거 그 정보저장매체의 이용 내지 개별 전자정보의 생성 · 이용 등에 관여한

사실이 있다거나 그 과정에서 생성된 전자정보에 의해 식별되는 정보주체에 해당한다는 사정만으로 그들을 실질적으로 압수 · 수색을 받는 당사자로 취급하여야 하는 것은 아니다. **증거은닉범행의 피의자로서 이 사건 하드디스크를 임의제출한 공소외 3에 더하여 임의 제출자가 아닌 공소외 1 등에게도 참여권이 보장되어야 한다고 볼 수 없다. 같은 취지에서 이 사건 하드디스크에 저장된 전자정보의 증거능력을 인정한 원심의 판단은 정당한 것으로 수긍할 수 있다**[대판 2023.9.18, 2022도7453(전합) **정○○ 교수 사건 Ⅱ**].

5. 압수물의 처리

자청보관	압수물은 이를 **압수한 기관의 청사로 운반하여 보관**하는 것이 원칙
위탁보관	① **운반 또는 보관이 불편한 압수물**은 간수자를 두거나 소유자 또는 적당한 자의 승낙을 얻어 보관하게 할 수 있음 17. 경찰승진 ② 사법경찰관이 위탁보관을 하기 위해서는 미리 검사의 지휘를 받아야 함
폐기처분 가능	① 대상물(≪주의 폐기하여야 한다. ×) 15. 경찰채용, 17 · 18. 경찰승진 ㉠ **위험발생의 염려가 있는 압수물** ㉡ **법령상 생산 · 제조 · 소지 · 소유 또는 유통이 금지된 압수물**로서 부패의 염려가 있거나 보관하기 어려운 압수물 ② 사법경찰관이 폐기를 하기 위해서는 미리 검사의 지휘를 받아야 함 ③ 압수물은 검사의 이익을 위해서 뿐만 아니라 이에 대한 증거신청을 통하여 무죄를 입증하고자 하는 피고인의 이익을 위해서도 존재하므로 사건종결시까지 이를 그대로 보존할 필요성이 있다. 다만, 형사소송법은 '몰수하여야 할 압수물로서 멸실, 파손, 부패 또는 현저한 가치 감소의 염려가 있거나 보관하기 어려운 압수물은 매각하여 대가를 보관할 수 있다.'고 규정하면서(제132조 제1항), "법령상 생산 · 제조 · 소지 · 소유 또는 유통이 금지된 압수물로서 부패의 염려가 있거나 보관하기 어려운 압수물은 소유자 등 권한 있는 자의 동의를 받아 폐기할 수 있다."고 규정하고 있다(제130조 제3항). 따라서 **부패의 염려가 있거나 보관하기 어려운 압수물이라 하더라도 법령상 생산 · 제조 · 소지 · 소유 또는 유통이 금지되어 있고, 권한 있는 자의 동의를 받지 못하는 한 이를 폐기할 수 없고,** 만약 그러한 요건이 갖추어지지 않았음에도 폐기하였다면 이는 위법하다(대판 2022.1.14, 2019다282197 오징어채 가공 · 판매업자 사건).
대가보관 (환가처분)	① 압수물을 매각하여 그 대가를 보관하는 처분 ② 대상물 17. 경찰승진 ㉠ **몰수해야 할 압수물**로서 멸실 · 파손 · 부패 또는 현저한 가치 감소의 염려가 있거나 보관하기 어려운 경우 ㉡ **환부해야 할 압수물** 중 환부를 받을 자가 누구인지 알 수 없거나 그 소재가 불명한 경우로서 그 압수물의 멸실 · 파손 · 부패 또는 현저한 가치 감소의 염려가 있거나 보관하기 어려운 경우 ③ 대가보관을 할 때에는 미리 검사 · 피해자 · 피의자 · 피고인 · 변호인에게 통지해야 하며, 사법경찰관이 대가보관을 하기 위해서는 미리 검사의 지휘를 받아야 함

구분		내용
가환부		① **압수의 효력을 존속**시키면서 압수물을 제출인 등에게 잠정적으로 환부하는 제도 ➜ 압수는 효력을 유지 ② 대상물 ㉠ 법원: 제133조 제1항 후단의 가환부는 **증거물로서의 성격과 임의적으로 몰수할 것으로 사료되는 성격을 가진 압수물**, 제133조 제2항의 가환부는 **증거에만 공할 압수물**을 대상으로 함 15·16·17. 경찰승진·법원직 9급, 18. 경찰채용 ㉡ 수사기관: 사본을 확보한 경우 등 **압수를 계속할 필요가 없다고 인정되는 압수물 및 증거에 사용할 압수물** 18. 경찰채용 ③ 가환부를 할 때에는 미리 검사·피해자·피의자·피고인·변호인에게 통지해야 하며, 사법경찰관이 가환부를 하기 위해서는 미리 검사의 지휘를 받아야 함 15. 경찰승진
환부		① 압수물을 종국적으로 제출인 등에게 반환하는 법원 또는 수사기관의 처분 ➜ 압수는 효력을 상실 ② 대상물 ㉠ 법원: **압수를 계속할 필요가 없는 물건** 17. 법원직 9급 ㉡ 수사기관: 사본을 확보한 경우 등 **압수를 계속할 필요가 없다고 인정되는 압수물 및 증거에 사용할 압수물** 16·18. 경찰채용 ③ 환부를 할 때에는 미리 검사·피해자·피의자·피고인·변호인에게 통지해야 하며, 사법경찰관이 환부를 하기 위해서는 미리 검사의 지휘를 받아야 함 16. 경찰채용 ④ 압수한 서류 또는 물품에 대하여 법원의 몰수 선고가 없는 때에는 압수를 해제한 것으로 간주함 14. 경찰간부, 15. 법원직 9급, 16. 경찰승진
압수장물의 피해자환부	종국 전 재판	압수한 장물은 **피해자에게 환부할 이유가 명백한 때에는** 피고사건의 종결 전이라도 법원의 결정으로 피해자에게 환부할 수 있음 14. 국가직 9급, 17. 경찰승진·국가직 7급
	종국재판	① 압수한 장물로서 **피해자에게 환부할 이유가 명백한 것은** 판결로써 피해자에게 환부하는 선고를 해야 함 14. 경찰간부, 16. 경찰승진, 18. 경찰채용 ② 가환부한 장물에 대하여 별단의 선고가 없는 때에는 환부의 선고가 있는 것으로 간주함 14. 경찰간부 ③ **압수장물의 피해자 환부는 이해관계인이 민사소송절차에 의하여 그 권리를 주장함에 영향을 미치지 않음** 14·16. 경찰승진, 14. 경찰간부
피압수자의 소유권 포기 등		피압수자가 압수 후에 **소유권포기의 의사표시**를 하여도 수사기관의 **압수물반환의무와 이에 대응하는 압수물환부청구권은 소멸되지 않음**

판례 |

1 형사소송법 제133조 제1항 소정의 '증거에 공할 압수물'의 의미(= 증거물로서의 성격과 몰수물로서의 성격을 가진 압수물)

[1] 형사소송법 제133조 제1항 후단이, 제2항의 '증거에만 공할' 목적으로 압수할 물건과는 따로이 '증거에 공할' 압수물에 대하여 법원의 재량에 의하여 가환부할 수 있도록 규정한 것을 보면 **'증거에 공할 압수물'에는 증거물로서의 성격과 몰수할 것으로 사료되는 물건으로서의 성격을 가진 압수물이 포함되어 있다고 해석함이 상당**하다. [2] 몰수할 것이라고 사료되어 압수한 물건 중 법률의 특별한 규정에 의하여 필요적으로 몰수할 것에 해당하거나 누구의 소유도 허용되지 아니하여 몰수할 것에 해당하는 물건에 대한 압수는 몰수재판의 집행을 보전하기 위하여 한 것이라는 의미도 포함된 것이므로 그와 같은 압수 물건은 **가환부의 대상이 되지 않지만,** 그 밖의 **형법 제48조에 해당하는 물건**에 대하여는 이를 몰수할 것인지는 법원의 재량에 맡겨진 것이므로 특별한 사정이 없다면 수소법원이 피고 본안사건에 관한 종국판결에 앞서 이를 **가환부함에 법률상의 지장이 없는 것**으로 보아야 한다(대결 1998.4.16, 97모25). 17. 법원직 9급, 18. 경찰승진, 19. 경찰간부

2 필요적 몰수대상인 압수물을 가환부할 수 있는지의 여부(소극)

① **관세법 위반 피고사건의 몰수대상이 된 물품**은 증거에 공할 목적 외에 몰수를 위한 집행보전의 목적도 있다고 할 것이므로 가사 그 물품이 피고인이 아닌 자의 소유라고 할지라도 **가환부를 할 수 없다**(대결 1966.1.28, 65모21).

② (위조된) 약속어음은 범죄행위로 인하여 생긴 위조문서로서 아무도 이를 소유하는 것이 허용되지 않는 물건이므로 몰수가 될 뿐 환부나 가환부할 수 없고, 다만 검사는 몰수의 선고가 있은 뒤에 형사소송법 제485조에 의하여 '위조의 표시를 하여 환부할 수 있다'(대결 1984.7.24, 84모43). 14. 경찰승진

3 피고인에 대한 통지 없이 한 가환부 결정의 적부(소극)

피고인에게 의견을 진술할 기회를 주지 아니한 채 한 가환부 결정은 형사소송법 제135조에 위배하여 위법하고 **이 위법은 재판의 결과에 영향을 미쳤다 할 것이다**(대결 1980.2.5, 80모3). 14. 경찰승진

4 압수를 계속할 필요가 없어 환부를 해야 하는 경우

① 외국산 물품(다이아몬드)을 관세장물의 혐의가 있다고 보아 압수하였다 하더라도 그것이 언제, 누구에 의하여 관세포탈된 물건인지 알 수 없어 **기소중지처분을 한 경우**[대결 1996.8.16, 94모51(전합) **다이아몬드 포기 사건**] 14. 경찰승진

② 압수된 금괴가 외국산이라고 하여도 언제, 누구에 의하여 관세포탈된 물건인지 알 수 없어 검사가 **기소중지처분을 한 경우**(대결 1991.4.22, 91모10)

③ 세관이 외국산 시계를 관세장물의 혐의가 있다고 하여 압수하였던 것을 검사가 그것이 관세포탈품인지를 확인할 수 없어 그 사건을 **기소중지처분을 한 경우**(대결 1988.12.14, 88모55) 18. 경찰승진

5 법원이 압수·수색영장을 발부하면서 범죄 혐의사실과 관련 있는 전자정보의 탐색·복제·출력이 완료된 때 지체 없이 영장 기재 범죄 혐의사실과 관련이 없는 나머지 전자정보에 대해 삭제·폐기 또는 피압수자 등에게 반환할 것을 정하였음에도 수사기관이 이에 따르지 아니한 채 나머지 전자정보를 보유한 경우 그 압수의 적법 여부(소극)

[1] 수사기관은 압수의 목적물이 전자정보가 저장된 저장매체인 경우에는 압수·수색영장 발부의 사유로 된 범죄 혐의사실과 관련 있는 정보의 범위를 정하여 출력하거나 복제하여 이를 제출받아야 하고, 이러한 과정에서 혐의사실과 무관한 전자정보의 임의적인 복제 등을 막기 위한 적절한 조치를 취하는 등 영장주의 원칙과 적법절차를 준수하여야 한다. 따라서 저장매체의 소재지에서 압수·수색이 이루어지는 경우는 물론 예외적으로 저장매체에 들어 있는 전자파일 전부를 하드카피나 이미징(imaging) 등의 형태(이하 '복제본'이라 한다)로 **수사기관 사무실 등으로 반출한 경우에도 반출한 저장매체 또는 복제본에서 혐의사실 관련성에 대한 구분 없이 임의로 저장된 전자정보를 문서로 출력하거나 파일로 복제하는 행위는 원칙적으로 영장주의 원칙에 반하는 위법한 압수가 된다.** [2] 법원은 압수·수색영장의 집행에 관하여 범죄 혐의사실과 관련 있는 전자정보의 탐색·복제·출력이 완료된 때에는 지체 없이 영장 기재 범죄 혐의사실과 관련이 없는 나머지 전자정보에 대해 삭제·폐기 또는 피압수자 등에게 반환할 것을 정할 수 있다. **수사기관이 범죄 혐의사실과 관련 있는 정보를 선별하여 압수한 후에도 그와 관련이 없는 나머지 정보를 삭제·폐기·반환하지 아니한 채 그대로 보관하고 있다면 범죄 혐의사실과 관련이 없는 부분에 대하여는 압수의 대상이 되는 전자정보의 범위를 넘어서는 전자정보를 영장 없이 압수·수색하여 취득한 것이어서 위법하고, 사후에 법원으로부터 압수·수색영장이 발부되었다거나 피고인이나 변호인이 이를 증거로 함에 동의하였다고 하여 그 위법성이 치유된다고 볼 수 없다**(대결 2022.1.14, 2021모1586 **휴대전화 3번 압수·수색 사건**). ➜ 전자정보 상세목록에도 압수한 전자정보가 "19 - 266호TF증1.zip"이라고 포괄적인 압축파일만을 기재되고 혐의사실과 과련 없는 나머지 정보를 경찰청은 이미징 자료 등을 보관하는 서버에 그대로 저장한 채 삭제하지 않았고, 이후 제2·3의 영장을 받았다 하더라도 위법성이 치유되지 않는다. 22. 경찰채용

6 피압수자가 압수물에 대한 소유권을 포기한 경우, 수사기관의 압수물환부의무가 면제되는지의 여부(소극) 및 피압수자의 압수물환부청구권이 소멸하는지의 여부(소극)

① **피압수자 등 환부를 받을 자가 압수 후 그 소유권을 포기하는 등에 의하여 실체법상의 권리를 상실하더라도 그 때문에 압수물을 환부하여야 하는 수사기관의 의무에 어떠한 영향을 미칠 수 없고** 또한 **수사기관에 대하여 형사소송법상의 환부청구권을 포기한다는 의사표시를 하더라도 그 효력이 없어** 그에 의하여 수사기관의 필요적 환부의무가 면제된다고 볼 수는 없으므로 압수물의 소유권이나 그 환부청구권을 포기하는 의사표시로 인하여 위 환부의무에 대응하는 압수물에 대한 환부청구권이 소멸하는 것은 아니다[대결 1996.8.16, 94모51(전합) **다이아몬드 포기 사건**]. 14·15. 경찰승진, 14. 국가직 9급, 15·16. 경찰채용, 16. 경찰간부, 17. 변호사·법원직 9급

② **수사단계에서 소유권을 포기한 압수물**에 대하여 형사재판에서 몰수형이 선고되지 않은 경우, **피압수자는 국가에 대하여 민사소송으로 그 반환을 청구할 수 있다**(대판 2000.12.22, 2000다27725 **수표 포기 사건**). 15. 경찰채용

제1편 수사 2장

02 수사상 검증

✎ 법원의 검증은 '증거조사' 부분에서 설명함

1. 의의

개념	① **사람·장소·물건의 성질·형상을** 오관의 작용**에 의하여 인식**하는 강제수사 ② 수사기관의 검증은 증거를 수집·보전하기 위한 강제처분으로 **영장주의가 적용됨** 14. 경찰간부
검증의 대상	검증의 목적물에는 원칙적으로 제한이 없음

2. 검증의 절차

영장의 발부와 집행	① 검사는 범죄수사에 필요한 때에는 피의자가 죄를 범하였다고 의심할 만한 정황이 있고 **해당 사건과 관계가 있다고 인정할 수 있는 것에 한정하여**, 지방법원판사에게 청구하여 발부받은 영장에 의하여 검증을 할 수 있음. 사법경찰관은 검사에게 신청함 ② 압수·수색에 대한 내용은 원칙적으로 검증에 준용됨
검증의 내용	검증을 함에는 신체의 검사·사체의 해부·분묘의 발굴·물건의 파괴 기타 필요한 처분을 할 수 있음
검증조서의 작성	① 검증 후에는 검증조서를 작성해야 함 ② 검증조서는 작성자의 진술에 의하여 성립의 진정함이 증명되면 증거능력이 인정됨

3. 신체검사

의의	신체 자체를 대상으로 하는 강제처분
절차	① 신체검사를 함에는 검사를 당하는 자의 성별·연령·건강상태 기타 사정을 고려하여 그 사람의 건강과 명예를 해하지 아니하도록 주의해야 함 ② 여자의 신체를 검사하는 경우에는 **의사**나 **성년의 여자**를 참여하게 해야 함(주의 성년의 여자를 참여하게 하여야 한다. ×) 14. 경찰간부

4. 감정처분

의의	감정인이 감정에 관하여 필요한 때에 판사의 허가를 얻어 행하는 신체검사 · 사체해부 등의 강제처분
절차	① 감정의 위촉을 받은 자는 감정처분을 하기 위하여 판사의 허가를 얻어야 함 ② 판사에 대한 허가청구는 검사가 해야 함. 판사는 청구가 상당하다고 인정할 때에는 감정처분허가장을 발부함 ③ 감정인은 타인의 주거 등에 들어갈 수 있고 신체의 검사, 사체의 해부, 분묘의 발굴, 물건의 파괴를 할 수 있음

판례 |

[1] 수사기관이 피의자의 동의 없이 강제채뇨를 하는 방법(= 감정처분 또는 압수)
수사기관이 범죄 증거를 수집할 목적으로 피의자의 동의 없이 피의자의 소변을 채취하는 것은 법원으로부터 감정허가장을 받아 형사소송법 제221조의4 제1항, 제173조 제1항에서 정한 **'감정에 필요한 처분'으로 할 수 있지만**(피의자를 병원 등에 유치할 필요가 있는 경우에는 형사소송법 제221조의3에 따라 법원으로부터 감정유치장을 받아야 한다), 형사소송법 제219조, 제106조 제1항, 제109조에 따른 **압수 · 수색의 방법으로도 할 수 있고**, 이러한 압수 · 수색의 경우에도 수사기관은 원칙적으로 형사소송법 제215조에 따라 판사로부터 압수 · 수색영장을 적법하게 발부받아 집행해야 한다. 18. 변호사, 20. 해경채용

[2] 강제채뇨를 함에 있어 유형력의 행사가 허용되는지의 여부(적극)
압수 · 수색의 방법으로 소변을 채취하는 경우 압수대상물인 피의자의 소변을 확보하기 위한 수사기관의 노력에도 불구하고, 피의자가 인근 병원 응급실 등 소변 채취에 적합한 장소로 이동하는 것에 동의하지 않거나 저항하는 등 임의동행을 기대할 수 없는 사정이 있는 때에는 **수사기관으로서는 소변 채취에 적합한 장소로 피의자를 데려가기 위해서 필요 최소한의 유형력을 행사하는 것이 허용되는데**, 이는 형사소송법 제219조, 제120조 제1항에서 정한 '압수 · 수색영장의 집행에 필요한 처분'에 해당한다. 20. 해경채용

[3] 적법한 강제채뇨에 해당하는 경우
피고인에 대한 피의사실(필로폰 투약)이 중대하고 객관적 사실에 근거한 명백한 범죄혐의가 있었다고 볼 수 있는 상황에서, 경찰관의 장시간에 걸친 설득에도 불구하고 **피고인이 소변의 임의제출을 거부하면서 압수영장의 집행에 저항하자 경찰관이 다른 방법으로 수사 목적을 달성하기 곤란하다고 판단하여 강제로 피고인을 인근 병원 응급실로 데리고 가 의사의 지시를 받은 응급구조사로 하여금 강제로 소변을 채취하도록 하였고**, 그 과정에서 피고인에 대한 강제력의 행사가 필요 최소한도를 벗어나지 않았다면 경찰관의 이러한 조치는 형사소송법 제219조, 제120조 제1항에서 정한 '압수영장의 집행에 필요한 처분'으로서 허용된다고 보는 것이 타당하다(대판 2018.7.12, 2018도6219 **부산 강제채뇨 사건**). 20. 경찰채용 · 해경채용 · 변호사

03 통신비밀보호법과 통신제한조치

1. 통신 및 대화비밀의 보호

통신 및 대화 비밀의 보호	① 누구든지 우편물의 검열 · 전기통신의 감청 또는 통신사실 확인자료의 제공을 하거나 공개되지 아니한 타인간의 대화를 녹음 또는 청취하지 못함 ② 누구든지 공개되지 아니한 타인간의 대화를 녹음하거나 전자장치 또는 기계적 수단을 이용하여 청취할 수 없음
증거능력 부정	① **불법검열**에 의하여 취득한 우편물이나 그 내용 및 **불법감청**에 의하여 지득 또는 채록된 전기통신의 내용은 재판 또는 징계절차에서 **증거로 사용할 수 없음** 15. 경찰승진, 16. 국가직 7급 ② **공개되지 아니한 타인간의 대화를 녹음**하거나 전자장치 또는 기계적 수단을 이용하여 **청취**한 내용도 재판 또는 징계절차에서 **증거로 사용할 수 없음**

판례 |

1 통신비밀보호법 제3조 제1항의 '공개되지 않은'의 의미

통신비밀보호법 제3조 제1항에서 **'공개되지 않았다'는 것은 반드시 비밀과 동일한 의미는 아니고** 구체적으로 공개된 것인지는 발언자의 의사와 기대, 대화의 내용과 목적, 상대방의 수, 장소의 성격과 규모, 출입의 통제 정도, 청중의 자격 제한 등 객관적인 상황을 종합적으로 고려하여 판단해야 한다(대판 2022.8.31, 2020도1007 **대화내용 녹음 교회 장로 전송사건**).

2 불법감청 등에 해당하여 증거능력이 부정되는 경우(이른바 '제3자녹음'에 해당)

① 녹음테이프 검증조서의 기재 중 **피고인과 공소외인간의 대화를 녹음한 부분은 공개되지 아니한 타인간의 대화를 녹음한 것**이므로 통신비밀보호법 제14조 제2항 및 제4조의 규정에 의하여 그 증거능력이 없고, **피고인들간의 전화통화를 녹음한 부분은 피고인의 동의 없이 불법감청한 것**이므로 그 증거능력이 없다(대판 2001.10.9, 2001도3106 **강간당했다 변명 사건**).

② **제3자의 경우**는 설령 **전화통화 당사자 일방의 동의를 받고 그 통화 내용을 녹음하였다 하더라도 그 상대방의 동의가 없었던 이상 통신비밀보호법 제3조 제1항 위반**이 되고, 이와 같이 불법감청에 의하여 녹음된 전화통화의 내용은 증거능력이 없다. 이는 피고인이나 변호인이 이를 증거로 함에 동의하였다고 하더라도 달리 볼 것은 아니다(대판 2010.10.14, 2010도9016 **공범자 통화 녹음 사건**). 14 · 17 · 18. 변호사, 14. 경찰채용, 14 · 16 · 17. 국가직 7급, 16. 국가직 9급 · 경찰승진, 18. 경찰간부

③ **甲, 乙이 A와의 통화 내용을 녹음하기로 합의한 후 甲이 스피커폰으로 A와 통화하고 乙이 옆에서 이를 녹음한 경우**, 전화통화의 당사자는 甲과 A이고, 乙은 제3자에 해당하므로 乙이 전화통화 당사자 일방인 甲의 동의를 받고 통화 내용을 녹음하였다고 하더라도 상대방인 A의 동의가 없었던 이상 이는 통신비밀보호법 제3조 제1항에 위반한 '전기통신의 감청'에 해당하여 그 녹음파일은 **증거로 사용할 수 없고**, 이는 A가 녹음파일 및 이를 채록한 녹취록에 대하여 증거동의를 하였다 하더라도 마찬가지이다(대판 2019.3.14, 2015도1900 **변호사 매형, 검사 처남 사건**).

3 불법감청 등에 해당하지 않아 증거능력이 부정되지 않는 경우(이른바 '당사자녹음'에 해당)

① 전기통신에 해당하는 **전화통화 당사자의 일방이 상대방 모르게 통화내용을 녹음(채록)**하는 것은 감청에 해당하지 아니한다. 따라서 전화통화 당사자의 일방이 상대방 몰래 통화내용을 녹음하더라도 대화 당사자 일방이 상대방 모르게 그 대화내용을 녹음한 경우와 마찬가지로 통신비밀보호법 제3조 제1항 위반이 되지 아니한다(대판 2002.10.8, 2002도123). 14. 경찰채용, 16 · 20. 경찰승진, 20. 국가직 7급 · 변호사, 21. 경찰간부

② **사인이 피고인 아닌 사람과의 대화내용을 대화 상대방 몰래 녹음**하였다고 하더라도 그 녹음테이프가 위법하게 수집된 증거로서 증거능력이 없다고 할 수 없으며, 사인이 피고인 아닌 사람과의 대화내용을 상대방 몰래 비디오로 촬영 · 녹음한 경우에도 그 비디오테이프의 진술부분에 대하여도 위와 마찬가지로 취급하여야 할 것이다(대판 1999.3.9, 98도3169 **홍준표 의원 사건**). 15. 경찰간부, 16. 변호사 · 국가직 9급

③ **피고인이 범행 후 피해자에게 전화를 걸어오자 피해자가 증거를 수집하려고 그 전화내용을 녹음**한 경우, 그 녹음테이프가 피고인 모르게 녹음된 것이라 하여 이를 위법하게 수집된 증거라고 할 수 없다(대판 1997.3.28, 97도240 **강간범 통화 녹음 사건**). 14 · 18 · 19. 경찰간부, 15 · 16 · 20. 경찰승진, 16. 국가직 9급 · 경찰채용, 20. 법원직 9급

④ **3인간의 대화에서 그중 한 사람이 그 대화를 녹음 또는 청취**하는 경우에 다른 두 사람의 발언은 그 녹음자 또는 청취자에 대한 관계에서 통신비밀보호법 제3조 제1항에서 정한 '타인간의 대화'라고 할 수 없으므로, 이러한 녹음 또는 청취하는 행위 및 그 내용을 공개하거나 누설하는 행위가 통신비밀보호법 제16조 제1항에 해당한다고 볼 수 없다(대판 2014.5.16, 2013도16404). 14 · 19. 경찰채용, 15. 국가직 9급, 17. 변호사

2. 통신제한조치

구분		내용
의의		① 수사기관이 범죄수사 등을 위하여 법원의 허가를 받아 행하는 통신제한조치를 말함 ② 통신제한조치란 우편물(예 통상우편물 및 소포우편물)의 검열 및 전기통신(예 전화 · 전자우편 · 회원제 정보서비스 · 모사전송 · 무선호출 등)의 감청을 말함
범죄수사 목적	요건	① 대상범죄를 계획 또는 실행하고 있거나 실행하였다고 의심할 만한 충분한 이유가 있을 것 19. 경찰간부 ② 다른 방법으로는 그 범죄의 실행을 저지하거나 범인의 체포 또는 증거의 수집이 어려울 것 19. 경찰간부 · 경찰채용
	절차	① **검사는** 요건이 구비된 경우에는 법원에 대하여 각 피의자별 또는 각 피내사자별로 **통신제한조치를 허가하여 줄 것을 청구할 수 있음** ② 관할법원은 통신제한조치를 받을 통신당사자의 쌍방 또는 일방의 주소지 · 소재지, 범죄지 또는 통신당사자와 공범관계에 있는 자의 주소지 · 소재지를 관할하는 지방법원 또는 지원으로 함 ③ **법원은** 청구가 이유 있다고 인정하는 경우에는 각 피의자별 또는 각 피내사자별로 통신제한조치를 허가하고, **허가서를 청구인에게 발부함** ④ 통신제한조치의 기간은 **2개월**을 초과하지 못함. 14 · 16. 경찰승진, 19. 경찰간부 통신제한조치의 허가요건이 존속하는 경우에는 소명자료를 첨부하여 2개월의 범위에서 통신제한조치기간의 연장청구 가능(총 연장기간은 1년 초과 금지) ⑤ 총 연장기간이 3년을 초과금지 대상범죄 ㉠ 형법 제2편 중 제1장 내란의 죄, 제2장 외환의 죄 중 외환유치, 여적, 모병이적, 시설제공이적, 시설파괴이적, 물건제공이적, 간첩, 일반이적(제92조부터 제101조까지의 죄), 제4장 국교에 관한 죄 중 외국원수폭행(제107조), 외국사절폭행(제108조), 외국에 대한 사전, 중립명령위반, 외교상기밀의 누설(제111조부터 제113조까지의 죄), 제5장 공안을 해하는 죄 중 범죄단체 등의 조직(제114조), 소요(제115조의 죄) 및 제6장 폭발물에 관한 죄(폭발물사용, 전시폭발물제조)(≪주의 외국국기국장모독 ×, 다중불해산죄 ×, 전시공수계약불이행 ×, 공무원자격사칭 ×) ㉡ 군형법 제2편 중 제1장 반란의 죄, 제2장 이적의 죄, 제11장 군용물에 관한 죄 및 제12장 위령의 죄 중 제78조 · 제80조 · 제81조의 죄 ㉢ 국가보안법에 규정된 죄 ㉣ 군사기밀보호법에 규정된 죄

		ⓜ 군사기지 및 군사시설보호법에 규정된 죄 ⑥ 검사 또는 사법경찰관은 통신제한조치를 집행한 사건에 관하여 공소제기, 불기소 또는 불입건의 처분을 한 때에는 30일 이내에 그 대상자나 가입자에게 통신제한조치 집행사실 등을 **서면으로 통지해야 함**. 다만, 일정한 사유가 있으면 통지를 유예할 수 있고, 그 사유가 해소된 때부터 30일 이내에 통지를 해야 함(≪주의 통지의 생략도 가능하다. ×) 15. 경찰승진 ⑦ 통신사실 확인자료 제공통지 ㉠ 검사 또는 사법경찰관은 통신사실 확인자료제공을 받은 사건에 관하여 아래의 구분에 따라 정한 기간 내에 통신사실 확인자료제공을 받은 사실과 제공요청기관 및 그 기간 등을 통신사실 확인자료제공의 대상이 된 당사자에게 **서면으로 통지해야 함** ⓐ 공소를 제기하거나, 공소의 제기 또는 입건을 하지 아니하는 처분(기소중지결정 · 참고인중지결정은 제외한다)을 한 경우: 그 처분을 한 날부터 **30일** 이내 다만, 수사처검사가 서울중앙지방검철청 소속 검사에게 관계 서류와 증거물을 송부한 사건에 관하여 이를 처리하는 검사로부터 공소를 제기하거나 제기하지 아니하는 처분의 통보를 받은 경우: 그 통보를 받은 날부터 30일 이내 ⓑ **기소중지결정 · 참고인중지결정 처분**을 한 경우: 그 처분을 한 날부터 **1년**(제6조 제8항 각 호의 어느 하나에 해당하는 범죄인 경우에는 **3년**)이 경과한 때부터 **30일** 이내 다만, 수사처검사가 서울중앙지방검철청 소속 검사에게 관계 서류와 증거물을 송부한 사건에 관하여 이를 처리하는 검사로부터 기소중지결정, 참고인중지결정 처분의 통보를 받은 경우: 그 통보를 받은 날로부터(제6조 제8항 각 호의 어느 하나에 해당하는 범죄인 경우에는 3년)이 경과한 때부터 30일 이내 ⓒ **수사가 진행 중**인 경우: 통신사실 확인자료제공을 받은 날부터 **1년**(제6조 제8항 각 호의 어느 하나에 해당하는 범죄인 경우에는 **3년**)이 경과한 때부터 **30일** 이내 ㉡ 통지 유예사유 ⓐ 국가의 안전보장, 공공의 안녕질서를 위태롭게 할 우려가 있는 경우 ⓑ 피해자 또는 그 밖의 사건관계인의 생명이나 신체의 안전을 위협할 우려가 있는 경우 ⓒ 증거인멸, 도주, 증인 위협 등 공정한 사법절차의 진행을 방해할 우려가 있는 경우 ⓓ 피의자, 피해자 또는 그 밖의 사건관계인의 명예나 사생활을 침해할 우려가 있는 경우
국가안보 목적	요건	① 국가안전보장에 대한 상당한 위험이 예상되는 경우 ② 그 위해를 방지하기 위하여 이에 관한 정보수집이 특히 필요한 경우
	절차	① 정보수사기관의 장은 통신의 일방 또는 쌍방당사자가 내국인인 때에는 **고등법원 수석판사**의 허가를 받아야 함 19. 경찰간부 ② 대한민국에 적대하는 국가, 반국가활동의 혐의가 있는 외국의 기관 · 단체와 외국인, 대한민국의 통치권이 사실상 미치지 아니하는 한반도 내의 집단이나 외국에 소재하는 그 산하단체의 구성원의 통신인 때 및 작전수행을 위한 군용전기통신인 때에는 서면으로 **대통령의 승인**을 얻어야 함 ③ 통신제한조치의 기간은 **4월**을 초과하지 못함 ④ 정보수사기관의 장은 통신제한조치를 종료한 날부터 30일 이내에 그 대상자나 가입자에게 통신제한조치 집행사실 등을 **서면으로 통지해야 함**. 다만, 일정한 사유가 있으면 통지를 유예할 수 있고, 그 사유가 해소된 때부터 30일 이내에 통지를 해야 함

☑ SUMMARY | 통신제한조치 대상범죄 14·15·18. 경찰승진

구분	내용
형법	① 내란, 외환(제92조 내지 제101조(외환유치, 여적, 모병이적, 시설제공이적, 시설파괴이적, 물건제공이적, 간첩, 일반이적), 국교[제107조(외국원수에 대한 폭행), 제108조(외국사절에 대한 폭행), 제111조 내지 제113조(외국에 대한 사전, 중립명령위반, 외교상기밀누설)], 공안[제114조(범죄단체조직), 제115조(소요)], 폭발물에 관한죄 ② 공무원 직무[제127조(공무상비밀누설), 제129조 내지 제133조(수뢰죄 등)], 도주·범인은닉, 방화·실화[제164조 내지 제167조(현주건조물방화, 공용건조물방화, 일반건조물방화, 일반물건방화), 제172조 내지 제173조(폭발성물건파열, 가스·전기등방류, 가스·전기등 공급방해), 제174조, 제175조], 아편, 통화, 유가증권·우표·인지[제214조 내지 제217조(유가증권위조, 자격모용유가증권작성, 허위유가증권작성, 위조유가증권행사), 제223조, 제224조] ③ 살인, 체포·감금, 협박[제283조 제1항(협박), 제284조(특수협박), 제285조, 제286조], 약취·유인·인신매매, 강간·추행[제297조 내지 제301조의2(강간, 유사강간, 강제추행, 준강간, 준강제추행, 강간상해, 강간치상, 강간살인, 강간치사), 제305조(미성년자의제강간)], 신용·업무·경매(제315조), 권리행사방해[제324조의2 내지 제324조의4(인질강요, 인질상해, 인질치상, 인질살해, 인질치사), 제324조의5], 절도·강도[제329조 내지 제331조(절도, 야간주거침입절도, 특수절도), 제332조, 제333조 내지 제341조(강도, 특수강도, 준강도, 인질강도, 강도상해, 강도치상, 강도살인, 강도치사, 강도강간, 해상강도), 제342조], 공갈, 특수공갈, 상습장물[«주의 사기, 상해, 공무집행방해, 직무유기, 존속협박, 미성년자등에 대한 간음(제302조), 업무상위력간음, 권리행사방해(제323조), 강요(제324조), 장물(제362조) ×]
특별법	① 군형법에 규정된 범죄(제6장, 제10장 제외) ② 국가보안법, 군사기밀보호법, 군사기지 및 군사시설 보호법에 규정된 범죄 ③ 마약법에 규정된 범죄(제58조 내지 제62조) ④ 폭력행위처벌법에 규정된 범죄(제4조, 제5조) ⑤ 총포화약법에 규정된 범죄(제70조, 제71조 제1호 내지 제3호) ⑥ 특정범죄가중법에 규정된 범죄(제2조 내지 제8조, 제11조, 제12조) ⑦ 특정경제범죄법에 규정된 범죄(제3조 내지 제9조) ⑧ 국제상거래에 있어서 외국공무원에 대한 뇌물방지법에 규정된 범죄(제3조 및 제4조) («주의 자동차관리법 위반 ×)

3. 긴급통신제한조치

의의		수사기관이 범죄수사 등을 위하여 긴급한 사유가 있어 법원의 허가 없이 행하는 통신제한조치를 말함
범죄수사 목적	요건	① 국가안보를 위협하는 음모행위, 직접적인 사망이나 심각한 상해의 위험을 야기할 수 있는 범죄 또는 조직범죄 등 중대한 범죄의 계획이나 실행 등 긴박한 상황 ② 통신비밀보호법 제5조 제1항 또는 제7조 제1항 제1호의 요건을 구비한 자 ③ 긴급한 사유가 있는 때
	절차	① 검사·사법경찰관·정보수사기관의 장은 긴급통신제한조치의 집행착수 후 지체 없이 법원에 허가청구를 해야 함 ② 긴급통신제한조치를 한 때부터 **36시간 이내에 법원의 허가**를 받지 못한 때에는 즉시 이를 중지해야 함(«주의 48시간 이내 ×, 36시간 이내에 청구 ×) ③ 검사, 사법경찰관 또는 정보수사기관의 장은 제5항에 따라 긴급통신제한조치로 취득한 자료를 폐기한 경우 폐기이유·폐기범위·폐기일시 등을 기재한 자료폐기결과보고서를 작성하여 폐기일부터 **7일** 이내에 제2항에 따라 허가청구를 한 법원에 송부하고, 그 부본(副本)을 피의자의 수사기록 또는 피내사자의 내사사건기록에 첨부하여야 함 ④ 긴급통신제한조치 집행사실 등의 통지와 그 유예는 일반통신제한조치의 경우와 동일함

국가안보 목적	요건	① 국가안보를 위협하는 음모행위, 직접적인 사망이나 심각한 상해의 위험을 야기할 수 있는 범죄 또는 조직범죄 등 중대한 범죄의 계획이나 실행 등 긴박한 상황 ② 통신비밀보호법 제7조 제1항 제2호에 해당하는 자 ③ 대통령의 승인을 얻을 시간적 여유가 없거나 통신제한조치를 긴급히 실시하지 아니하면 국가안전보장에 대한 위해를 초래할 수 있다고 판단되는 때
	절차	① 긴급통신제한조치를 한 때에는 지체 없이 대통령의 승인을 얻어야 함 ② **36시간 이내에** 대통령의 승인을 얻지 못한 때에는 즉시 이를 중지해야 함 ③ 긴급통신제한조치 집행사실 등의 통지와 그 유예는 일반통신제한조치의 경우와 동일함

4. 범죄수사를 위하여 인터넷 회선에 대한 통신제한조치로 취득한 자료의 관리

보관 등의 승인청구	① 검사는 인터넷 회선을 통하여 송신·수신하는 전기통신을 대상으로 통신제한조치를 집행한 경우 그 전기통신을 제12조 제1호에 따라 사용하거나 사용을 위하여 보관(하고자 하는 때에는 집행종료일부터 **14일** 이내에 보관 등이 필요한 전기통신을 선별하여 통신제한조치를 허가한 법원에 보관 등의 승인을 청구하여야 함 ② 사법경찰관은 인터넷 회선을 통하여 송신·수신하는 전기통신을 대상으로 통신제한조치를 집행한 경우 그 전기통신의 보관 등을 하고자 하는 때에는 집행종료일부터 **14일** 이내에 보관 등이 필요한 전기통신을 선별하여 검사에게 보관 등의 승인을 신청하고, 검사는 신청일부터 **7일** 이내에 통신제한조치를 허가한 법원에 그 승인을 청구할 수 있음 20. 경찰채용 ③ 승인청구는 통신제한조치의 집행 경위, 취득한 결과의 요지, 보관 등이 필요한 이유를 기재한 서면으로 하여야 함
법원의 허가와 기각	① 법원은 청구가 이유 있다고 인정하는 경우에는 보관 등을 승인하고 이를 증명하는 서류를 발부하며, 청구가 이유 없다고 인정하는 경우에는 청구를 기각하고 이를 청구인에게 통지함 ② 검사 또는 사법경찰관은 제청구나 신청을 하지 아니하는 경우에는 집행종료일부터 **14일**(검사가 사법경찰관의 신청을 기각한 경우에는 그 날부터 **7일**) 이내에 통신제한조치로 취득한 전기통신을 폐기하여야 하고, 법원에 승인청구를 한 경우(취득한 전기통신의 일부에 대해서만 청구한 경우를 포함한다)에는 법원으로부터 승인서를 발부받거나 청구기각의 통지를 받은 날부터 **7일** 이내에 승인을 받지 못한 전기통신을 폐기하여야 함 ③ 검사 또는 사법경찰관은 통신제한조치로 취득한 전기통신을 폐기한 때에는 폐기의 이유와 범위 및 일시 등을 기재한 폐기결과보고서를 작성하여 피의자의 **수사기록 또는 피내사자의 내사사건기록에 첨부하고**, 폐기일부터 **7일** 이내에 통신제한조치를 허가한 법원에 송부하여야 함

판례 |

1 통신비밀보호법상 타인간의 '대화'의 의미 등

[1] **타인간의 '대화'는 원칙적으로 현장에 있는 당사자들이 육성으로 말을 주고받는 의사소통행위를 가리키므로** 사람의 육성이 아닌 **사물에서 발생하는 음향은 타인간의 '대화'에 해당하지 않고** 또한 사람의 목소리라고 하더라도 상대방에게 의사를 전달하는 말이 아닌 **단순한 비명소리나 탄식 등은** 타인과 의사소통을 하기 위한 것이 아니라면 특별한 사정이 없는 한 **타인간의 '대화'에 해당한다고 볼 수 없다.** [2] 甲이 乙과 통화를 마친 후 전화가 끊기지 않은 상태에서 휴대전화를 통하여 '우당탕', '악' 소리를 들었는데, '우당탕' 소리는 사물에서 발생하는 음향일 뿐 사람의 목소리가 아니므로 타인간의 '대화'에 해당하지 않고, '악' 소리도 사람의 목소리이기는 하나 단순한 비명소리에 지나지 않아 그것만으로 상대방에게 의사를 전달하는 말이라고 보기는 어려워 특별한 사정이 없는 한 타인간의 '대화'에 해당한다고 볼 수 없다(대판 2017.3.15, 2016도19843 **우당탕 악 사건**).

2 전기통신과 대화의 구별

① 무전기와 같은 무선전화기를 이용한 통화가 통신비밀보호법에서 규정하고 있는 전기통신에 해당함은 전화통화의 성질 및 법 규정 내용에 비추어 명백하므로 이를 같은 법 제3조 제1항 소정의 '타인간의 대화'에 포함된다고 할 수 없다(대판 2003.11.13, 2001도6213). 14·16. 경찰승진·경찰채용, 16. 국가직 7급, 18. 경찰간부

② **전화통화**가 통신비밀보호법에서 규정하고 있는 **전기통신에 해당함**은 전화통화의 성질 및 법 규정 내용에 비추어 명백하므로 이를 법 제3조 제1항 소정의 '타인간의 대화'에 포함시킬 수는 없다(대판 2002.10.8, 2002도123).

3 통신비밀보호법 제5조 제2항 중 '인터넷회선을 통하여 송·수신하는 전기통신'에 관한 부분('이 사건 법률조항'이라고 한다)이 헌법에 위반되는지의 여부(적극, 헌법불합치)

이 사건 법률조항은 인터넷회선 감청의 특성을 고려하여 그 집행 단계나 집행 이후에 수사기관의 권한 남용을 통제하고 관련 기본권의 침해를 최소화하기 위한 제도적 조치가 제대로 마련되어 있지 않은 상태에서, **범죄수사 목적을 이유로 인터넷회선 감청을 통신제한조치 허가대상 중 하나로 정하고 있으므로 침해의 최소성 요건을 충족한다고 할 수 없다.** 이러한 여건하에서 **인터넷회선의 감청을 허용하는 것은 개인의 통신 및 사생활의 비밀과 자유에 심각한 위협을 초래하게 되므로 이 사건 법률조항으로 인하여 달성하려는 공익과 제한되는 사익 사이의 법익 균형성도 인정되지 아니한다.** 그러므로 이 사건 법률조항은 과잉금지원칙에 위반하는 것으로 청구인의 기본권을 침해한다(헌재 2018.8.30, 2016헌마263). 19. 경찰채용

4 이미 수신이 완료된 전기통신의 내용을 지득하는 행위가 '감청'에 포함되는지의 여부(소극)

① **'전기통신의 감청'은 전기통신이 이루어지고 있는 상황에서 실시간으로 그 전기통신의 내용을 지득·채록하는 경우와 통신의 송·수신을 직접적으로 방해하는 경우를 의미하는 것이지** 이미 수신이 완료된 전기통신에 관하여 남아 있는 기록이나 내용을 열어보는 등의 행위는 포함하지 않는다(대판 2016.10.13, 2016도8137 **코리아연대 사건**). 14. 경찰채용, 16. 국가직 7급, 17. 법원직 9급, 18. 경찰간부

② **'전기통신의 감청'은 현재 이루어지고 있는 전기통신의 내용을 지득·채록하는 경우와 통신의 송·수신을 직접적으로 방해하는 경우를 의미**하는 것이지 전자우편이 송신되어 수신인이 이를 확인하는 등으로 이미 수신이 완료된 전기통신에 관하여 남아 있는 기록이나 내용을 열어보는 등의 행위는 포함하지 않는다(대판 2013.11.28, 2010도12244 **밀양시장 이메일 해킹 사건**). 17. 변호사·국가직 9급, 19. 경찰채용

5 허가된 '감청'의 방식이 아닌 다른 방식으로 취득한 전기통신 내용의 증거능력 유무(소극)

허가된 통신제한조치의 종류가 전기통신의 '감청'인 경우, 수사기관 또는 수사기관으로부터 통신제한조치의 집행을 위탁받은 통신기관 등은 **통신비밀보호법이 정한 감청의 방식으로 집행하여야 하고 그와 다른 방식으로 집행하여서는 아니 된다.** 한편, 수사기관이 통신기관 등에 통신제한조치의 집행을 위탁하는 경우에는 그 집행에 필요한 설비를 제공하여야 한다(통신비밀보호법 시행령 제21조 제3항). 그러므로 **수사기관으로부터 통신제한조치의 집행을 위탁받은 통신기관 등이** 그 집행에 필요한 설비가 없을 때에는 수사기관에 그 설비의 제공을 요청하여야 하고, 그러한 요청 없이 **통신제한조치허가서에 기재된 사항을 준수하지 아니한 채 통신제한조치를 집행하였다면**, 그러한 집행으로 인하여 취득한 전기통신의 내용 등은 적법한 절차를 따르지 아니하고 수집한 증거에 해당하므로 **이는 유죄 인정의 증거로 할 수 없다**(대판 2016.10.13, 2016도8137 **코리아연대 사건**). 17. 경찰채용, 20. 경찰승진

6 대화의 녹음 · 청취가 허가대상의 범위를 벗어난 것이 아닌 경우

(허가서에 통신제한조치의 대상과 범위로 '대상자와 상대방 사이의 국가보안법 위반 혐의사실을 내용으로 하는 대화에 대한 녹음 및 청취'로 기재되어 있는 경우) **통신비밀보호법에서 말하는 '대화'에는** 당사자가 마주 대하여 이야기를 주고받는 경우뿐만 아니라 **당사자 중 한 명이 일방적으로 말하고 상대방은 듣기만 하는 경우도 포함되므로**, 강연과 토론 · 발표 등은 대상자와 상대방 사이의 대화에 해당되고 따라서 5.10. 회합 및 5.12. 회합에 대한 녹음은 허가서의 대상 및 범위에 포함되는 것으로 적법하며, 별도로 사후허가를 받을 필요가 없다[대판 2015.1.22, 2014도10978(전합) **이석기 의원 사건**].

7 통신제한조치 등으로 취득한 자료의 사용 제한(= 통신제한조치 등의 목적이 된 범죄와 그와 관련된 범죄에 한정)

① **甲의 국가보안법 위반죄에 대한 증거의 수집을 위하여 발부된 통신제한조치허가서**에 의하여 피고인(乙)과 丙 사이 또는 피고인(乙)과 丁 사이의 통화내용을 감청하여 작성한 녹취서는 위 통신제한조치의 목적이 된 **甲의 국가보안법 위반죄나 그와 관련된 범죄를 위하여 사용되어야 한다**(대판 2002.10.22, 2000도5461).

② [1] 통신사실 확인자료 제공요청에 의하여 취득한 통신사실확인자료를 범죄의 수사 · 소추 또는 예방을 위하여 사용하는 경우 그 대상범죄는 통신사실확인자료 제공요청의 목적이 된 범죄나 이와 관련된 범죄에 한정된다. [2] 검사가 **통화내역(甲과 乙에 대한 공직선거법 위반 사건의 수사과정에서 SK텔레콤이 강원정선경찰서장에게 제공한 것)**을 취득하는 과정에서 지방법원 또는 지원의 허가를 받았더라도 피고인에 대한 정치자금법 위반의 공소사실은 甲과 乙의 공직선거법 위반죄와는 아무 관련이 없으므로 이를 증거로 사용할 수 없다(대판 2014.10.27, 2014도2121 **윤진식 의원 사건**).

③ 공무원에게 금품을 제공한 혐의로 발부된 통신사실 확인자료제공 요청 허가서에 대상자로 기재되어 있는 피고인 甲이 피고인 乙의 뇌물수수 범행의 증뢰자라면 위 **허가서에 의하여 제공받은 甲과 乙의 통화내역을 乙의 수뢰사실의 증명을 위한 증거로 사용할 수 있다**(대판 2017.1.25, 2016도13489 부산 함바비리 사건). 22. 경찰채용

8 통신기관 등이 아닌 일반 사인에게 대장을 작성하여 비치할 의무 여부(소극)

'대화의 녹음 · 청취'에 관하여 통신비밀보호법 제14조 제2항은 통신비밀보호법 제9조 제1항 전문을 적용하여 집행주체가 집행한다고 규정하면서도, 통신기관 등에 대한 집행위탁이나 협조요청에 관한 같은 법 제9조 제1항 후문을 적용하지 않고 있으나, 이는 '대화의 녹음 · 청취'의 경우 통신제한조치와 달리 통신기관의 업무와 관련이 적다는 점을 고려한 것일 뿐이므로 반드시 집행주체가 '대화의 녹음 · 청취'를 직접 수행하여야 하는 것은 아니다. 따라서 집행주체가 제3자의 도움을 받지 않고서는 '대화의 녹음 · 청취'가 사실상 불가능하거나 곤란한 사정이 있는 경우에는 비례의 원칙에 위배되지 않는 한 제3자에게 집행을 위탁하거나 그로부터 협조를 받아 '대화의 녹음 · 청취'를 할 수 있다고 봄이 타당하고, **그 경우 통신기관 등이 아닌 일반 사인에게 대장을 작성하여 비치할 의무가 있다고 볼 것은 아니다**[대판 2015.1.2, 2014도10978(전합) **이석기 의원 사건**]. 22. 경찰간부

제5절 판사에 의한 강제처분

01 증거보전

의의	수소법원이 공판정에서 증거조사를 할 때까지 기다려서는 그 **증거의 사용이 불가능하거나 현저히 곤란할 사정이 있는 경우**에 판사가 미리 증거를 보전하여 공판절차에서 사용할 수 있게 하는 제도
요건	미리 증거를 보전하지 아니하면 그 증거를 사용하기 곤란한 사정, 즉 증거보전의 필요성이 있을 때에 할 수 있음
청구의 절차	① 청구권자 등 ㉠ **검사 · 피의자 · 피고인 · 변호인**이 청구함 14 · 15 · 16 · 18. 경찰채용, 16 · 17 · 18. 경찰승진, 16. 경찰간부, 18. 변호사 ㉡ **압수 · 수색 · 검증 · 감정 · 증인신문**을 청구할 수 있음(«주의 피의자신문 ×, 피고인신문 ×) 15 · 17 · 18. 경찰승진, 18. 경찰채용, 19. 경찰간부 ② 청구시기 ㉠ **제1회 공판기일 전**에 한하여 청구할 수 있음 14 · 15 · 16 · 18. 경찰채용, 15 · 16 · 17 · 18. 경찰승진, 18. 변호사, 19. 경찰간부 ㉡ 공소제기 전 · 후 불문 ③ 청구의 방식 ㉠ 압수할 물건의 소재지 등을 관할하는 **지방법원판사**에게 청구해야 함 ㉡ 청구를 함에는 **서면으로 그 사유를 소명**해야 함(«주의 서면 또는 구술 ×) 14 · 15 · 16 · 17. 경찰승진, 15 · 16 · 17. 경찰채용, 19. 경찰간부
증거보전	① 판사의 결정 ㉠ 청구가 적법하고 또 증거보전의 필요성이 인정되면 증거보전을 함 ㉡ 청구가 부적법하거나 필요 없다고 인정되면 청구기각결정을 함 ② **청구기각결정에 대하여 3일 이내에 항고할 수 있음** 14 · 16 · 17 · 18. 경찰승진, 14 · 18. 경찰채용, 17. 국가직 7급, 18. 변호사, 19. 경찰간부 ③ 증거보전의 청구를 받은 판사는 법원 또는 재판장과 동일한 권한이 있음 14. 경찰채용, 16 · 18. 경찰승진 ④ 증거보전절차에서 판사가 압수 · 수색 · 검증 · 감정 · 증인신문을 할 때에는 검사 · 피의자 · 피고인 · 변호인의 참여권을 보장해 주어야 함
증거보전 후의 절차	① 서류 · 물건의 보전과 열람 · 등사권 ㉠ 증거보전에 의하여 압수한 물건 또는 작성한 조서는 **증거보전을 한 판사가 속하는 법원에 보관** ㉡ 검사 · 피의자 · 피고인 또는 변호인은 **판사의 허가**를 얻어서 그 서류와 증거물을 열람 또는 등사할 수 있음(«주의 법원의 허가를 얻어서 ×, 증거보전조서는 열람 또는 등사할 수 없다. ×) 15 · 16. 경찰채용, 19. 경찰간부 ② 증거보전절차에서 작성된 조서는 법관의 조서로서 당연히 증거능력이 인정됨 14. 경찰채용, 18. 변호사

판례 |

1 형사입건 전에 또는 재심청구사건에서 증거보전을 청구할 수 있는지의 여부(소극)

① 증거보전은 피고인 또는 피의자가 **형사입건도 되기 전**에는 청구할 수 없다(대판 1979.6.12, 79도792). 16. 경찰간부

② **재심청구사건**에서는 증거보전청구는 허용되지 아니한다(대결 1984.3.29, 84모15). 14·16. 경찰승진, 15. 국가직 7급, 16·17. 경찰채용

2 증거보전에서 피고인신문 또는 피의자신문을 청구할 수 있는지의 여부(소극)

피의자신문 또는 피고인신문에 해당하는 사항을 증거보전의 방법으로 청구할 수 없다(대판 1979.6.12, 79도792). 14·18. 경찰승진, 14·16·19. 경찰간부, 14·15. 경찰채용, 15. 국가직 7급

3 증거보전절차에서 작성된 조서에 기재된 '피의자 진술' 부분의 증거능력 유무(소극)

증인신문조서가 증거보전절차에서 피고인이 증인으로서 증언한 내용을 기재한 것이 아니라 증인 甲의 증언내용을 기재한 것이고 다만 **피의자였던 피고인이 당사자로 참여하여 자신의 범행사실을 시인하는 전제하에 위 증인에게 반대신문한 내용**이 기재되어 있을 뿐이라면 위 조서는 공판준비 또는 공판기일에 피고인 등의 진술을 기재한 조서도 아니고 반대신문 과정에서 피의자가 한 진술에 관한 한 형사소송법 제184조에 의한 증인신문조서도 아니므로 위 조서 중 **피의자의 진술기재 부분에 대하여는 형사소송법 제311조에 의한 증거능력을 인정할 수 없다**(대판 1984.5.15, 84도508 **국일당구장 여주인 살해 사건**). 14. 변호사, 15. 경찰간부, 16. 경찰채용, 18. 경찰승진

4 수사단계에서 검사가 증거보전을 위하여 공범관계에 있는 공동피고인을 증인으로 신문할 수 있는지의 여부(적극)

공동피고인과 피고인이 뇌물을 주고받은 사이로 필요적 공범관계에 있다고 하더라도 검사는 수사단계에서 피고인에 대한 증거를 미리 보전하기 위하여 필요한 경우에는 판사에게 **공동피고인을 증인으로 신문할 것을 청구할 수 있다**(대판 1988.11.8, 86도1646 **치안본부 경위 수뢰 사건**). 14·17·18. 경찰채용, 15·17. 국가직 7급, 16. 경찰승진·경찰간부, 17·18. 변호사

5 당사자의 참여권을 보장하지 않은 상태에서 작성한 증인신문조서의 증거능력 유무(= 원칙적으로 증거능력이 없음)

제1회 공판기일 전에 형사소송법 제184조에 의한 증거보전절차에서 증인신문을 하면서, **위 증인신문의 일시와 장소를 피의자 및 변호인에게 미리 통지하지 아니하여** 증인신문에 참여할 수 있는 기회를 주지 아니하였고 또 변호인이 제1심 공판기일에 위 증인신문조서의 증거조서에 관하여 이의신청을 하였다면, 위 **증인신문조서는 증거능력이 없다** 할 것이고, 그 증인이 후에 법정에서 그 조서의 진정성립을 인정한다 하여 다시 그 증거능력을 취득한다고 볼 수도 없다(대판 1992.2.28, 91도2337). 15. 경찰승진·국가직 7급, 16. 경찰간부, 17. 경찰채용

6 당사자의 참여권을 보장하지 않은 상태에서 작성한 증인신문조서라도 책문권을 포기하여 증거능력이 인정되는 경우

판사가 증거보전절차로 증인신문을 하는 경우에는 검사, 피의자 또는 변호인에게 증인신문의 시일과 장소를 미리 통지하여 증인신문에 참여할 수 있는 기회를 주어야 하나, **참여의 기회를 주지 아니한 경우라도 피고인과 변호인이 증인신문조서를 증거로 할 수 있음에 동의하여 별다른 이의 없이 적법하게 증거조사를 거친 경우**에는 위 증인신문조서는 증인신문절차가 위법하였는지의 여부에 관계없이 **증거능력이 부여된다**(대판 1988.11.8, 86도1646 **치안본부 경위 수뢰 사건**). 18. 국가직 9급

02 참고인에 대한 증인신문

의의	**참고인이 출석 또는 진술을 거부할 경우**에 검사의 청구에 의하여 판사가 그를 증인으로 신문하고 그 증언을 보전하는 처분
요건	범죄의 수사에 없어서는 아니될 사실을 안다고 명백히 인정되는 자가 수사기관의 출석요구에 응하지 아니하거나 진술을 거부하는 경우(«주의 이미 한 진술을 번복할 염려가 있는 경우에도 청구할 수 있다. ×) 14. 경찰채용, 18. 변호사
청구의 절차	① 청구권자 ㉠ **검사**(«주의 피의자 ×, 피고인 ×) 14. 경찰채용 ㉡ 청구를 함에는 서면으로 그 사유를 소명해야 함 ② 청구시기 ㉠ **제1회 공판기일 전**에 한하여 청구할 수 있음(«주의 공소제기 전에 한하여 ×) 16. 경찰간부 ㉡ 공소제기 전후 불문
증인신문	① 판사의 결정 ㉠ 청구가 적법하고 요건이 구비된 경우 증인신문을 함 ㉡ 청구가 부적법하거나 요건이 구비되지 않은 경우 청구기각결정을 함 ② **판사의 결정에 대해서는 불복하지 못함** 14. 경찰채용, 18. 변호사 ③ 증인신문청구를 받은 판사는 법원 또는 재판장과 동일한 권한이 있음 14. 경찰채용, 16. 경찰승진 ④ 판사는 증인신문기일을 정한 때에는 피의자 · 피고인 또는 변호인에게 이를 통지하여 증인신문에 참여할 수 있도록 해야 함 14. 경찰간부, 16. 경찰승진, 18. 변호사
증인신문 후의 절차	① 서류의 송부와 열람 · 등사권 ㉠ 증인신문을 할 때에는 판사는 지체 없이 이에 관한 서류를 검사에게 송부함(«주의 법원에 송부 ×) ㉡ 증인신문조서는 피고인 · 피의자 등에게 열람등사권이 인정되지 않음 ② 증인신문조서는 법관의 면전조서로서 당연히 증거능력이 인정됨

제3장 수사의 종결

제1절 수사의 종결

01 의의

개념	수사는 공소제기 여부를 판단할 수 있을 정도로 범죄혐의가 명백하게 되었거나 또는 수사를 계속할 필요가 없는 경우에 종결됨
주체	① 사법경찰관의 1차적으로 수사를 종결하고, 검사가 2차적으로 수사를 종결함 ② 사법경찰관은 고소 · 고발사건을 포함하여 범죄를 수사한 때에 **범죄의 혐의가 있다고 인정되는 경우에는** 지체 없이 **검사에게 사건을 송치하고**, 관계 서류와 증거물을 송부하여야 함. 이 경우 검사에 의한 2차적 수사가 개시됨. 검사는 자신이 직접 수사할 수도 있고, 사법경찰관에게 보완수사를 요구할 수도 있음 ③ 사법경찰관은 범죄를 수사한 때에 **범죄의 혐의가 있다고 인정되는 경우 외에는** 그 이유를 명시한 서면과 함께 **관계 서류와 증거물을 지체 없이 검사에게 송부하여야 함.** 이 경우 검사는 송부받은 날로부터 90일 이내에 사법경찰관에게 반환하여야 함. 이 경우 (검사의 재수사요청이나 고소인 등의 이의신청이 없으면) 일단 수사가 종결됨
효력	① 공소제기 후에도 공소유지를 위하여 수사를 할 수 있음 ② 불기소처분 후에도 얼마든지 수사를 재개하여 공소제기를 할 수 있음

02 사법경찰관의 1차적 수사종결

사법경찰관의 사건송치 등	① 범죄의 혐의가 있다고 인정되는 경우에는 지체 없이 검사에게 사건을 송치하고, 관계 서류와 증거물을 검사에게 송부하여야 함 ② 그 밖의 경우에는 그 이유를 명시한 서면과 함께 관계 서류와 증거물을 지체 없이 검사에게 송부하여야 함. 이 경우 검사는 송부받은 날부터 90일 이내에 사법경찰관에게 반환하여야 함
사법경찰관의 결정	① 사법경찰관의 결정 ㉠ 법원송치 ㉡ 검찰송치 ㉢ 불송치 ⓐ 혐의 없음 • 범죄 인정 안 됨 • 증거불충분 ⓑ 죄가안됨 ⓒ 공소권없음 ⓓ 각하

	㉣ 수사중지 ⓐ 피의자중지 ⓑ 참고인중지 ㉤ 이송 ② 수사중지결정에 대한 이의제기 ㉠ 사법경찰관으로부터 수사중지 결정의 통지를 받은 사람은 해당 **사법경찰관이 소속된 바로 위 상급경찰관서의 장에게 이의를 제기할 수 있음** ㉡ 이의제기의 절차 · 방법 및 처리 등에 관하여 필요한 사항은 경찰청장 또는 해양경찰청장이 정함 ㉢ 통지를 받은 사람은 **해당 수사중지결정이 법령위반, 인권침해 또는 현저한 수사권 남용이라고 의심되는 경우 검사에게** 법 제197조의3 제1항(**시정조치요구**)에 따른 신고를 할 수 있음 ㉣ 사법경찰관은 고소인 등에게 **수사중지결정의 통지를 할 때에는 신고할 수 있다는 사실을 함께 고지해야 함** ③ 사법경찰관은 죄가 안 됨 또는 공소권 없음에 해당하는 사건이 아래에 해당하는 경우에는 해당 사건을 검사에게 이송함 ㉠ 형법 제10조 제1항에 따라 벌할 수 없는 경우 ㉡ 기소되어 사실심 계속 중인 사건과 포괄일죄를 구성하는 관계에 있거나 「형법」 제40조에 따른 상상적 경합 관계에 있는 경우 ④ 사법경찰관은 제1항 제4호에 따른 **수사중지 결정을 한 경우 7일 이내에 사건기록을 검사에게 송부해야 함**. 이 경우 검사는 사건기록을 송부받은 날부터 **30일** 이내에 반환해야 하며, 그 기간 내에 법 제197조의3에 따라 시정조치요구를 할 수 있음 ⑤ 사법경찰관은 검사에게 사건기록을 송부한 후 피의자 등의 소재를 발견한 경우에는 소재 발견 및 수사 재개 사실을 검사에게 통보해야 함. 이 경우 통보를 받은 검사는 지체 없이 사법경찰관에게 사건기록을 반환해야 함
사법경찰관의 사건송치	① 사법경찰관은 관계 법령에 따라 검사에게 사건을 송치할 때에는 송치의 이유와 범위를 적은 송치 결정서와 압수물 총 목록, 기록목록, 범죄경력 조회 회보서, 수사경력 조회 회보서 등 관계 서류와 증거물을 함께 송부해야 함 ② 사법경찰관은 피의자 또는 참고인에 대한 조사과정을 영상녹화한 경우에는 해당 영상녹화물을 봉인한 후 검사에게 사건을 송치할 때 봉인된 영상녹화물의 종류와 개수를 표시하여 사건기록과 함께 송부해야 함 ③ 사법경찰관은 사건을 송치한 후에 새로운 증거물, 서류 및 그 밖의 자료를 추가로 송부할 때에는 이전에 송치한 사건명, 송치 연월일, 피의자의 성명과 추가로 송부하는 서류 및 증거물 등을 적은 추가송부서를 첨부해야 함
사법경찰관의 사건불송치	① 사법경찰관은 법 제245조의5 제2호(**사건불송치**) 및 이 영 제51조 제1항 제3호(**불송치**)에 따라 불송치 결정을 하는 경우 불송치의 이유를 적은 불송치 결정서와 함께 압수물 총 목록, 기록목록 등 관계 서류와 증거물을 검사에게 송부해야 함 ② **사법경찰관은** 불송치 이유를 명시한 서면, 관계 서류와 증거물을 검사에게 송부한 날로부터 7일 이내에 서면으로 고소인 · 고발인 · 피해자 또는 그 법정대리인(피해자가 사망한 경우에는 그 배우자 · 직계친족 · 형제자매를 포함한다)에게 **사건을 검사에게 송치하지 아니하는 취지와 그 이유를 통지함** ③ 사법경찰관으로부터 **불송치 통지를 받은 사람(고발인은 제외한다)은 해당 사법경찰관의 소속 관서의 장에게 이의를 신청할 수 있음**(제245조의7 제1항)(주의 30일 이내에 ×). 22. 경찰승진

검사의 재수사요청	① **검사는** 사법경찰관이 사건을 송치하지 않은 경우에 사법경찰관이 사건을 송치하지 아니한 것이 위법 또는 부당한 때에는 그 이유를 문서로 명시하여 사법경찰관에게 **재수사를 요청할 수 있음** ② **사법경찰관은** 검사로부터 재수사의 요청이 있는 때에는 재수사의 요청이 접수된 날부터 3개월 이내에 재수사를 마쳐야 한다(≪주의 재수사할 수 있다 ×). 22. 소방간부·해경간부 ③ 범죄의 혐의가 있다고 인정되면 검사에게 송치하고 기존의 불송치결정을 유지하는 경우 구체적으로 적어 검사에게 통보 ④ 검사는 사법경찰관이 제1항 제2호에 따라 재수사 결과를 통보한 사건에 대해서 다시 재수사를 요청하거나 송치 요구를 할 수 없다. 다만, **검사는 사법경찰관이 사건을 송치하지 않은 위법 또는 부당이 시정되지 않아 사건을 송치받아 수사할 필요가 있는 다음의 경우에는 법 제197조의3에 따라 사건송치를 요구할 수 있음**(㉠ 관련 법령 또는 법리에 위반된 경우 ㉡ 범죄혐의의 유무를 명확히 하기 위해 재수사를 요청한 사항에 관하여 그 이행이 이루어지지 않은 경우. 다만, 불송치 결정의 유지에 영향을 미치지 않음이 명백한 경우는 제외한다. ㉢ 송부받은 관계 서류 및 증거물과 재수사 결과만으로도 범죄의 혐의가 명백히 인정되는 경우 ㉣ 공소시효 또는 형사소추의 요건을 판단하는 데 오류가 있는 경우) ⑤ 검사는 사건송치 요구 여부를 판단하기 위해 필요한 경우에는 사법경찰관에게 관계 서류와 증거물의 송부를 요청할 수 있다. 이 경우 요청을 받은 사법경찰관은 이에 협력해야 함 ⑥ 검사는 재수사 결과를 통보받은 날(제3항에 따라 관계 서류와 증거물의 송부를 요청한 경우에는 관계 서류와 증거물을 송부받은 날을 말한다)부터 **30일** 이내에 제2항 각 호 외의 부분 단서에 따른 사건송치 요구를 해야 하고, 그 기간 내에 사건송치 요구를 하지 않을 경우에는 송부받은 관계 서류와 증거물을 사법경찰관에게 반환해야 함 ⑦ 사법경찰관은 재수사 중인 사건에 대해 **이의신청이 있는 경우에는 재수사를 중단해야 하며, 해당 사건을 지체 없이 검사에게 송치하고 관계 서류와 증거물을 송부해야 함**

03 검사의 사건처리 15. 경찰승진, 17. 변호사, 18·19. 경찰간부

공소의 제기	범죄의 객관적 혐의가 충분하고 소송조건을 구비하여 유죄판결을 받을 수 있다고 인정되어 법원에 공소를 제기하는 것 ➜ 약식명령 청구 포함		
불기소처분	협의의 불기소처분	혐의 없음	피의사실이 인정되지 아니하거나 충분한 증거가 없는 경우 또는 범죄를 구성하지 아니하는 경우
		죄가 안 됨	피의사실에 법률상 범죄의 성립을 조각하는 사유가 있는 경우
		공소권 없음	피의사실에 대하여 소송조건이 구비되지 않은 경우나 형면제의 사유가 있는 경우 등
		각하	고소·고발 사건에서 혐의 없음, 죄가 안 됨, 공소권 없음 사유가 있음이 명백한 경우 등
	기소유예 (공소보류)	피의사실이 인정되나 형법 제51조 각 호의 사항을 참작하여 공소를 제기하지 아니하는 처분 ➜ 공소보류는 국가보안법상 기소유예제도	
	기소중지	피의자의 소재불명 등의 사유로 수사를 종결할 수 없는 경우에 그 사유가 해소될 때까지 내리는 잠정적 수사종결처분	
	참고인중지	참고인·고소인·고발인 또는 같은 사건 피의자의 소재불명으로 수사를 종결할 수 없는 경우에 그 사유가 해소될 때까지 내리는 처분	
송치	타관송치, 군검찰관송치, 소년부송치, 가정보호사건송치, 성매매보호사건송치 등		

SUMMARY | 공소권 없음 vs 각하 ★★★

공소권 없음	각하
① 확정판결이 있는 경우, 통고처분이 이행된 경우 또는 보호처분이 확정된 경우 ② 사면이 있는 경우 ③ 공소의 시효가 완성된 경우 ④ 범죄 후 법령의 개폐로 형이 폐지된 경우 19. 해경채용 ⑤ 법률의 규정에 의하여 형이 면제된 경우 ⑥ 피의자에 관하여 재판권이 없는 경우 ⑦ 동일 사건에 관하여 이미 공소가 제기된 경우(공소를 취소한 경우 포함) ⑧ 친고죄 및 전속고발범죄에 있어 고소·고발이 없거나 고소·고발이 무효 또는 취소된 경우 ⑨ 반의사불벌죄에 있어 처벌을 희망하지 아니하는 의사표시가 있거나 처벌을 희망하는 의사표시가 철회된 경우 ⑩ 피의자가 사망하거나 피의자인 법인이 존속하지 아니하게 된 경우 19. 해경채용	고소·고발이 있는 사건에 관하여 ① 혐의 없음, 죄가 안 됨 또는 공소권 없음 사유에 해당함이 명백한 경우 ② 고소·고발이 형사소송법 제224조(직계존속 고소금지), 제232조 제2항(재고소 금지) 또는 제235조(직계존속 고발금지)에 위반한 경우 ③ 동일 사건에 관하여 검사의 불기소처분이 있는 경우 19. 해경채용 ④ 고소권자가 아닌 자가 고소한 경우 ⑤ 고소·고발장 제출 후 고소·고발인의 진술을 청취할 수 없는 경우 19. 해경채용 ⑥ 피고소·피고발인의 책임이 경미하고 수사와 소추할 공공의 이익이 없거나 극히 적어 수사의 필요성이 인정되지 아니하는 경우

04 검사 등의 처분통지 등

처분기한		**검사**는 고소·고발을 수리한 날로부터 **3월** 이내에 수사를 완료하여 공소제기 여부를 결정해야 함
처분통지 등	고소인·고발인	① 검사는 공소제기, 불기소처분, 공소의 취소, 타관송치를 한 때에는 그 처분을 한 날로부터 **7일** 이내에 서면으로 고소인·고발인에게 그 취지를 **통지**해야 함 14·18. 경찰승진, 17. 국가직 9급, 19. 경찰간부 ② 검사는 불기소처분을 한 경우에 고소인·고발인의 청구가 있는 때에는 **7일** 이내에 그 이유를 서면으로 **설명**해야 함 18. 경찰승진
	피해자	**검사**는 피해자 등의 **신청**이 있는 때에는 당해 사건의 공소제기 여부, 공판의 일시·장소, **재판결과**, 피의자·피고인의 구속·석방 등 구금에 관한 사실 등을 신속하게 통지해야 함(«주의 법원 ×, 직권 또는 신청 ×, 재판경과 ×) 14·17. 국가직 9급, 16. 법원직 9급, 17. 국가직 7급, 18. 경찰승진
	피의자	검사는 불기소처분 또는 타관송치를 한 때에는 **피의자**에게 즉시 그 취지를 통지해야 함(«주의 피해자 ×, 7일 이내 ×, 고소·고발 사건에 한하여 피의자에게 통지 ×) 15·16. 경찰승진, 17. 국가직 9급, 19. 경찰간부

검사와 사법경찰관의 상호협력과 일반적 수사준칙에 관한 규정

제53조【수사결과의 통지】① 검사 또는 사법경찰관은 제51조 또는 제52조에 따른 결정을 한 경우에는 그 내용을 고소인·고발인·피해자 또는 그 법정대리인(피해자가 사망한 경우에는 그 배우자·직계친족·형제자매를 포함한다. 이하 "고소인등"이라 한다)과 피의자에게 통지해야 한다. 다만, 다음 각 호의 어느 하나에 해당하는 경우에는 고소인등에게만 통지한다.

1. 제51조 제1항 제4호 가목에 따른 피의자중지 결정 또는 제52조 제1항 제3호에 따른 기소중지 결정을 한 경우

2. 제51조 제1항 제5호 또는 제52조 제1항 제7호에 따른 이송(법 제256조에 따른 송치는 제외한다) 결정을 한 경우로서 검사 또는 사법경찰관이 해당 피의자에 대해 출석요구 또는 제16조 제1항 각 호의 어느 하나에 해당하는 행위를 하지 않은 경우

② 고소인등은 법 제245조의6에 따른 통지를 받지 못한 경우 사법경찰관에게 불송치 통지서로 통지해 줄 것을 요구할 수 있다.

③ 제1항에 따른 통지의 구체적인 방법 · 절차 등은 법무부장관, 경찰청장 또는 해양경찰청장이 정한다.

제2절 검사의 불기소처분에 대한 불복

01 검찰항고

의의	검사의 불기소처분에 대하여 고소인 · 고발인이 그 검사 소속 **고등검찰청 검사장 또는 대검찰청 검찰총장에게 불복**을 신청하는 제도
항고	① 검사의 불기소처분에 불복하는 **고소인 · 고발인**은 그 검사가 속한 지방검찰청 또는 지청을 거쳐 서면으로 관할 **고등검찰청 검사장에게 항고**할 수 있음 14 · 18. 국가직 9급 ② 항고는 불기소처분의 통지를 받은 날부터 **30일 이내**에 해야 함 ③ 고등검찰청 검사장은 항고가 이유 있다고 인정하면 소속 검사로 하여금 지방검찰청 또는 지청 검사의 불기소처분을 직접 경정하게 할 수 있음
재항고	① **항고를 한 자(재정신청을 할 수 있는 자는 제외)**는 그 항고를 기각하는 처분에 불복하거나 항고를 한 날부터 항고에 대한 처분이 이루어지지 아니하고 3개월이 지났을 때에는 그 검사가 속한 고등검찰청을 거쳐 서면으로 **검찰총장에게 재항고**할 수 있음 ② 재항고는 항고기각결정을 통지받은 날 또는 항고 후 항고에 대한 처분이 이루어지지 아니하고 3개월이 지난 날부터 **30일 이내**에 해야 함

02 재정신청

1. 의의

의의	검사가 불기소처분을 한 경우 고소인(형법 제123조부터 제126조까지의 죄에 대하여는 고발인 포함)이 관할 고등법원**에 신청하여 고등법원의 결정으로 검찰에 공소제기를 강제시키는 제도** 17. 경찰승진, 18. 경찰간부
신청권자	① **고소권자로서 고소를 한 자** 14 · 16 · 18. 경찰승진, 14 · 15. 경찰간부, 15. 변호사 · 경찰채용, 18. 국가직 9급 ② **형법 제123조부터 제126조까지의 죄에 대하여는 고발을 한 자.** 다만, 제126조(피의사실공표)의 죄는 피공표자의 명시한 의사에 반해서는 할 수 없음(주의 직무유기죄 ×) 14 · 16 · 18. 경찰승진, 14 · 15. 경찰간부, 15. 변호사, 15 · 19. 경찰채용, 18. 국가직 9급
대상범죄	① 모든 고소사건(제123조부터 제126조까지의 죄는 고발사건 포함) 및 일부 특별법(공직선거법 등) 위반 사건 ② 불기소처분의 이유에는 제한이 없으므로 협의의 불기소처분은 물론 기소유예에 대해서도 재정신청을 할 수 있음 15. 변호사, 16. 국가직 9급, 17. 법원직 9급

판례 | 검사의 내사종결처리가 재정신청의 대상이 되는 불기소처분인지의 여부(소극)

대통령에게 제출한 청원서를 대통령비서실로부터 이관받은 검사가 진정사건으로 내사 후 내사종결처리한 경우 위 **내사종결처리**는 고소 또는 고발사건에 대한 불기소처분이라고 볼 수 없어 **재정신청의 대상이 되지 아니한다**(대결 1991.11.5, 91모68). 14 · 21. 경찰간부, 15 · 20. 경찰승진

2. 재정신청의 제기

검찰항고 경유	① 재정신청인이 재정신청을 하려면 **원칙적으로 검찰청법 제10조에 따른 항고(고등검찰청의 항고기각결정)를 거쳐야 함** 16 · 18. 경찰간부, 17. 변호사 ② **예외적으로 아래 3가지 경우에는 검찰항고를 거치지 않고**(고등검찰청의 항고기각결정을 받지 않고) 곧장 재정신청을 제기할 수 있음 14. 경찰승진 · 경찰채용, 17. 변호사 ㉠ 항고 이후 재기수사가 이루어진 다음에 다시 공소를 제기하지 아니한다는 통지를 받은 경우 ㉡ 항고신청 후 항고에 대한 처분이 행하여지지 아니하고 3개월이 경과한 경우 ㉢ 검사가 공소시효 만료일 30일 전까지 공소를 제기하지 아니하는 경우
재정신청서 제출 등	① 제출기간 ㉠ 검찰항고의 기각결정을 통지받은 날 또는 검찰항고전치주의의 예외 사유가 발생한 날부터 **10일 이내에** 지방검찰청 검사장 또는 지청장에게 재정신청서를 제출해야 함 14. 경찰채용 ㉡ 예외적으로 검사가 공소시효 만료일 30일 전까지 공소를 제기하지 아니하는 경우에는 **공소시효 만료일 전날까지** 재정신청서를 제출할 수 있음(«주의 공소시효 만료일까지 ×) ② 재정신청서에는 재정신청의 대상이 되는 사건의 범죄사실 및 증거 등 재정신청을 이유있게 하는 사유를 기재해야 함
재정신청의 대리 및 취소	① 재정신청은 **대리인에 의하여 할 수 있으며** 공동신청권자 중 1인의 신청은 그 전원을 위하여 효력이 발생함 14 · 18. 경찰채용, 15. 변호사 · 경찰간부, 16 · 18. 경찰승진, 16. 국가직 9급 ② 재정신청은 고등법원의 **재정결정이 있을 때까지 취소할 수 있고**, 취소한 자는 다시 재정신청을 할 수 없음. 재정신청의 취소는 다른 공동신청권자에게 효력이 미치지 아니함 15. 변호사, 16. 국가직 9급, 16 · 18. 경찰승진
검사장 · 지청장의 처리	① 검찰항고를 거친 경우에는 지방검찰청 검사장 또는 지청장은 재정신청서를 제출받은 날부터 **7일** 이내에 재정신청서 등을 관할 고등검찰청을 경유하여 관할 고등법원에 송부해야 함(«주의 10일 이내 ×) 14. 경찰채용 · 국가직 9급 ② 검찰항고를 안 거친 경우에는 신청이 이유 있는 것으로 인정하는 때에는 즉시 공소를 제기하고 그 취지를 관할 고등법원과 재정신청인에게 통지하고, 신청이 이유 없는 것으로 인정하는 때에는 **30일** 이내에 재정신청서 등을 관할 고등법원에 송부해야 함

판례 |

1 재정신청 제기기간 경과 후에 재정신청 대상을 추가할 수 있는지의 여부(소극)

재정신청 제기기간이 경과된 후에 재정신청보충서를 제출하면서 원래의 재정신청에 재정신청 대상으로 포함되어 있지 않은 고발사실을 재정신청의 대상으로 추가한 경우, 그 재정신청보충서에서 추가한 부분에 관한 재정신청은 법률상 방식에 어긋난 것으로서 **부적법하다**(대결 1997.4.22, 97모30 **재정신청보충서 사건**). 15. 경찰간부

2 재정신청서 등의 경우 재소자의 특칙이 적용되는지의 여부(소극)

① **재정신청 기각결정에 대한 재항고나 그 재항고 기각결정에 대한 즉시항고로서의 재항고**에 대한 법정기간의 준수 여부는 도달주의 원칙에 따라 재항고장이나 즉시항고장이 법원에 도달한 시점을 기준으로 판단하여야 하고, 거기에 **재소자 피고인 특칙은 준용되지 아니한다고 해석함이 타당하다**[대결 2015.7.16, 2013모2347(전합) **너무 짧은 3일 사건**]. 17. 국가직 9급, 19. 경찰채용

② **재정신청서에 대하여는 형사소송법에 제344조 제1항과 같은 특례규정이 없으므로** 재정신청서는 같은 법 제260조 제2항(개정법 제3항)이 정하는 기간 안에 불기소처분을 한 검사가 소속한 지방검찰청의 검사장 또는 지청장에게 도달하여야 하고, 설령 구금 중인 고소인이 재정신청서를 그 기간 안에 교도소장 또는 그 직무를 대리하는 사람에게 제출하였다 하더라도 재정신청서가 위의 기간 안에 불기소처분을 한 검사가 소속한 지방검찰청의 검사장 또는 지청장에게 도달하지 아니한 이상 이를 적법한 재정신청서의 제출이라고 할 수 없다(대결 1998.12.14, 98모127). 18. 경찰채용

3. 고등법원의 재정결정과 검사의 공소제기

심리	① 고등법원은 재정신청서를 송부받은 때에는 송부받은 날부터 **10일 이내에** 피의자 및 재정신청인에게 그 사실을 통지해야 함 16. 국가직 9급 ② 법원은 재정신청서를 송부받은 날부터 **3개월 이내에** 항고의 절차에 준하여 재정결정을 함. 필요한 경우 증거조사를 할 수 있음 17. 국가직 9급, 18. 경찰승진 ③ 재정신청사건의 심리는 특별한 사정이 없는 한 **공개하지 아니함**(≪주의 공개한다. ×) ④ 재정신청사건의 심리 중에는 관련 **서류 및 증거물을 열람·등사할 수 없음**. 다만, 법원은 증거조사 과정에서 작성된 서류의 전부 또는 일부의 열람 또는 등사를 허가할 수 있음(≪주의 열람 또는 등사하는 것이 원칙이다. ×) 17. 법원직 9급, 19. 경찰간부
재정결정	① 기각결정 ㉠ 재정신청이 법률상의 방식에 위배하거나 이유 없는 때에는 **신청을 기각함** 18. 경찰간부 ㉡ 재정신청을 기각하는 결정이 있었던 사건은 **다른 중요한 증거를 발견한 경우를 제외하고는 검사는 소추하지 못함** 14·17. 국가직 9급, 17. 경찰간부 ② 공소제기결정 ㉠ 재정신청이 이유 있는 때에는 사건에 대한 **공소제기를 결정함** 18. 경찰간부 ㉡ 공소제기결정을 한 때에 고등법원은 즉시 그 정본과 사건기록을 재정신청인, 피의자와 관할 지방검찰청 검사장 또는 지청장에게 송부해야 함
재정결정에 대한 불복	① **공소제기결정**에 대하여는 **불복할 수 없음** 14·17. 국가직 9급, 15·18·19. 경찰간부, 17. 법원직 9급, 18. 변호사 ② **재정신청기각결정**에 대하여는 형사소송법 제415조에 따라 대법원에 **즉시항고(재항고) 가능**(≪주의 불복할 수 없다. ×) 14·17. 국가직 9급, 15. 변호사, 15·18·19. 경찰간부, 17. 경찰채용
검사의 공소제기	① 재정결정서를 송부받은 관할 지방검찰청 검사장 또는 지청장은 지체 없이 담당 검사를 지정하고, 지정받은 **검사는 공소를 제기해야 함**(기소편의주의에 대한 예외) 14. 국가직 9급, 17. 변호사 ② 고등법원의 공소제기결정에 따라 공소를 제기한 때에는 **이를 취소할 수 없음**(기소변경주의에 대한 예외) 14·16. 국가직 9급, 17. 변호사·경찰승진, 18·19. 경찰채용, 19. 경찰간부

공소시효 정지	① 재정신청이 있으면 (재정신청서를 지방검찰청 검사장 등에게 제출한 때부터) 고등법원의 **재정결정이 확정될 때까지** 공소시효의 진행이 정지됨 15. 경찰채용, 17. 경찰간부·법원직 9급, 18. 변호사·경찰승진 ② 공소제기 결정이 있는 때에는 공소시효에 관하여 그 결정이 있는 날에 공소가 제기된 것으로 간주함 15. 경찰채용
비용부담	① 국가비용 ㉠ 법원은 재정신청 기각결정 또는 재정신청의 취소가 있는 경우에는 결정으로 재정신청인에게 신청절차에 의하여 생긴 비용의 전부 또는 일부를 **부담하게 할 수 있음**(«주의 부담하게 하여야 한다. ×) 17. 경찰승진·국가직 9급, 18·19. 경찰간부 ㉡ 비용부담의 결정에 대해서는 **즉시항고**할 수 있음 18. 경찰채용, 19. 경찰간부 ② 피의자비용 ㉠ 법원은 직권 또는 피의자의 신청에 따라 재정신청인에게 피의자가 재정신청절차에서 부담하였거나 부담할 변호인선임료 등 비용의 전부 또는 일부의 **지급을 명할 수 있음** 14. 경찰채용, 16. 경찰승진 ㉡ 비용부담의 결정에 대해서는 **즉시항고**할 수 있음 18. 경찰채용

판례 |

1 검사의 무혐의 불기소처분이 위법하다 하더라도 기소유예를 할 만한 사건이라고 인정되는 경우, 재정신청을 기각할 수 있는지의 여부(적극)

검사의 **무혐의 불기소처분이 위법하다 하더라도** 기록에 나타난 여러 가지 사정을 고려하여 **기소유예의 불기소처분을 할 만한 사건이라고 인정되는 경우에는 재정신청을 기각할 수 있다**(대결 1997.4.22, 97모30). 15·19. 경찰간부, 17. 경찰승진, 18. 경찰채용

2 재기소를 제한한 '재정신청 기각결정이 확정된 사건'의 의미

다른 중요한 증거를 발견한 경우를 제외하고는 소추할 수 없도록 규정한 형사소송법 제262조 제4항 후문에서 말하는 **'제2항 제1호의 결정(재정신청 기각결정)이 확정된 사건'**은 재정신청사건을 담당하는 **법원에서 공소제기의 가능성과 필요성 등에 관한 심리와 판단이 현실적으로 이루어져 재정신청 기각결정의 대상이 된 사건만을 의미하므로,** 재정신청 기각결정의 대상이 되지 않은 사건은 '제2항 제1호의 결정이 확정된 사건'이라고 할 수 없고, 설령 재정신청 기각결정의 대상이 되지 않은 사건이 고소인의 고소내용에 포함되어 있었다 하더라도 이와 달리 볼 수 없다(대판 2015.9.10, 2012도14755). 17. 변호사, 18. 경찰승진

3 형사소송법 제262조 제4항 후문의 '다른 중요한 증거를 발견한 경우'의 의미

형사소송법 제262조 제4항 후문의 **'다른 중요한 증거를 발견한 경우'란 재정신청 기각결정 당시에 제출된 증거에 새로 발견된 증거를 추가하면 충분히 유죄의 확신을 가지게 될 정도의 증거가 있는 경우를 말하고,** 단순히 재정신청 기각결정의 정당성에 의문이 제기되거나 범죄피해자의 권리를 보호하기 위하여 형사재판절차를 진행할 필요가 있는 정도의 증거가 있는 경우는 여기에 해당하지 않는다. 그리고 관련 민사판결에서의 사실인정 및 판단은 그러한 사실인정 및 판단의 근거가 된 증거자료가 새로 발견된 증거에 해당할 수 있음은 별론으로 하고, 그 자체가 새로 발견된 증거라고 할 수는 없다(대판 2018.12.28, 2014도17182 **관련 민사판결 발견 사건**). 21. 경찰간부

03 헌법소원

의의	① 공권력의 행사 또는 불행사(**법원의 재판은 제외**)로 인하여 헌법상 기본권을 침해받은 자는 헌법소원을 청구할 수 있음 ② 검사의 불기소처분은 공권력의 행사에 해당하므로 이에 불복하는 자는 헌법소원을 청구할 수 있음
청구권자	① **고소하지 않는 범죄피해자**: 검사의 자의적인 불기소처분에 대하여 범죄피해자는 헌법상 평등권과 재판절차진술권이 침해되었음을 이유로 헌법소원을 청구할 수 있음(《주의 범죄피해자 아닌 고발인도 헌법소원이 가능하다. ×) ② 피의자: 검사의 자의적인 기소유예처분에 대하여 피의자는 헌법상 평등권과 행복추구권이 침해되었음을 이유로 헌법소원을 청구할 수 있음
심판	① 헌법재판소의 결정 ㉠ 헌법재판소는 청구가 이유 없으면 기각결정을 하고, 청구가 이유 있으면 인용결정을 함 ㉡ 헌법소원을 인용할 때에는 인용결정서의 주문에서 침해된 기본권과 침해의 원인이 된 공권력의 행사 또는 불행사를 특정해야 함 ② 인용결정의 효력 ㉠ 검사의 불기소처분이 헌법에 위반된 경우 헌법재판소는 검사의 불기소처분을 취소할 수 있음 ㉡ 검사는 헌법재판소가 그 결정의 주문 및 이유에서 밝힌 취지에 맞게 성실히 수사하여 결정해야 함

판례 |

1 고소를 제기한 바 없는 피해자가 불기소처분에 대하여 곧바로 헌법소원을 청구할 수 있는지의 여부(적극)

범죄피해자는 그가 고소를 제기한 바 없었어도 검사의 불기소처분에 대하여 헌법소원심판을 청구할 자격이 있는 한편, 그는 고소인이 아니므로 불기소처분에 대하여 검찰청법에 정한 항고, 재항고의 제기에 의한 구제를 받을 방법이 없고 '고소권자로서 고소한 자'에 해당하지 않아 형사소송법 제260조 제1항 소정의 재정신청절차를 취할 수도 없으므로 곧바로 헌법소원심판을 청구할 수 있다(헌재 2008.11.27, 2008헌마399). 14. 국가직 9급, 16. 변호사, 17. 국가직 9급

2 기소유예처분에 대하여 피의자도 헌법소원을 청구할 수 있는지의 여부(적극)

(범죄가 성립하지 않거나 증거부족 등으로 혐의를 인정하기 어려운 피의자인 청구인에 대하여 검사가 기소유예 처분을 한 경우) 청구인에 대한 기소유예처분은 증거가치나 위법성에 대한 판단의 잘못 또는 수사미진의 잘못에 의한 것이라 할 것이고 그로써 헌법상 보장된 **청구인의 기본권인 평등권과 행복추구권을 침해**하였다고 할 것이다(헌재 2008.11.27, 2008헌마399). 16. 변호사

SUMMARY | 헌법소원 청구권자

구분	내용
청구권자 ○	① 고소를 하지 않은 범죄피해자 17. 국가직 9급 ② 피해자가 사망한 경우 그 부모 또는 배우자 14. 경찰채용, 15. 국가직 9급 ③ (기소유예처분에 대하여) 자신의 범죄혐의를 부인하는 피의자 16. 변호사
청구권자 ×	① 고소를 한 범죄피해자 17. 국가직 9급 ② 피해자가 상해를 입은 경우 그 부모 ③ 고소를 제기하였다가 고소를 취소한 고소인 ④ 범죄피해자가 아닌 고발인 17. 국가직 9급

SUMMARY | 헌법소원 청구의 대상

구분	내용
대상 ○	① 협의의 불기소처분(혐의 없음) ② 협의의 불기소처분(죄가 안 됨) ③ 협의의 불기소처분(공소권 없음) ④ 협의의 불기소처분(각하) ⑤ 기소유예 불기소처분 ⑥ 기소중지 불기소처분 ⑦ 참고인중지 불기소처분
대상 ×	① 공소제기 처분 ② 약식명령청구(약식기소) ③ 공소취소처분 ④ 진정사건에 대한 진정종결처분 ⑤ 진정사건에 대한 내사종결처리 14. 경찰간부, 15. 경찰승진, 16. 변호사

제3절 공소제기 후의 수사

01 강제수사

피고인구속	피고인구속은 법원의 권한에 속하므로 **수사기관은 피고인을 구속할 수 없음**
압수·수색·검증	압수·수색·검증은 법원의 권한에 속하므로 **수사기관에 의한 압수·수색·검증은 원칙적으로 허용되지 않음**

판례 |

[1] 공소제기 후 피고사건에 대한 강제처분 등의 권한(= 원칙적으로 법원이 행사함)
공소가 제기된 후에는 그 피고사건에 관한 형사절차의 모든 권한이 사건을 주재하는 수소법원의 권한에 속하게 되며, 수사의 대상이던 피의자는 검사와 대등한 당사자인 피고인으로서의 지위에서 방어권을 행사하게 되므로, 공소제기 후 구속·압수·수색 등 피고인의 기본적 인권에 직접 영향을 미치는 강제처분은 원칙적으로 수소법원의 판단에 의하여 이루어지지 않으면 안된다. 17. 국가직 7급, 20. 경찰채용

[2] 공소제기 후 검사가 압수한 증거물의 증거능력을 부정한 사례
검사가 공소제기 후 형사소송법 제215조에 따라 수소법원 이외의 지방법원판사에게 청구하여 발부받은 영장에 의하여 압수·수색을 하였다면, 그와 같이 수집된 증거는 기본적 인권보장을 위해 마련된 적법한 절차에 따르지 않은 것으로서 원칙적으로 **유죄의 증거로 삼을 수 없다**(대판 2011.4.28, 2009도10412 **공정거래위원회 사무관 수뢰 사건**). 14·16. 변호사, 15·16·18. 경찰채용, 15·18. 법원직 9급, 16. 국가직 7급, 16·17. 경찰승진, 17·18·19. 경찰간부, 17. 국가직 9급

02 임의수사

피고인조사	① 검사가 **피고인을 소환하여 조사하는 것은 허용됨**(판례) ② 작성된 진술조서는 증거능력 인정됨(판례)
참고인조사	① 참고인조사는 **임의수사로서 원칙적으로 허용됨** ② **예외적으로** 피고인에게 유리한 증언을 한 증인을 수사기관이 법정 외에서 다시 조사하여 **진술을 번복시키는 것은 허용되지 않음**. 작성된 진술조서는 피고인이 증거로 함에 동의하지 않는 한 증거능력 없음
감정위촉 등	감정 · 통역 · 번역의 위촉과 공무소 등에 조회는 허용됨

판례 |

1 공소제기 후 검사가 작성한 피고인에 대한 진술조서의 증거능력 유무(적극)

검사 작성의 **피고인에 대한 진술조서가 공소제기 후에 작성**된 것이라는 이유만으로는 곧 **그 증거능력이 없다고 할 수 없다**(대판 1984.9.25, 84도1646). 15 · 16 · 17. 경찰승진, 16. 경찰간부, 18. 변호사

2 증언을 마친 증인을 검사가 소환한 후 피고인에게 유리한 그 증언내용을 추궁하여 이를 일방적으로 번복시키는 방식으로 작성한 참고인진술조서의 증거능력 유무(= 증거로 할 수 있음에 동의하지 않는 한 증거능력이 없음)

[1] 공판준비 또는 공판기일에서 **이미 증언을 마친 증인을 검사가 소환한 후 피고인에게 유리한 그 증언 내용을 추궁하여 이를 일방적으로 번복시키는 방식으로 작성한 진술조서를 유죄의 증거로 삼는 것**은 **당사자주의 · 공판중심주의 · 직접주의를 지향하는 현행 형사소송법의 소송구조에 어긋나는 것일 뿐만 아니라**, 헌법 제27조가 보장하는 기본권, 즉 법관의 면전에서 모든 증거자료가 조사 · 진술되고 이에 대하여 피고인이 공격 · 방어할 수 있는 기회가 실질적으로 부여되는 **재판을 받을 권리를 침해하는 것이므로 이러한 진술조서는 피고인이 증거로 할 수 있음에 동의하지 아니하는 한 그 증거능력이 없다**고 하여야 할 것이고, [2] 그 후 원진술자인 종전 증인이 다시 법정에 출석하여 증언을 하면서 그 진술조서의 성립의 진정함을 인정하고 피고인측에 반대신문의 기회가 부여되었다고 하더라도 그 증언 자체를 유죄의 증거로 할 수 있음은 별론으로 하고 위와 같은 진술조서의 증거능력이 없다는 결론은 달리할 것이 아니다[대판 2000.6.15, 99도1108(전합) **청탁교제비 명목 2억 수재 사건**]. 14 · 17. 변호사, 14 · 16 · 17. 경찰승진, 14. 경찰채용, 15. 법원직 9급, 16 · 17. 국가직 7급, 17. 경찰간부, 18. 국가직 9급

3 제1심에서 피고인에 대하여 무죄판결이 선고되어 검사가 항소한 후, 수사기관이 항소심 공판기일에 증인으로 신청하여 신문할 수 있는 사람을미리 수사기관에 소환하여 작성한 진술조서의 증거능력(소극)

제1심에서 피고인에 대하여 무죄판결이 선고되어 검사가 항소한 후, 수사기관이 항소심 공판기일에 증인으로 신청하여 신문할 수 있는 사람을 특별한 사정 없이 미리 수사기관에 소환하여 작성한 **진술조서는 피고인이 증거로 할 수 있음에 동의하지 않는 한 증거능력이 없다**. 검사가 공소를 제기한 후 참고인을 소환하여 피고인에게 불리한 진술을 기재한 진술조서를 작성하여 이를 공판절차에 증거로 제출할 수 있게 한다면, 피고인과 대등한 당사자의 지위에 있는 검사가 수사기관으로서의 권한을 이용하여 일방적으로 법정 밖에서 유리한 증거를 만들 수 있게 하는 것이므로 당사자주의 · 공판중심주의 · 직접심리주의에 반하고 피고인의 공정한 재판을 받을 권리를 침해하기 때문이다. **참고인이 나중에 법정에 증인으로 출석하여 진술조서의 성립의 진정을 인정하고 피고인 측에 반대신문의 기회가 부여된다 하더라도 진술조서의 증거능력을 인정할 수 없음은 마찬가지이다**(대판 2019.11.28, 2013도6825 **양재동 화물터미널 복합개발사업 사건**). 21. 법원직 9급 · 경찰채용

제2편

증거

제2편 증거

제1절 기초이론

01 증거의 의의

개념	형사소송에 있어서 사실인정에 사용되는 객관적인 자료를 증거라고 함
증거방법과 증거자료	① 증거방법 ㉠ 증거로 사용되는 유형물 자체 ㉡ 피고인, 증인, 증거물 등 ② 증거자료 ㉠ 증거방법을 조사하여 알게된 내용 ㉡ 자백, 증언, 증거물의 성질 · 형상 등

02 증거의 종류

직접증거 · 간접증거	직접증거	요증사실을 직접 증명하는데 사용되는 증거(예 자백, 증언, 위조통화 등)
	간접증거	요증사실을 간접적으로 추인케 하는 증거(예 지문, 진단서, 혈흔 등)
인증 · 물증 · 서증	인증	사람의 구두진술이 증거가 되는 것(예 증언, 감정, 자백 등)
	물증	물건의 존재 및 성질 · 형상이 증거가 되는 것(예 흉기, 장물, 지문 등)
	서증	증거물인 서면과 증거서류
본증 · 반증	본증	거증책임을 부담하는 당사자가 제출하는 증거
	반증	본증에 의하여 증명될 사실을 부정하기 위하여 제출하는 증거
진술증거 · 비진술증거	진술증거	사람의 진술내용이 증거가 되는 것
	비진술증거	진술증거 이외의 서증과 물증
실질증거 · 보조증거	실질증거	요증사실의 존부를 증명하는데 사용되는 증거
	보조증거	실질증거의 증명력을 보강하거나 다투기 위한 증거 ➜ 보강증거와 탄핵증거

판례 | 진단서 등의 증거가치

1 상해사건의 경우 상처를 진단한 **의사의 진술이나 진단서**는 폭행, 상해 등의 사실 자체에 대한 직접적인 증거가 되는 것은 아니고, **다른 증거에 의하여 폭행·상해의 가해행위가 인정되는 경우에 그에 대한 상해의 부위나 정도의 점에 대한 증거가 된다**(대판 1983.2.8, 82도3021). 14. 경찰승진, 15. 경찰간부

2 [1] 상해죄의 피해자가 제출하는 상해진단서는 일반적으로 의사가 당해 피해자의 진술을 토대로 상해의 원인을 파악한 후 의학적 전문지식을 동원하여 관찰·판단한 상해의 부위와 정도 등을 기재한 것으로서 거기에 기재된 상해가 곧 피고인의 범죄행위로 인하여 발생한 것이라는 사실을 직접 증명하는 증거가 되기에 부족한 것이지만, [2] 그 상해에 대한 진단일자 및 상해진단서 작성일자가 상해 발생시점과 시간상으로 근접하고 상해진단서 발급 경위에 특별히 신빙성을 의심할 만한 사정이 없으며 거기에 기재된 상해의 부위와 정도가 피해자가 주장하는 상해의 원인 내지 경위와 일치하는 경우에는, 그 무렵 피해자가 제3자로부터 폭행을 당하는 등으로 달리 상해를 입을 만한 정황이 발견되거나 의사가 허위로 진단서를 작성한 사실이 밝혀지는 등의 특별한 사정이 없는 한, 그 **상해진단서는 피해자의 진술과 더불어 피고인의 상해사실에 대한 유력한 증거가 되고, 합리적인 근거 없이 그 증명력을 함부로 배척할 수 없다**고 할 것이다(대판 2007.5.10, 2007도136). 15. 국가직 9급

03 증거능력과 증명력

증거능력	① 엄격한 증명의 자료로 사용될 수 있는 법률상의 자격 ② 증거재판주의, 자백배제법칙, 위법수집증거배제법칙, 전문법칙, 증거동의는 증거능력과 관련된 증거법칙에 해당 ③ 증거능력은 형식적으로 **법률로 정해져 있음**(«주의 증거능력은 법관의 자유심증으로 판단한다. ×)
증명력	① **증거가 가지는 실질적인 가치(신빙성 또는 증거가치)** ② 자유심증주의, 자백의 보강법칙, 탄핵증거, 공판조서의 증명력은 증명력과 관련된 증거법칙에 해당 ③ 증명력은 **법관의 자유판단**의 대상이 됨(«주의 증거의 증명력은 법률에 미리 규정되어 있다. ×)
양자의 관계	① 엄격한 증명에 있어서 증거능력은 증명력 판단의 전제가 됨 ② 증거능력이 있다고 하여 언제나 증명력이 강한 것은 아니고, 증명력이 강하다고 하여 언제나 증거능력이 있는 것은 아님

제2절 증명의 기본원칙

01 증거재판주의

1. 의의

<table>
<tr><td>의의</td><td colspan="2">범죄사실 등 주요사실은 증거능력 있고 정식의 증거조사를 거친 증거에 의해야 한다는 원칙</td></tr>
<tr><td rowspan="2">증명과 소명</td><td>증명</td><td>① 증명이란 합리적인 의심의 여지가 없는 확신을 말함
② 엄격한 증명과 자유로운 증명
㉠ 엄격한 증명: 증거능력이 있고 정식의 증거조사를 거친 증거에 의한 증명
㉡ 자유로운 증명: 증거능력이 있는 증거에 의하지 않거나 정식의 증거조사를 거치지 아니한 증거에 의한 증명</td></tr>
<tr><td>소명</td><td>① 소명이란 법관이 대략적으로 납득 또는 수긍할 정도의 입증을 말함
② 소명의 대상
㉠ 기피사유
㉡ 증언거부사유
㉢ 증거보전청구사유
㉣ 증인신문청구사유
㉤ 상소권회복청구사유
㉥ 정식재판청구권회복청구사유 등</td></tr>
</table>

판례 |

1 증거재판주의의 의의

① 범죄사실의 인정은 **증거능력이 있고 적법한 증거조사를 거친 증거**에 의한 증명(이른바 엄격한 증명)에 의하여야 한다(대판 1989.10.10, 87도966). 15. 법원직 9급

② **피고인이나 변호인이 무죄에 관한 자료로 제출한 서증 가운데 도리어 유죄임을 뒷받침하는 내용이 있다 하여도, 법원은 상대방의 원용(동의)이 없는 한** 그 서류의 진정성립 여부 등을 조사하고 아울러 그 서류에 대한 피고인이나 변호인의 의견과 변명의 기회를 준 다음이 아니면 **그 서증을 유죄인정의 증거로 쓸 수 없다**(대판 2009.5.28, 2008도10787).

2 유죄인정을 위한 증거의 증명력의 정도(= 합리적인 의심의 여지가 없는 확신)

① 형사재판에서 기소된 범죄사실에 대한 입증책임은 검사에게 있는 것이고, **유죄의 인정은 법관으로 하여금 합리적인 의심을 할 여지가 없을 정도로 공소사실이 진실한 것이라는 확신을 가지게 하는 증명력을 가진 증거에 의하여야 하므로** 그와 같은 증거가 없다면 설령 피고인에게 유죄의 의심이 간다 하더라도 피고인의 이익으로 판단할 수밖에 없다(대판 2011.5.26, 2011도1902). 16. 국가직 7급

② **유죄의 인정**은 범행 동기, 범행 수단의 선택, 범행에 이르는 과정, 범행 전후 피고인의 태도 등 **여러 간접사실로 보아 피고인이 범행한 것으로 보기에 충분할 만큼 압도적으로 우월한 증명**이 있어야 하고, 피고인이 고의적으로 범행한 것이라고 보기에 의심스러운 사정이 병존하고 증거관계 및 경험법칙상 고의적 범행이 아닐 여지를 확실하게 배제할 수 없다면 유죄로 인정할 수 없다. 피고인은 무죄로 추정된다는 것이 헌법상의 원칙이고, 그 추정의 번복은 직접증거가 존재할 경우에 버금가는 정도가 되어야 한다(대판 2017.5.30, 2017도1549 **95억 보험살인 의심 사건**).

2. 엄격한 증명과 자유로운 증명

엄격한 증명	① 범죄사실 ㉠ 구성요건해당사실 ㉡ 위법성 · 책임에 관한 사실 ㉢ 처벌조건(예 친족상도례에 있어 친족관계의 존부, 사전수뢰죄에서 공무원 · 중재인이 된 사실 또는 파산범죄에 있어 파산선고의 확정 등) ② 형의 가중감면의 이유되는 사실 ③ 간접사실 ➜ 예외 있음 ④ 법규와 경험칙 ➜ 예외 있음
자유로운 증명	① 소송법적 사실 ② 정상관계사실 ③ 보조사실 ➜ 예외 있음
불요증사실	① 공지의 사실(○) ② 추정된 사실 ㉠ 법률상 추정된 사실(×) ㉡ 사실상 추정된 사실(△) ③ 거증금지사실(△)

판례 |

1 엄격한 증명의 대상이 되는 경우

① '민간인이 군에 입대하여 군인신분을 취득하였는가의 여부'를 판단함에는 엄격한 증명을 요한다(대판 1970.10.30, 70도1936 **군입대일자를 모른다 사건**).

② **횡령한 재물의 가액이 특정경제범죄법 적용 기준이 되는 하한 금액(5억원)을 초과한다는 점**도 다른 구성요건 요소와 마찬가지로 엄격한 증거에 의하여 증명되어야 한다(대판 2017.5.30, 2016도9027 **이석채 KT회장 사건**). 20. 경찰채용 · 경찰승진

③ 뇌물죄에서의 수뢰액은 그 다과에 따라 범죄구성요건이 되므로 엄격한 증명의 대상이 된다(대판 2011.5.26, 2009도2453 **해운정책과 과장 수뢰 사건**). 14. 경찰채용, 16. 국가직 9급, 17. 경찰승진, 19. 경찰간부

④ 공동정범에서 있어서 **공모관계**를 인정하기 위해서는 엄격한 증명이 요구된다(대판 2015.10.29, 2015도9010 **서울시 공무원간첩 국정원 증거조작 사건**). 16. 국가직 9급

⑤ 공모공동정범에 있어서 '공모 또는 모의'는 범죄될 사실의 주요부분에 해당하는 이상 엄격한 증명의 대상에 해당한다(대판 2007.4.27, 2007도236 **포항건설노조 파업 사건**). 14 · 18. 경찰채용, 16 · 17. 경찰승진, 16. 경찰간부

⑥ 형법 제334조 제2항 소정의 합동범(특수강도)에 있어서의 '**공모나 모의**'는 그 범죄될 사실이라 할 것이므로 이를 인정하기 위하여는 엄격한 증명에 의하지 않으면 안된다(대판 2001.12.11, 2001도4013 **사기도박현장 강도 사건**). 16 · 17. 경찰채용

⑦ 교사범에 있어서의 '교사사실'은 범죄사실을 구성하는 것으로서 이를 인정하기 위하여는 엄격한 증명이 요구된다(대판 2000.2.25, 99도1252 **남원 협박교사 사건**). 16. 경찰승진, 17. 경찰채용

⑧ 불법영득의사를 실현하는 행위로서의 횡령행위가 있다는 점은 검사가 입증하여야 하는 것으로서, 그 입증은 법관으로 하여금 합리적인 의심을 할 여지가 없을 정도의 확신을 생기게 하는 증명력을 가진 엄격한 증거에 의하여야 한다(대판 2013.6.27, 2013도2510 **토비스리조트 사건**). 16. 국가직 9급

⑨ 목적과 용도를 정하여 위탁한 금전을 수탁자가 임의로 소비하면 횡령죄를 구성할 수 있으나, 이 경우 **피해자 등이 목적과 용도를 정하여 금전을 위탁한 사실 및 그 목적과 용도**가 무엇인지는 엄격한 증명의 대상이라고 보아야 한다(대판 2013.11.14, 2013도8121). 15 · 20. 법원직 9급, 16. 국가직 9급

⑩ '**범죄단체의 구성 · 가입행위**' 자체는 엄격한 증명을 요하는 범죄의 구성요건이다(대판 2005.9.9, 2005도3857 **송악파 사건**).

⑪ 구 독점규제 및 공정거래에 관한 법률 제66조 제1항 제9호, 제19조 제1항 위반죄의 경우 '**부당한 공동행위의 합의**'에 대한 입증의 정도는 법관으로 하여금 합리적 의심을 할 여지가 없을 정도로 엄격한 증명을 요한다(대판 2008.5.29, 2006도6625 **용인동백지구 아파트 분양가 담합 사건**).

⑫ (정당한 사유 없이 도로관리청의 적재량 측정요구에 불응한 도로법 위반죄에 있어) '**측정요구가 있었다는 점**'은 범죄사실을 구성하는 중요부분으로서 이를 인정하기 위하여는 엄격한 증명이 요구된다(대판 2005.6.24, 2004도7212 **과적차량측정 불응 사건**). 16. 경찰승진

⑬ 범죄구성요건에 해당하는 사실을 증명하기 위한 근거가 되는 과학적인 연구 결과

㉠ **위드마크 공식**의 적용을 위하여 필요한 전제사실(**섭취한 알코올의 양, 음주 시각, 체중 등**)의 인정(대판 2008.8.21, 2008도5531) 14. 국가직 7급, 15. 경찰간부, 16. 국가직 9급, 17. 경찰승진, 20. 해경채용

㉡ 겉보리에 관한 식품위생법 제4조 제4호 위반죄의 구성요건해당 사실로서 '**색소가 인체의 건강을 해할 우려가 있다는 점**'에 대한 판단(대판 2010.2.11, 2009도2338 **겉보리색소 사건**) 20. 국가직 7급

⑭ 엄격한 증명의 대상에는 검사가 **공소장에 기재한 구체적 범죄사실**이 모두 포함되고, 특히 **공소사실에 특정된 범죄의 일시**는 피고인의 방어권 행사의 주된 대상이 되므로 엄격한 증명을 통해 그 특정한 대로 범죄사실이 인정되어야 한다(대판 2011.4.28, 2010도14487 **진의장 통영시장 사건**). 15. 법원직 9급

⑮ 형법 제6조 단서의 '**행위지의 법률에 의하여 범죄를 구성하는지 여부**'에 대해서는 엄격한 증명에 의하여 검사가 이를 입증하여야 할 것이다(대판 2011.8.25, 2011도6507 **캐나다에서는 죄가 되는가 사건**). 14 · 18. 경찰채용, 16. 국가직 9급

⑯ **치료감호의 선고를 위하여는 그 요건**에 대한 엄격한 증명이 있어야 한다(대판 2001.6.15, 2001감도42).

⑰ **상습성의 유무**는 행위자의 연령 · 성격 · 직업 · 환경 · 전과, 범행의 동기 · 수단 · 방법 및 장소, 전에 범한 범죄와의 시간적 간격, 그 범행의 내용과 유사성 등 **여러 사정을 종합하여 판단**하여야 하는 것이다(대판 2007.8.23, 2007도3820).

⑱ 명예훼손죄의 **공연성**(대판 2020.12.30, 2015도15619 **캐디 명예훼손 사건**) 23. 경찰채용 · 법원직 9급

⑲ **업무상과실의 존재는** 물론 **그러한 업무상과실로 인하여 환자에게 상해 · 사망 등 결과가 발생한 점**(대판 2023.1.12, 2022도11163 **황색포도상구균 감염사건**)

2 자유로운 증명의 대상이 되는 경우

① 친고죄에서 **적법한 고소가 있었는지**는 자유로운 증명의 대상이 된다(대판 2011.6.24, 2011도4451 **인천 계산동 11세 여아 약취 사건**). 14 · 15 · 16 · 17. 경찰채용, 15. 국가직 7급, 15 · 17. 법원직 9급, 16. 국가직 9급, 16 · 17 · 18. 경찰승진, 16 · 19. 경찰간부

② 반의사불벌죄에서 **처벌을 희망하지 않는다는 의사표시 또는 처벌희망 의사표시 철회의 유무나 그 효력 여부**에 관한 사실은 자유로운 증명의 대상이다(대판 2010.10.14, 2010도5610 **창 길잡이의 집 성폭행 사건**). 17. 국가직 9급

③ 출입국사범 사건에서 지방출입국 · 외국인관서의 장의 **적법한 고발이 있었는지 여부**가 문제 되는 경우에 법원은 증거조사의 방법이나 증거능력의 제한을 받지 아니하고 제반 사정을 종합하여 적당하다고 인정되는 방법에 의하여 **자유로운 증명으로 그 고발 유무를 판단하면 된다**(대판 2021.10.28, 2021도404). 23. 경찰채용

④ 피고인의 검찰 **진술의 임의성의 유무**가 다투어지는 경우 법원은 자유로운 증명으로 그 임의성 유무를 판단하면 된다(대판 2004.3.26, 2003도8077 **안종길 양산시장 수뢰 사건**). 14 · 16 · 17 · 18. 경찰채용, 15. 경찰승진

⑤ 형사소송법 제313조 단서에 의하여 그 진술이 특히 신빙할 수 있는 상태하에서 행하여진 때에는 증거능력이 있고, 이러한 **특신상태**는 증거능력의 요건에 해당하므로 검사가 그 존재에 대하여 구체적으로 주장·입증하여야 하는 것이지만, 이는 소송상의 사실에 관한 것이므로 엄격한 증명을 요하지 아니하고 자유로운 증명으로 족하다(대판 2001.9.4, 2000도1743 **길메리유치원 여직원 횡령 사건**). 14·20. 경찰채용, 14. 국가직 7급, 15. 변호사, 20. 법원직 9급·해경채용

⑥ 형사소송법 제312조 제4항에서 '**특히 신빙할 수 있는 상태**'란 진술 내용이나 조서 작성에 허위개입의 여지가 거의 없고, 진술 내용의 신빙성이나 임의성을 담보할 구체적이고 외부적인 정황이 있는 것을 말한다. 그리고 이러한 '특히 신빙할 수 있는 상태'는 증거능력의 요건에 해당하므로 검사가 그 존재에 대하여 구체적으로 주장·증명하여야 하지만, 이는 소송상의 사실에 관한 것이므로 엄격한 증명을 요하지 아니하고 자유로운 증명으로 족하다(대판 2012.7.26, 2012도2937 **지원장 출신 원로변호사 사기 사건**). 16. 국가직 9급, 16·18. 경찰채용, 18. 경찰간부

⑦ 양형의 조건에 관하여 규정한 형법 제51조의 사항은 널리 형의 양정에 관한 법원의 재량사항에 속한다고 해석되므로 법원은 법률이 규정한 증거로서의 자격이나 증거조사방식에 구애됨이 없이 상당한 방법으로 조사하여 **양형의 조건**이 되는 사항을 인정할 수 있다(대판 2010.4.29, 2010도750 **법원조사관 양형자료수집 사건**). 15. 국가직 7급, 18. 경찰채용

⑧ **재심의 청구를 받은 법원은** 재심청구 이유의 유무를 판단함에 필요한 경우에는 사실을 조사할 수 있으며, **공판절차에 적용되는 엄격한 증거조사 방식에 따라야만 하는 것은 아니다**[대판 2019.3.21, 2015모2229(전합) **여순반란 희생자 재심 사건**]. 20. 경찰간부·경찰채용

⑨ 교통사고로 인하여 업무상과실치상죄 또는 중과실치상죄를 범한 운전자에 대하여 피해자의 명시한 의사에 반하여 공소를 제기할 수 있도록 하고 있는 교통사고처리특례법 제3조 제2항 단서의 각 호에서 규정한 신호위반 등의 예외사유는 **같은 법 제3조 제1항 위반죄의 구성요건요소가 아니라 그 공소제기의 조건에 관한 사유일 뿐이다**(대판 2007.4.12, 2006도4322 **효성동 교통사고 사건**). ➡ 판례의 취지에 의할 때 신호위반 등의 예외사유는 자유로운 증명의 대상이다. 21. 국가직 7급

⑩ 어떤 소송절차가 진행된 내용이 공판조서에 기재되지 않았다고 하여 당연히 그 소송절차가 당해 공판기일에 행하여지지 않은 것으로 추정되는 것은 아니고 **공판조서에 기재되지 않은 소송절차의 존재가 공판조서에 기재된 다른 내용이나 공판조서 이외의 자료로 증명될 수 있고, 이는 소송법적 사실이므로 자유로운 증명의 대상이 된다**(대판 2023.6.15, 2023도3038 **병원장 기여금·보험료 횡령사건**).

3 고의 또는 목적의 증명방법

① 뇌물수수죄에서 공무원의 직무에 관하여 수수하였다는 범의를 인정하기 위해서는 **엄격한 증명이 요구되지만**, 피고인이 금품 등을 수수한 사실을 인정하면서도 범의를 부인하는 경우에는 범의와 상당한 관련성이 있는 간접사실을 증명하는 방법에 의하여 이를 입증할 수밖에 없다(대판 2017.12.22, 2017도11616 **김수천 부장판사 수뢰 사건**).

② 특정범죄가중법 제3조의 알선수재죄에 있어서 공무원의 직무에 속한 사항의 알선에 관하여 금품이나 이익을 수수·요구 또는 약속하였다는 **범의는** 범죄사실을 구성하는 것으로서 이를 인정하기 위해서는 **엄격한 증명이 요구된다**(대판 2013.9.12, 2013도6570 **민간인 불법사찰·인허가비리 사건**). 17. 경찰채용

③ 특정경제범죄법 제7조의 알선수재죄에 있어서 금융기관 임직원의 직무에 속한 사항을 알선한다는 명목으로 금품을 수수하였다는 **범의는** 범죄사실을 구성하는 것으로서 이를 인정하기 위하여는 **엄격한 증명이 요구된다**(대판 2012.12.27, 2012도11200 **보해저축은행 대표 사건**).

④ **국헌문란의 목적은** 범죄 성립을 위하여 고의 외에 요구되는 초과주관적 위법요소로서 **엄격한 증명 사항에 속하나**, 확정적 인식임을 요하지 아니하며, 다만 미필적 인식이 있으면 족하다[대판 2015.1.22, 2014도10978(전합) **이석기 의원 사건**]. 20. 경찰채용·국가직 9급

⑤ 특정범죄가중법 제5조의9 제1항 위반의 죄의 행위자에게 **보복의 목적이 있었다**는 **점** 또한 검사가 증명하여야 하고, 그러한 증명은 법관으로 하여금 합리적인 의심을 할 여지가 없을 정도의 확신을 생기게 하는 **엄격한 증명에 의하여야 한다**(대판 2014.9.26, 2014도9030 **옆집녀 보복살해 사건**). 15. 국가직 9급

4 심신장애의 유무 및 정도의 증명방법

형법 제10조에 규정된 **심신장애의 유무 및 정도**의 판단은 법률적 판단으로서 반드시 전문감정인의 의견에 기속되어야 하는 것은 아니고, 정신질환의 종류와 정도, 범행의 동기, 경위, 수단과 태양, 범행 전후의 피고인의 행동, 반성의 정 등 여러 사정을 종합하여 **법원이 독자적으로 판단할 수 있다**(대판 2007.11.29, 2007도8333 **양모 살해 사건**). 15. 국가직 9급 · 경찰채용, 17. 경찰간부

5 몰수 · 추징의 증명방법

몰수 · 추징의 대상이 되는지 여부나 추징액의 인정은 엄격한 증명을 필요로 하지 아니하다(대판 2015.4.23, 2015도1233). 14 · 17 · 18. 경찰채용, 14. 국가직 7급, 16. 국가직 9급, 16 · 19. 경찰간부, 20. 경찰채용

3. 거증책임과 입증의 부담

구분	내용
거증책임	① 요증사실의 존부가 증명되지 않을 경우 불이익을 받게 될 당사자의 법적 지위 ② 거증책임의 분배 ㉠ **원칙적으로 검사가 거증책임 부담** ㉡ 상해죄 있어 동시범의 특례와 명예훼손죄에 있어 진실성과 공공성의 증명은 예외적으로 피고인이 거증책임 부담 ➜ 학설 대립
입증의 부담	① 소송의 전개과정에 따라 어느 사실이 증명되지 않음으로써 불리한 판단을 받을 염려가 있는 당사자가 그 불이익을 면하기 위하여 당해 사실을 증명해야 할 부담 ② 입증의 부담은 유동적인 개념이며 수시로 상대방에게 이전될 수 있다는 점에서 소송의 맨 마지막 단계에서 문제되고, 획일적으로 고정되어 있는 거증책임과 구별됨

판례 |

1 공소사실에 대한 거증책임의 소재(= 검사)

형사재판에서 공소가 제기된 범죄사실에 대한 입증책임은 검사에게 있고, 유죄의 인정은 법관으로 하여금 합리적인 의심을 할 여지가 없을 정도로 공소사실이 진실한 것이라는 확신을 가지게 하는 증명력을 가진 증거에 의하여야 하므로, 그와 같은 증거가 없다면 설령 피고인에게 유죄의 의심이 간다 하더라도 피고인의 이익으로 판단할 수 밖에 없다(대판 2010.7.22, 2009도1151).

2 명예훼손죄의 위법성조각사유(형법 제310조)에 대한 거증책임의 소재(= 피고인)

① 공연히 사실을 적시하여 사람의 명예를 훼손한 행위가 형법 제310조의 규정에 따라서 위법성이 조각되어 처벌대상이 되지 않기 위하여는 그것이 **진실한 사실로서 오로지 공공의 이익에 관한 때에 해당된다는 점을 행위자가 증명하여야 하는 것**이고, 법원이 적법하게 증거를 채택하여 조사한 다음 형법 제310조 소정의 위법성조각사유의 요건이 입증되지 않는다면 그 불이익은 피고인이 부담하는 것이다(대판 2004.5.28, 2004도1497). 17. 국가직 9급, 18. 경찰채용

② 공연히 사실을 적시하여 사람의 명예를 훼손한 행위가 형법 제310조의 규정에 따라서 위법성이 조각되어 처벌대상이 되지 않기 위하여는, **그것이 진실한 사실로서 오로지 공공의 이익에 관한 때에 해당된다는 점을 행위자가 증명하여야 하는 것**이나, 그 증명은 유죄의 인정에 있어 요구되는 것과 같이 법관으로 하여금 의심할 여지가 없을 정도의 확신을 가지게 하는 증명력을 가진 **엄격한 증거에 의하여야 하는 것은 아니므로**, 이때에는 전문증거에 대한 증거능력의 제한을 규정한 형사소송법 제310조의2는 적용될 여지가 없다(대판 1996.10.25, 95도1473). 14. 국가직 7급, 15. 경찰간부, 16. 변호사, 20. 국가직 9급·해경채용

02 자유심증주의

의의	**증거의 증명력을** 법률로 규정하지 않고 **법관의 자유로운 판단에 맡기는 증거법칙**
주체와 대상	① 자유판단의 주체는 개개 법관이며 합의부의 경우에도 구성원인 법관이 각자 증거의 증명력을 판단함 ② 자유판단의 대상은 증거의 증명력임
자유판단의 의미	① 증언: **증인의 성년·미성년, 책임능력 유무, 선서유무에 관계없이** 법관이 자유롭게 증언을 취사선택함 ② 자백: 피고인이 자백한 경우라도 법관은 자백과 다른 사실을 인정할 수 있음(≪주의 피고인의 자백에 법원은 기속된다. ×) ③ 감정: 법관은 감정인의 감정결과에 구속당하지 않음 ④ 물증·서증: 물증이나 서증의 경우에도 법관이 자유롭게 증명력을 판단함 ⑤ 정황증거: 법관은 직접증거에 의해서가 아니라 **간접증거 내지 정황증거에 의해서도 사실을 인정할 수 있음**
자유판단의 기준	① 논리: 자명한 사고법칙 또는 수학적 공리 ② 경험칙: 일반인이 경험을 통해서 알게 된 법규성을 띤 지식
자유심증주의의 예외	① **자백의 보강법칙**: 피고인의 자백이 그 피고인에게 불이익한 유일의 증거일 때에는 이를 유죄의 증거로 하지 못함 ➜ 자백의 증명력 제한 ② **공판조서의 증명력**: 공판기일의 소송절차로서 공판조서에 기재된 것은 그 조서만으로써 증명함 ➜ 공판조서에 절대적 증명력 부여 ③ **진술거부권의 행사**: 피고인이 진술을 거부한다고 하더라도 법관은 이를 근거로 그 피고인에게 불리하게 심증을 형성해서는 안 됨

판례 |

1 각종 진술 또는 증언의 증명력(= 법관의 자유판단)

① **검찰에서의 피고인의 자백이 법정진술과 다르다**거나 피고인에게 지나치게 불리한 내용이라는 사유만으로는 그 자백의 신빙성이 의심스럽다고 할 수는 없다(대판 2010.7.22, 2009도1151 **수원 노숙소녀 상해치사 사건**).

② **같은 사람의 검찰에서의 진술과 법정에서의 증언이 다를 경우** 반드시 후자를 믿어야 된다는 법칙은 없다고 할 것이므로 같은 사람의 법정에서의 증언과 다른 검찰에서의 진술을 믿고서 범죄사실을 인정하더라도 그것이 위법하게 진술된 것이 아닌 이상 자유심증에 속한다(대판 1988.6.28, 88도740 **연대보증서 위조 사건**).

2 감정의 증명력(= 법관의 자유판단)

감정의견이 상충된 경우 다수 의견을 안 따르고 소수 의견을 채용해도 되고 여러 의견 중에서 그 일부씩을 채용하여도 무방하며 여러 개의 감정의견이 일치되어 있어도 이를 배척하려면 특별한 이유를 밝히거나 또는 반대감정의견을 구하여야 된다는 법리도 없다(대판 1976.3.23, 75도2068 **손수레 역과 사건**).

3 각종 조서의 증명력(= 법관의 자유판단)

① **검사 작성 조서**의 기재가 **사법경찰관 작성 조서**의 기재보다 그 신빙성에 있어서 항상 우월하다고 단정할 수는 없는 것이니, 검사 작성 조서 기재의 증명력을 사법경찰관 작성 조서의 기재에 비추어 배척한 것이 채증법칙위반이라 할 수 없다(대판 1983.3.22, 82도2494 **부동산소송사기 미수 사건**).

② **증거보전절차에서의 진술**이 법원의 관여하에 행하여지는 것으로서 **수사기관에서의 진술**보다 임의성이 더 보장되는 것이기는 하나 보전된 증거가 항상 진실이라고 단정지울 수는 없는 것이므로 법원이 그것을 믿지 않을 만한 사유가 있어서 믿지 않는 것에 자유심증주의의 남용이 있다고 볼 수 없다(대판 1980.4.8, 79도2125).

4 피해자 증언의 증명력(= 법관의 자유판단)

① **피해자의 증언이나 진술이 공소사실에 부합하는 유일한 직접증거**라 하더라도 그 증거가 합리적이고 이치에 맞는 내용이라면 이를 유죄의 증거로 한다하여 위법이라고 할 수는 없다(대판 1986.2.25, 85도2769).

② 피고인의 문서위조 내지 변조의 유죄 인정에 관하여 **피고인과 상반되는 이해관계를 갖고 있는 고소인의 증언이나 진술을 유력한 직접 증거로 채용**하고 있다 하더라도 그 진술내용이 합리적이고 이치에 맞는 것이라면 이러한 채증과정에 무슨 위법이 있다고 할 수 없다(대판 1995.2.24, 94도2092).

③ 강간죄에서 공소사실을 인정할 증거로 사실상 피해자의 진술이 유일한 경우에 피고인의 진술이 경험칙상 합리성이 없고 그 자체로 모순되어 믿을 수 없다고 하여 그것이 공소사실을 인정하는 직접증거가 되는 것은 아니지만, 이러한 사정은 **법관의 자유판단에 따라 피해자 진술의 신빙성을 뒷받침하거나 직접증거인 피해자 진술과 결합하여 공소사실을 뒷받침하는 간접정황이 될 수 있다**(대판 2018.10.25, 2018도7709 **조폭 친구 와이프 강간사건**). 20. 경찰채용

5 간접증거의 증명력

① **형사재판에 유죄의 심증**이 반드시 직접증거에 의하여 형성되어야만 하는 것은 아니고 경험칙과 논리법칙에 위반되지 아니하는 한 **간접증거에 의하여 형성되어도 무방하며,** 간접증거가 개별적으로는 범죄사실에 대한 완전한 증명력을 가지지 못하더라도 전체 증거를 상호 관련하에 종합적으로 고찰할 경우 그 단독으로는 가지지 못하는 종합적 증명력이 있는 것으로 판단되면 그에 의하여도 범죄사실을 인정할 수 있다(대판 2013.6.27, 2013도4172 **부산 시신없는 살인 사건 Ⅱ**). 15 · 17. 경찰간부, 18. 국가직 9급

② 살인죄 등과 같이 법정형이 무거운 범죄의 경우에도 직접증거 없이 간접증거만에 의하여 유죄를 인정할 수 있고, 살해의 방법이나 피해자의 사망경위에 관한 중요한 단서인 **피해자의 사체가 멸실된 경우라 하더라도 간접증거를 상호 관련하에서 종합적으로 고찰하여 살인죄의 공소사실을 인정할 수 있다.** 이 경우 범행 전체를 부인하는 피고인에 대하여 살인죄의 죄책을 인정하기 위해서는 피해자의 사망이 살해의 사를 가진 피고인의 행위로 인한 것임이 합리적인 의심의 여지가 없을 정도로 증명되어야 한다(대판 2012.9.27, 2012도2658 **부산 시신없는 살인 사건 Ⅰ**). 15. 경찰간부

6 확정판결의 증명력

① **동일한 사실관계에 관하여 이미 확정된 형사판결이 인정한 사실**은 유력한 증거자료가 되므로 그 형사재판의 사실 판단을 채용하기 어렵다고 인정되는 특별한 사정이 없는 한 이와 배치되는 사실은 인정할 수 없다(대판 2009.12.24, 2009도11349 **독산동 위장결혼 사건**).

② 형사재판에 있어서 **이와 관련된 다른 형사사건의 확정판결에서 인정된 사실**은 특별한 사정이 없는 한 유력한 증거자료가 되는 것이나, 당해 형사재판에서 제출된 다른 증거 내용에 비추어 관련 형사사건의 확정판결에서의 사실판단을 **그대로 채택하기 어렵다고 인정될 경우에는 이를 배척할 수 있다**(대판 2012.6.14, 2011도15653 **수원 노숙소녀 상해치사 사건**). 14. 경찰승진, 15. 국가직 9급, 17. 변호사

7 검사가 증인이 될 사람을 미리 소환하여 면담하는 절차를 거친 후 그 증인이 법정에서 피고인에게 불리한 내용의 증언을 한 경우 그 증언의 증명력

검사가 공판기일에 증인으로 신청하여 신문할 사람을 특별한 사정 없이 미리 수사기관에 소환하여 면담하는 절차를 거친 후 증인이 법정에서 피고인에게 불리한 내용의 진술을 한 경우 검사가 증인신문 전 면담과정에서 증인에 대한 회유나 압박, 답변 유도나 암시 등으로 **증인의 법정진술에 영향을 미치지 않았다는 점이 담보되어야 증인의 법정진술을 신빙할 수 있다**. 검사가 증인신문 준비 등 필요에 따라 증인을 사전 면담할 수 있다고 하더라도 법원이나 피고인의 관여 없이 일방적으로 사전 면담하는 과정에서 증인이 훈련되거나 유도되어 법정에서 왜곡된 진술을 할 가능성도 배제할 수 없기 때문이다. 증인에 대한 회유나 압박 등이 없었다는 사정은 검사가 증인의 법정진술이나 면담과정을 기록한 자료 등으로 사전면담 시점, 이유와 방법, 구체적 내용 등을 밝힘으로써 증명하여야 한다(대판 2021.6.10, 2020도15891). ➜ 수원지검 담당 검사는 제1심과 항소심에서 두 차례에 걸쳐 증인신문 전에 '증인이 될 甲'을 소환하여 면담하였다. 면담 과정에서 甲은 자신의 검찰 진술조서와 제1심 법정진술 내용을 확인하였을 뿐만 아니라 검사에게 법정에서 증언할 사항을 물어보기까지 하였다. 그리고 그 직후 이루어진 증인신문에서 종전 증언을 번복하였고, 피고인에게 불리한 진술을 점점 구체적으로 하였는 바, 이러한 경우 甲의 증언은 신빙성을 인정하기 어렵다는 취지의 판례이다. 21. 경찰채용

8 범인식별 절차의 방식[원칙적으로 다자대면(Line-up), 예외적으로 일대일대면(Show-up)]

① 범인식별 절차에 있어 목격자의 진술의 신빙성을 높게 평가할 수 있게 하려면, **범인의 인상착의 등에 관한 목격자의 진술 내지 묘사를 사전에 상세히 기록**화한 다음, **용의자를 포함하여 그와 인상착의가 비슷한 여러 사람을 동시에 목격자와 대면시켜 범인을 지목하도록 하여야** 하고, **용의자와 목격자 및 비교대상자들이 상호 사전에 접촉하지 못하도록 하여야** 하며, **사후에 증거가치를 평가할 수 있도록 대질 과정과 결과를 문자와 사진 등으로 서면화하는 등의 조치를 취하여야 하고**, 사진제시에 의한 범인식별 절차에 있어서도 기본적으로 이러한 원칙에 따라야 한다. 그리고 이러한 원칙은 동영상제시 · 가두식별 등에 의한 범인식별 절차와 사진제시에 의한 범인식별 절차에서 목격자가 용의자를 범인으로 지목한 후에 이루어지는 동영상제시 · 가두식별 · 대면 등에 의한 범인식별 절차에도 적용되어야 한다(대판 2008.1.17, 2007도5201 **부산 좌천동 여아강간 사건**). 17. 경찰간부, 21. 경찰간부

② **범죄 발생 직후 목격자의 기억이 생생하게 살아있는 상황에서 현장이나 그 부근에서 범인식별 절차를 실시하는 경우**에는 목격자에 의한 생생하고 정확한 식별의 가능성이 열려 있고 범죄의 신속한 해결을 위한 즉각적인 대면의 필요성도 인정할 수 있으므로 **용의자와 목격자의 일대일 대면도 허용**된다(대판 2009.6.11, 2008도12111 **부산 대연동 강제추행 사건**). 15 · 17. 경찰간부

제3절 자백배제법칙

의의	**피고인의 자백이** 고문 · 폭행 · 협박 · 신체구속의 부당한 장기화 또는 기망 기타의 방법으로 **임의로 진술한 것이 아니라고 의심**할 만한 이유가 있는 때에는 이를 **유죄의 증거로 하지 못한다**는 증거법칙
구체적 적용범위	① 고문 · 폭행 · 협박 ㉠ 고문은 사람에게 육체적 · 정신적 고통을 가하는 일체의 행위 ㉡ 폭행은 사람의 신체에 대하여 유형력을 행사하는 행위 ㉢ 협박은 사람에게 해악을 고지하여 공포심을 일으키게 하는 행위 ② 신체구속의 부당한 장기화: 신체구속의 부당한 장기화 여부는 구체적 사정에 따라 구속의 필요성과 비례성을 기준으로 판단 ③ 기망: 기망에 의한 자백이란 위계를 사용하여 피고인을 착오에 빠뜨리고 얻은 자백을 말함 ④ 기타의 방법: 약속, 진술거부권 침해, 접견교통권 침해, 마취분석 등이 이에 해당함
입증의 문제	① 자백의 임의성은 소송법적 사실이므로 **자유로운 증명으로 족함** ② 자백의 임의성을 의심케 하는 사유를 주장하는 경우 이에 대한 **입증책임은 검사에게 있음**
효과	① 임의성에 의심이 있는 자백은 **절대적으로 증거능력이 부정됨** ② 임의성에 의심이 있는 자백은 당사자가 **증거로 함에 동의하더라도 증거능력이 인정되지 않음** 14. 경찰간부 ③ 임의성에 의심이 있는 자백은 **탄핵증거로도 사용할 수 없고, 정식의 공판절차에서는 물론 약식절차나 즉결심판절차에서도 증거로 사용할 수 없음**

판례 |

1 임의성 없는 자백의 증거능력을 부정하는 취지(= 절충설)

임의성 없는 진술의 증거능력을 부정하는 취지는 허위진술을 유발 또는 강요할 위험성이 있는 상태에서 이루어진 진술은 그 자체가 **실체적 진실에 부합하지 아니하여 오판을 일으킬 소지가 있을 뿐만 아니라** 그 진위 여부를 떠나서 **진술자의 기본적 인권을 침해하는 위법 · 부당한 압박이 가하여지는 것을 사전에 막기 위한 것**이다(대판 2015.9.10, 2012도9879). 17. 경찰간부

2 자백의 증거능력이 부정되는 경우

① **별건으로 수감 중인 자를** 약 1년 3개월의 기간 동안 무려 270회나 **검찰청으로 소환하여 밤늦은 시각 또는 그 다음날 새벽까지 조사**를 하였거나, **국외로 출국하여야 하는 상황에 놓여있는 자를 심리적으로 압박하여 조사**를 하였을 가능성이 충분하다면 그들에 대한 진술조서는 임의성을 의심할 만한 사정이 있다(대판 2006.1.26, 2004도517 **이기택 의원 & 이재학 경성회장 사건**).

② 알선수재사건의 공여자 등이 **별건으로 구속된 상태에서 10여 일 내지 수십여 일 동안 거의 매일 검사실로 소환되어 밤늦게까지 조사**를 받았다면 이들은 과도한 육체적 피로, 수면부족, 심리적 압박감 속에서 진술을 한 것으로 보여지므로 이들에 대한 진술조서는 그 임의성을 의심할 만한 사정이 있다(대판 2002.10.8, 2001도3931 **정대철 의원 & 이재학 경성회장 사건**).

③ 피고인의 검찰에서의 자백이 **잠을 재우지 아니한 채 폭언과 강요, 회유**한 끝에 받아낸 것으로 임의로 진술한 것이 아니라고 의심할 만한 상당한 이유가 있는 때에 해당한다면 그 피의자신문조서는 증거능력이 없다(대판 1999.1.29, 98도3584 **서울대 K교수 수뢰 사건**).

④ 피고인의 검찰에서의 자백은 피고인이 검찰에 연행된 때로부터 **약 30시간 동안 잠을 재우지 아니한 채 검사 2명이 교대로 신문을 하면서 회유**한 끝에 받아낸 것으로 임의로 진술한 것이 아니라고 의심할 만한 이유가 있는 때에 해당한다고 보아 그 피의자신문조서는 증거능력이 없다(대판 1997.6.27, 95도1964 **조흥은행 연산동지점장 수뢰 사건**). 15. 경찰간부

⑤ 피고인의 자백이 심문에 참여한 검찰주사가 **"피의사실을 자백하면 피의사실부분은 가볍게 처리하고 보호감호의 청구를 하지 않겠다."는 각서를 작성하여 주면서 자백을 유도**한 것에 기인한 것이라면 위 자백은 기망에 의하여 임의로 진술한 것이 아니라고 의심할 만한 이유가 있는 때에 해당하여 증거로 할 수 없다(대판 1985.12.10, 85도2182 **보호감호를 청구하지 않겠다 사건**). 15. 변호사, 15 · 18. 경찰승진

⑥ **1981.8.4.부터 적법한 절차에 따른 법관의 구속영장이 발부 집행된 1981.8.17.까지 불법적으로 신체구속이 장기화**된 사실을 인정하기에 충분하므로 1심판결에서 언급한 수사경찰관의 피고인에 대한 **고문이나 잠을 재우지 않는 등** 경합된 진술의 자유를 침해하는 위법사유를 아울러 고려한다면 피고인의 경찰에서의 자백진술은 피고인이 증거로 함에 동의유무를 불구하고 유죄의 증거로 할 수 없다(대판 1985.2. 26, 82도2413 **윤경화 노파 피살 사건**).

⑦ 피고인들이 영장 없이 호텔에 연행되어 외부와의 연결이 차단된 채 **감금되어 수사경찰관에 의하여 갖은 고문**을 당하여 자술서를 쓰고, 경찰관 입회하에 검사의 피의자신문이 행하여졌으며, 기소 후 교도소 수감중에도 야간에 부소장실에 불려가 경찰관이 폭행하는 자리에서 검사가 공판 과정에서 진술을 번복하면 좋지 않을 것이라고 위협하였다면, 피고인들에 대한 검사 작성의 각 피의자신문조서와 동인들이 작성한 진술서나 자술서는 증거능력이 없다(대판 1981.7.28, 80도2688 **의사국가고시 부정행위 사건**).

⑧ 피고인이 경찰에서 가혹행위 등으로 인하여 임의성 없는 자백을 하고, 그 후 검찰이나 법정에서도 임의성 없는 심리상태가 계속되어 동일한 내용의 자백을 하였다면 각 자백도 임의성 없는 자백이라고 보아야 한다(대판 2015.9.10, 2012도9879).

⑨ 피고인이 **검사 이전의 수사기관에서 고문 등 가혹행위**로 인하여 임의성 없는 자백을 하고 그 후 **검사의 조사단계에서도 임의성 없는 심리상태가 계속되어 동일한 내용의 자백을 하였다면** 검사의 조사단계에서 고문 등 자백의 강요행위가 없었다고 하여도 검사 앞에서의 자백도 임의성 없는 자백이라고 볼 수 밖에 없다(대판 2011.10.27, 2009도1603 **춘천 역전파출소장 딸 강간 · 살인 사건**). 15. 국가직 9급, 18. 경찰승진

⑩ 피고인이 **수사기관에서 가혹행위 등**으로 인하여 임의성 없는 자백을 하고 그 후 **법정에서도 임의성 없는 심리상태가 계속되어 동일한 내용의 자백을 하였다면** 법정에서의 자백도 임의성 없는 자백이라고 보아야 한다(대판 2012.11.29, 2010도3029 **백남욱 간첩조작 사건**). 15. 변호사 · 국가직 9급, 18. 경찰승진 · 경찰채용

3 자백의 증명력이 부정되는 경우

① 피고인이 처음 검찰조사시에 범행을 부인하다가 뒤에 자백을 하는 과정에서 금 200만원을 뇌물로 받은 것으로 하면 특정범죄가중법 위반으로 중형을 받게 되니 금 200만원 중 금 30만원을 술값을 갚은 것으로 조서를 허위작성한 것이라면 이는 단순 수뢰죄의 가벼운 형으로 처벌되도록 하겠다고 약속하고 자백을 유도한 것으로 위와 같은 상황하에서 한 자백은 그 임의성에 의심이 가고 따라서 진실성이 없다는 취지에서 이를 배척하였다 하여 자유심증주의의 한계를 벗어난 위법이 있다고는 할 수 없다(대판 1984.5.9, 83도2782 **단순수뢰로 해 주겠다 사건**).

② 피고인은 검찰에서 자백하고 이어서 진술서를 작성 · 제출하고 그 다음날부터 연 3일간 자기의 잘못을 반성하고 자백하는 내용의 양심서, 반성문, 사실서를 작성 · 제출하고 경찰의 검증조서에도 피고인이 자백하는 기재가 있으나, **검찰에 송치되자마자 자백은 강요에 의한 것이라고 주장하면서 범행을 부인**할뿐더러 **연 4일을 계속하여 매일 한 장씩 진술서 등을 작성**한다는 것은 부자연하다는 느낌이 드는 등의 사정에 비추어 보면 자백은 신빙성이 희박하다(대판 1980.12.9, 80도2656 **전주체육고 방화 사건**).

4 자백의 증거능력이 부정되지 않는 경우

① 자백의 약속이 검사의 강요나 위계에 의하여 이루어졌다던가 또는 불기소나 경한 죄의 소추 등 이익과 교환조건으로 된 것이라고 인정되지 아니하므로 위와 같이 **일정한 증거가 발견되면 자백하겠다는 약속하에 된 자백**을 곧 임의성이 없는 자백이라고 단정할 수는 없다(대판 1983.9.13, 83도712 **정재파 · 박상은 사건**). 14. 국가직 9급, 15. 변호사, 16. 국가직 7급, 18. 경찰승진, 18 · 19. 경찰채용

② 검사의 접견금지결정으로 피고인들의 **(비변호인간의) 접견이 제한된 상황하에서 피의자신문조서가 작성**되었다는 사실만으로 바로 그 조서가 임의성이 없는 것이라고는 볼 수 없다(대판 1984.7.10, 84도846 **녹용밀수단 사건**). 14. 경찰채용, 15. 경찰승진, 18. 경찰간부

5 진술(자백)의 임의성에 대한 입증책임의 소재(= 검사)

진술의 임의성에 다툼이 있을 때에는 그 임의성을 의심할 만한 합리적이고 구체적인 사실을 피고인이 증명할 것이 아니고 **검사가 그 임의성의 의문점을 없애는 증명을 하여야 할 것**이고, 검사가 그 임의성의 의문점을 없애는 증명을 하지 못한 경우에는 그 진술증거는 증거능력이 부정된다(대판 2008.7.10, 2007도7760). 14 · 18. 경찰간부, 14 · 15 · 17. 법원직 9급, 15 · 16. 경찰승진, 15. 국가직 9급, 16. 국가직 7급

6 임의성이 인정되지 아니하여 증거능력이 없는 진술이 증거동의의 대상이 되는지의 여부(소극)

임의성이 인정되지 아니하여 증거능력이 없는 진술증거는 피고인이 증거로 함에 동의하더라도 증거로 삼을 수 없다(대판 2006.11.23, 2004도7900). 14 · 18. 경찰간부, 15. 변호사 · 경찰승진, 16. 법원직 9급, 18. 경찰채용 · 국가직 9급

7 임의성이 없다고 의심할 만한 사유가 있으나 그 사유와 자백간에 인과관계가 없는 경우, 자백의 임의성 여부(적극)

피고인의 자백이 임의성이 없다고 의심할 만한 사유가 있는 때에 해당한다 할지라도 그 임의성이 없다고 의심하게 된 사유들과 피고인의 자백과의 사이에 인과관계가 존재하지 않은 것이 명백한 때에는 그 자백은 임의성이 있는 것으로 인정된다(대판 1984.11.27, 84도2252). 14 · 20. 경찰채용, 14. 국가직 9급, 16. 변호사

제4절 위법수집증거배제법칙

의의	**위법한 절차에 의하여 수집된 증거**, 즉 위법수집증거의 **증거능력을 부정하는 증거법칙**
이론적 근거	적법절차의 보장 및 위법수사의 억제
효과	① 위법수집증거는 당사자가 증거로 함에 동의하더라도 원칙적으로 증거능력이 인정되지 않음 ② 위법수집증거는 탄핵증거로도 사용할 수 없고 정식의 공판절차에서는 물론 약식절차나 즉결심판절차에서도 증거로 사용할 수 없음
독수독과 이론	위법하게 수집된 제1차 증거(독나무)에 의하여 발견된 제2차 증거(열매)도 증거능력이 부정된다는 이론
사인의 불법수집증거	① 위법수집증거배제법칙은 국가기관(일반적으로 수사기관)이 위법하게 수집한 증거의 증거능력을 부정하는 법칙임 ② 일반 사인이 불법적으로 수집한 증거의 증거능력 유무는 위법수집증거배제법칙을 적용하지 않고, 공익(형사소추 및 형사소송에서의 진실발견)과 사익(개인의 인격적 이익 등)을 비교형량하여 결정함

판례 |

1 위법하게 수집된 증거 및 이를 기초로 하여 획득한 2차적 증거의 증거능력의 유무(= 원칙적으로 증거능력이 부정됨)

① **헌법과 형사소송법이 정한 절차에 따르지 아니하고 수집된 증거는 기본적 인권 보장을 위해 마련된 적법한 절차에 따르지 않은 것으로 원칙적으로 유죄 인정의 증거로 삼을 수 없다.** 다만, 법이 정한 절차에 따르지 아니하고 수집한 압수물의 증거능력 인정 여부를 최종적으로 판단함에 있어서는, 수사기관의 증거수집 과정에서 이루어진 절차위반행위와 관련된 모든 사정, 즉 절차조항의 취지와 그 위반의 내용 및 정도, 구체적인 위반 경위와 회피 가능성, 절차조항이 보호하고자 하는 권리 또는 법익의 성질과 침해 정도 및 피고인과의 관련성, 절차 위반행위와 증거수집 사이의 인과관계 등 관련성의 정도, 수사기관의 인식과 의도 등을 전체적 · 종합적으로 살펴볼 때, **수사기관의 절차위반행위가 적법절차의 실질적인 내용을 침해하는 경우에 해당하지 아니하고, 오히려 그 증거의 증거능력을 배제하는 것이** 헌법과 형사소송법이 형사소송에 관한 절차조항을 마련하여 적법절차의 원칙과 실체적 진실 규명의 조화를 도모하고 이를 통하여 **형사 사법의 정의를 실현하려 한 취지에 반하는 결과를 초래하는 것으로 평가되는 예외적인 경우라면, 법원은 그 증거를 유죄 인정의 증거로 사용할 수 있다고 보아야 한다**[대판 2015.1.22, 2014도10978 (전합) **이석기 의원 사건**]. 14 · 15. 법원직 9급, 15. 경찰간부 · 경찰채용, 16. 경찰승진, 18. 국가직 9급

② [1] **적법한 절차에 따르지 아니한 위법행위를 기초로 하여 증거가 수집된 경우에는 당해 증거뿐 아니라 그에 터잡아 획득한 2차적 증거에 대해서도 그 증거능력은 부정되어야 한다.** [2] 다만, 위와 같은 위법수집증거배제의 원칙은 수사과정의 위법행위를 억지함으로써 국민의 기본적 인권을 보장하기 위한 것이므로 적법절차에 위배되는 행위의 영향이 차단되거나 소멸되었다고 볼 수 있는 상태에서 수집한 증거는 그 증거능력을 인정하더라도 적법절차의 실질적 내용에 대한 침해가 일어나지는 않는다 할 것이니 그 증거능력을 부정할 이유는 없다. 따라서 증거수집 과정에서 이루어진 적법절차 위반행위의 내용과 경위 및 그 관련 사정을 종합하여 볼 때 **당초의 적법절차 위반행위와 증거수집 행위의 중간에 그 행위의 위법 요소가 제거 내지 배제되었다고 볼 만한 다른 사정이 개입됨으로써 인과관계가 단절된 것으로 평가할 수 있는 예외적인 경우에는 이를 유죄 인정의 증거로 사용할 수 있다**(대판 2013.3.14, 2010도2094 **군산 강제연행 사건**). 15. 국가직 9급, 19. 경찰간부, 20. 경찰채용

2 위법하게 수집된 증거의 증거능력 인정을 위한 입증책임의 소재(= 검사)

법원이 수사기관의 절차 위반행위에도 불구하고 그 수집된 증거를 유죄 인정의 증거로 사용할 수 있는 예외적인 경우에 해당한다고 볼 수 있으려면, 그러한 예외적인 경우에 해당한다고 볼 만한 구체적이고 특별한 사정이 존재한다는 것을 **검사가 입증하여야 한다**(대판 2011.4.28, 2009도10412).

3 위법하게 수집된 '진술증거'의 증거능력을 부정한 경우

① 통역인이 사건에 관하여 증인으로 증언한 때에는 직무집행에서 제척되고, **제척사유가 있는 통역인이 통역한 증인의 증인신문조서**는 유죄 인정의 증거로 사용할 수 없다(대판 2011.4.14, 2010도13583). 16. 변호사, 16 · 17. 국가직 9급, 17. 경찰간부

② 수사기관이 피의자를 신문함에 있어서 **피의자에게 미리 진술거부권을 고지하지 않은 때에는** 그 피의자의 진술은 위법하게 수집된 증거로서 진술의 임의성이 인정되는 경우라도 증거능력이 부인되어야 한다(대판 2014.4.10, 2014도1779 **대구 필로폰 매매 사건**). 14 · 15 · 16. 변호사, 14 · 17 · 18. 경찰간부, 14 · 15 · 17 · 18. 경찰채용, 14 · 18. 법원직 9급, 15 · 16 · 17 · 18. 경찰승진, 16. 국가직 9급

③ **필요적 변호사건**에서 변호인이 없는 피고인에 대하여 **국선변호인을 선정하지 아니한 채로 개정하여 증거조사와 피고인신문 등 심리가 이루어진 경우** 그 소송행위는 모두 무효이고 따라서 증거조사 결과와 피고인의 진술은 유죄의 증거로 삼을 수 없다(대판 2011.9.8, 2011도6325). 14. 국가직 9급, 15. 국가직 7급

④ **피고인의 공판조서에 대한 열람 또는 등사청구에 법원이 불응하여** 피고인의 열람 또는 등사청구권이 침해된 경우에는 **그 공판조서를 유죄의 증거로 할 수 없을 뿐만 아니라 공판조서에 기재된 당해 피고인이나 증인의 진술도 증거로 할 수 없다**(대판 2012.12.27, 2011도15869). 14. 경찰간부

⑤ 피의자가 동행을 거부하는 의사를 표시하였음에도 불구하고 경찰관들이 피의자를 강제로 연행한 행위는 수사상의 강제처분에 관한 형사소송법상의 절차를 무시한 채 이루어진 것으로 위법한 체포에 해당하고, 이와 같이 **위법한 체포상태에서 마약 투약 혐의를 확인하기 위한 채뇨 요구가 이루어진 경우** 그와 같은 위법한 채뇨 요구에 의하여 수집된 '소변검사시인서'는 유죄 인정의 증거로 삼을 수 없다(대판 2013.3.14, 2012도13611 **부산 마약피의자 강제연행 사건**). 14. 국가직 7급, 20. 해경채용 · 변호사

⑥ 경찰이 피고인이 아닌 제3자들(유흥업소 손님과 그 여종업원)을 **사실상 강제연행하여 불법체포한 상태에서** 이들의 성매매행위나 피고인들의 유흥업소 영업행위를 처벌하기 위하여 **진술서를 받고 진술조서를 작성한 경우**, 각 진술서 및 진술조서는 위법수사로 얻은 진술증거에 해당하여 증거능력이 없으므로 피고인들의 식품위생법 위반 혐의에 대한 유죄 인정의 증거로 삼을 수 없다(대판 2011.6.30, 2009도6717 **충북장여관 강제연행 사건**). 18. 법원직 9급, 19. 경찰간부, 20. 경찰채용

⑦ 피고인이 아닌 자가 수사과정에서 진술서를 작성하였지만 **수사기관이 그에 대한 조사과정을 기록하지 아니하여** 형사소송법 제244조의4 제3항 · 제1항에서 정한 절차를 위반한 경우에는 특별한 사정이 없는 한 증거능력을 인정할 수 없다(대판 2015.4.23, 2013도3790). 16 · 17 · 18. 변호사, 16. 국가직 7급, 18. 법원직 9급

⑧ 사법경찰관이 피의자에게 진술거부권을 행사할 수 있음을 알려 주고 그 행사 여부를 질문하였다 하더라도, 형사소송법 제244조의3 제2항에 규정한 방식에 위반하여 **진술거부권 행사 여부에 대한 피의자의 답변이 자필로 기재되어 있지 아니하거나 그 답변 부분에 피의자의 기명날인 또는 서명이 되어 있지 아니한 사법경찰관 작성의 피의자신문조서**는 특별한 사정이 없는 한 증거능력을 인정할 수 없다(대판 2014.4.10, 2014도1779 **대구 필로폰 매매 사건**). 14. 변호사, 15. 국가직 7급, 16 · 17. 국가직 9급, 18. 경찰채용

⑨ **피의자가 변호인의 참여를 원한다는 의사를 명백하게 표시하였음에도 수사기관이 정당한 사유 없이 변호인을 참여하게 하지 아니한 채 피의자를 신문하여 작성한 피의자신문조서**는 증거로 할 수 없다(대판 2013.3.28, 2010도3359 **공항버스 운전기사 횡령 사건**). 14 · 15. 법원직 9급, 15 · 16. 경찰승진, 15. 경찰간부 · 국가직 7급, 16 · 17 · 18. 경찰채용, 17. 변호사

⑩ **선거관리위원회 위원 · 직원이 관계인에게 진술이 녹음된다는 사실을 미리 알려주지 아니한 채 진술을 녹음하였다면,** 그와 같은 조사절차에 의하여 수집한 녹음 파일 내지 그에 터잡아 작성된 녹취록은 원칙적으로 유죄의 증거로 쓸 수 없다(대판 2014.10.15, 2011도3509 **돈 받은 할머니 사건**). 15 · 17. 경찰채용, 16. 국가직 9급, 16 · 17 · 18. 경찰승진, 16 · 18. 경찰간부, 17. 법원직 9급

⑪ **위법한 긴급체포에 의한 유치 중에 작성된 피의자신문조서**는 위법하게 수집된 증거로서 특별한 사정이 없는 한 이를 유죄의 증거로 할 수 없다(대판 2008.3.27, 2007도11400). 14 · 15 · 16. 경찰승진, 14 · 17. 경찰간부, 14. 법원직 9급, 20. 경찰채용

⑫ **변호인의 접견교통권 제한은 헌법이 보장하는 기본권을 침해하는 것으로서** 이러한 위법한 상태에서 얻어진 피의자의 자백은 그 증거능력을 부인하여 유죄의 증거에서 배제하여야 하며 이러한 위법증거의 배제는 실질적이고 완전하게 증거에서 제외함을 뜻한다(대판 2007.12.13, 2007도7257 **일심회 사건**).

⑬ 검사 작성의 피의자신문조서가 검사에 의하여 **피의자에 대한 변호인의 접견이 부당하게 제한**되고 있는 동안에 작성된 경우에는 증거능력이 없다(대판 1990.8.24, 90도1285 **서경원 의원 방북 사건**). 14. 경찰승진, 15. 변호사

⑭ 수사기관이 이메일에 대한 압수 · 수색영장을 집행할 당시 피압수자인 네이버 주식회사에 **팩스로 영장 사본을 송신했을 뿐 그 원본을 제시하지 않았고, 압수조서와 압수물 목록을 작성하여 피압수 · 수색 당사자에게 교부하였다고 볼 수 경우**, 이러한 방법으로 압수된 이메일은 위법수집증거로 원칙적으로 유죄의 증거로 삼을 수 없다(대판 2017.9.7, 2015도10648 **안재구 경북대 교수 사건**).

⑮ 사법경찰관사무취급이 행한 검증이 사건발생 후 범행장소에서 긴급을 요하여 판사의 영장 없이 시행된 것이라면 이는 형사소송법 제216조 제3항에 의한 검증이라 할 것임에도 불구하고 **기록상 사후영장을 받은 흔적이 없다면** 이러한 검증조서는 유죄의 증거로 할 수 없다(대판 1984.3.13, 83도3006 **버스 레이싱 사건**). 18. 경찰채용

⑯ 증거보전절차에서 증인신문을 하면서 **증인신문의 일시와 장소를 피의자 및 변호인에게 미리 통지하지 아니하여** 증인신문에 참여할 수 있는 기회를 주지 아니하였고 또 변호인이 제1심 공판기일에 증인신문조서의 증거조사에 관하여 이의신청을 하였다면 증인신문조서는 증거능력이 없다(대판 1992.2.28, 91도2337 **화성 강제추행 사건**). 15. 경찰승진 · 국가직 7급, 16. 경찰간부

⑰ 공판준비 또는 공판기일에서 **이미 증언을 마친 증인을 검사가 소환한 후 피고인에게 유리한 그 증언 내용을 추궁하여 이를 일방적으로 번복시키는 방식으로 작성한 진술조서**는 피고인이 증거로 할 수 있음에 동의하지 아니하는 한 그 증거능력이 없다(대판 2013.8.14, 2012도13665 **지게차 절취 사건**). 14 · 17. 변호사, 14 · 16 · 17. 경찰승진, 14. 경찰채용, 15. 법원직 9급, 16. 국가직 7급, 17. 경찰간부

⑱ 헌법 제109조, 법원조직법 제57조 제1항이 정한 **공개금지사유가 없음에도 불구하고 재판의 심리에 관한 공개를 금지하기로 결정**하였다면 그러한 공개금지결정은 피고인의 공개재판을 받을 권리를 침해한 것으로서 그 절차에 의하여 이루어진 증인의 증언은 증거능력이 없다고 할 것이고, 변호인의 반대신문권이 보장되었더라도 달리 볼 수 없으며, 이러한 법리는 **공개금지결정의 선고가 없는 등으로 공개금지결정의 사유를 알 수 없는 경우**에도 마찬가지이다(대판 2015.10.29, 2014도5939 **서울시 공무원 간첩 사건**)(同旨 대판 2013.7.26, 2013도2511 **왕재산 간첩단 사건**). 15. 국가직 9급, 17. 변호사

⑲ 원심(제2심)이 증인신문절차의 공개금지사유로 삼은 사정이 '국가의 안녕질서를 방해할 우려가 있는 때'에 해당하지 아니하고 달리 헌법 제109조, 법원조직법 제57조 제1항이 정한 공개금지사유를 찾아볼 수도 없는 경우 원심의 공개금지결정은 피고인의 공개재판을 받을 권리를 침해한 것으로서 그 절차에 의하여 이루어진 증인의 증언은 증거능력이 없고 **변호인의 반대신문권이 보장되었더라도 달리 볼 수 없으며,** 이러한 법리는 공개금지결정의 선고가 없는 등으로 공개금지결정의 사유를 알 수 없는 경우에도 마찬가지이다(대판 2005.10.28, 2005도5854). 22. 국가직 7급

⑳ 피고인과 별개의 범죄사실로 기소되어 병합심리되고 있던 공동피고인은 피고인에 대한 관계에서는 **증인의 지위에 있음에 불과하므로 선서 없이 한 그 공동피고인의 법정 및 검찰진술은** 피고인에 대한 공소범죄사실을 인정하는 증거로 할 수 없다(대판 1982.6.22, 82도898). 14. 경찰채용, 15. 국가직 7급 · 국가직 9급, 17. 변호사 · 경찰간부

㉑ 검사가 공소외 甲을 구속기소한 후 다시 소환하여 피고인 등 공범과의 활동에 관한 신문을 하면서 피의자신문조서가 아닌 일반적인 진술조서의 형식으로 조서를 작성한 경우 이 진술조서의 내용이 피의자신문조서와 실질적으로 같고 진술의 임의성이 인정되는 경우라도 甲에게 **미리 진술거부권을 고지하지 않은 때에는 그 진술은 위법수집증거에 해당하므로 피고인에 대한 유죄의 증거로 사용할 수 없다**(대판 2009.8.20, 2008도8213). 22. 경찰채용

4 위법하게 수집된 '비진술증거'의 증거능력을 부정한 경우

① **검사가 공소제기 후 형사소송법 제215조에 따라 수소법원 이외의 지방법원판사에게 청구하여 발부받은 영장에 의하여 압수 · 수색을 하였다면,** 그와 같이 수집된 증거는 기본적 인권 보장을 위해 마련된 적법한 절차에 따르지 않은 것으로서 원칙적으로 유죄의 증거로 삼을 수 없다(대판 2011.4.28, 2009도10412 **공정위 사무관 수뢰 사건**). 14 · 16. 변호사, 15 · 16 · 18. 경찰채용, 15 · 18. 법원직 9급, 16. 국가직 7급, 16 · 17. 경찰승진, 17 · 18 · 19. 경찰간부, 20. 경찰승진, 21. 경찰간부

② 피고인이 국제항공특송화물 속에 필로폰을 숨겨 수입할 것이라는 정보를 입수한 검사가, 이른바 통제배달(controlled delivery: 적발한 금제품을 감시하에 배송함으로써 거래자를 밝혀 검거하는 수사기법)을 하기 위해 **세관공무원의 협조를 받아 특송화물을 통관절차를 거치지 않고 가져와 개봉하여 그 속의 필로폰을 취득한 것은** 구체적인 범죄사실에 대한 증거수집을 목적으로 한 **압수 · 수색이므로 사전 또는 사후에 영장을 받지 않았다면 압수물 등의 증거능력이 부정된다**(대판 2017.7.18, 2014도8719 **통제배달 사건 Ⅱ**). 20. 경찰채용

③ **수사기관이 법원으로부터 영장 또는 감정처분허가장을 발부받지 아니한 채 피의자의 동의 없이 피의자의 신체로부터 혈액을 채취하고 사후에도 지체 없이 영장을 발부받지 아니한 채** 그 혈액 중 알코올농도에 관한 감정을 의뢰하였다면, 이러한 과정을 거쳐 얻은 감정의뢰회보 등은 형사소송법상 영장주의 원칙을 위반하여 수집하거나 그에 기초하여 획득한 증거로서 그 절차위반행위가 적법절차의 실질적인 내용을 침해하여 피고인이나 변호인의 동의가 있더라도 유죄의 증거로 사용할 수 없다(대판 2014.11.13, 2013도1228 **의정부 강제채혈 사건**).

④ **수사기관이 법원으로부터 영장 또는 감정처분허가장을 발부받지 아니한 채 피의자의 동의 없이 피의자의 신체로부터 혈액을 채취하고 더구나 사후적으로도 지체 없이 이에 대한 영장을 발부받지 아니하고서** 위와 같이 강제채혈한 피의자의 혈액 중 알코올농도에 관한 감정이 이루어졌다면 이러한 감정결과보고서 등은 피고인이나 변호인의 증거동의 여부를 불문하고 유죄인정의 증거로 사용할 수 없다(대판 2012.11.15, 2011도15258 **구로 강제채혈 사건**). 14 · 17. 국가직 9급, 15 · 16 · 18. 경찰승진, 16. 경찰채용, 18. 변호사

⑤ 경찰이 (형사소송법 제215조 제2항에 위반하여) 피고인의 집에서 20m 떨어진 곳에서 피고인을 체포하여 수갑을 채운 후 피고인의 집으로 가서 집안을 수색하여 칼과 합의서를 압수하였을 뿐만 아니라 **적법한 시간 내에 압수 · 수색영장을 청구하여 발부받지도 않았음**을 알 수 있는바, 위 칼과 합의서는 임의제출물이 아니라 영장 없이 위법하게 압수된 것으로서 증거능력이 없고, 따라서 이를 기초로 한 2차 증거인 임의제출동의서, 압수조서 및 목록, 압수품 사진 역시 증거능력이 없다(대판 2010.7.22, 2009도14376 **칼과 합의서 압수 사건**). 15 · 16. 경찰간부, 16. 국가직 7급, 18. 법원직 9급, 20. 경찰채용 · 법원직 9급

⑥ (사법경찰관이 피의자를 긴급체포하면서 그 체포현장에서 물건을 압수한 경우) **형사소송법 제217조 제2항, 제3항에 위반하여 압수 · 수색영장을 청구하여 이를 발부받지 아니하고도 즉시 반환하지 아니한 압수물**은 이를 유죄 인정의 증거로 사용할 수 없는 것이고, 헌법과 형사소송법이 선언한 영장주의의 중요성에 비추어 볼 때 피고인이나 변호인이 이를 증거로 함에 동의하였다고 하더라도 달리 볼 것은 아니다(대판 2009.12.24, 2009도11401). 14 · 16. 경찰채용, 17. 경찰승진, 19. 경찰간부

⑦ 정보통신망법상 음란물 유포의 범죄혐의를 이유로 압수 · 수색영장을 발부받은 사법경찰리가 피고인의 주거지를 수색하는 과정에서 대마를 발견하자, **피고인을 마약법 위반죄의 현행범으로 체포하면서 대마를 압수**하였으나, 그 다음날 피고인을 석방하였음에도 **사후 압수 · 수색영장을 발부받지 않은 경우**, 위 압수물과 압수조서는 형사소송법상 영장주의를 위반하여 수집한 증거로서 증거능력이 부정된다(대판 2009.5.14, 2008도10914 **스와핑 카페 운영자 사건**). 14. 변호사 · 경찰채용, 15 · 18. 경찰승진, 17. 국가직 9급

⑧ 형사소송법 제218조 규정에 위반하여 **소유자, 소지자 또는 보관자가 아닌 자로부터 제출받은 물건을 영장 없이 압수한 경우** 그 압수물 및 압수물을 찍은 사진은 이를 유죄 인정의 증거로 사용할 수 없는 것이고, 헌법과 형사소송법이 선언한 영장주의의 중요성에 비추어 볼 때 피고인이나 변호인이 이를 증거로 함에 동의하였다고 하더라도 달리 볼 것은 아니다(대판 2010.1.28, 2009도10092 **쇠파이프 압수 사건**). 15 · 17. 경찰간부, 15 · 16. 경찰채용, 16 · 17. 경찰승진, 17. 국가직 9급, 18. 변호사, 20. 변호사

⑨ 정보통신망법상 음란물 유포의 범죄혐의를 이유로 압수 · 수색영장을 발부받은 사법경찰리가 피고인의 주거지를 수색하는 과정에서 대마를 발견하자, **피고인을 마약류관리법 위반죄의 현행범으로 체포하면서 대마를 압수**하였으나, 그 다음날 피고인을 석방하였음에도 **사후 압수 · 수색영장을 발부받지 않은 경우**, 위 압수물과 압수조서는 형사소송법상 영장주의를 위반하여 수집한 증거로서 증거능력이 부정된다(대판 2009.5.14, 2008도10914). 14. 변호사 · 경찰채용, 15 · 18. 경찰승진, 17. 국가직 9급

⑩ '피의자: 甲, 압수할 물건: 乙이 소지하고 있는 휴대전화 등, **범죄사실: 甲은 공천과 관련하여 새누리당 공천심사위원에게 돈 봉투를 제공하였다 등'이라고 기재된 압수 · 수색영장**에 의하여 검찰청 수사관이 乙의 주거지에서 그의 휴대전화를 압수하고 그 휴대전화에서 추출한 전자정보를 분석하던 중 피고인 乙, 丙 사이의 대화가 녹음된 녹음파일을 통하여 피고인들에 대한 공직선거법위반의 혐의점을 발견하고 수사를 개시하였으나, **피고인들로부터 녹음파일을 임의로 제출받거나 새로운 압수 · 수색영장을 발부받지 아니한 경우**, 그 녹음파일은 압수 · 수색영장에 의하여 압수할 수 있는 물건 내지 전자정보로 볼 수 없으므로 (형사소송법 제215조 제1항에 규정된 '해당사건'과 관계가 있다고 인정할 수 있는 것에 해당한다고 할 수 없으므로) **피고인들의 공소사실(피고인 乙, 丙 사이의 정당 후보자 추천 및 선거운동 관련 대가제공 요구 및 약속 범행)에 대해서는 증거능력이 부정된다**(대판 2014.1.16, 2013도7101). 20. 경찰채용, 20 · 22. 변호사

⑪ **위법한 절차**(압수 · 수색영장에 기재된 수색장소를 벗어난 압수였고 또한 압수 당시 영장도 제시받지 못했고 압수목록도 압수 후 5개월이 경과한 이후에 교부되었음)**를 통해서 압수한 서류**는 증거능력이 부정된다(대판 2009.3.12, 2008도763)[同旨 대판 2007.11.15, 2007도3061(전합)].

⑫ 피고인에게 불리한 증거인 증인이 주신문의 경우와 달리 반대신문에 대하여는 답변을 하지 아니하는 등 진술 내용의 모순이나 불합리를 그 증인신문 과정에서 드러내어 이를 탄핵하는 것이 사실상 곤란하였고, 그것이 피고인 또는 변호인에게 책임 있는 사유에 기인한 것이 아닌 경우라면, 관계 법령의 규정 혹은 증인의 특성 기타 공판절차의 특수성에 비추어 이를 정당화할 수 있는 특별한 사정이 존재하지 아니하는 이상, 이와 같이 **실질적 반대신문권의 기회가 부여되지 아니한 채 이루어진 증인의 법정진술은 위법한 증거로서 증거능력을 인정하기 어렵다.** 이 경우 피고인의 책문권 포기로 그 하자가 치유될 수 있으나, **책문권 포기의 의사는 명시적인 것이어야 한다**(대판 2022.3.17, 2016도17054 **상해 피해자 불출석 사건**). 23. 경찰채용

5 위법하게 수집된 증거를 기초로 하여 획득한 2차적 증거의 증거능력을 부정한 경우

① 체포의 이유와 변호인선임권의 고지 등 적법한 절차를 무시한 채 이루어진 강제연행은 전형적인 위법한 체포에 해당하고, **위법한 체포 상태에서 이루어진 호흡조사에 의한 음주측정 요구**는 주취운전의 범죄행위에 대한 증거수집을 목적으로 한 일련의 과정에서 이루어진 것이므로 **그 측정결과는 물론 (호흡조사에 불복하여 피고인의 자발적인 요구에 의하여 이루어진) 혈액채취에 의한 혈중알코올농도 감정서 등도 증거능력을 인정할 수 없다**(대판 2013.3.14, 2010도2094 **군산 강제연행 사건**). 14 · 15 · 20. 변호사, 15 · 16. 경찰간부, 16. 국가직 9급, 17 · 18. 경찰승진

② 검찰청 수사관이 2009.2.6.자 압수 · 수색영장에 의하여 **甲으로부터 'PC 1대, 서류 23박스, 매입 · 매출 등 전산자료 저장 USB 1개 등'을 압수하였으나 그 압수물들이 영장 기재 혐의사실과 무관한 것임에도**(또한 압수목록을 작성 · 교부하지 않았고 압수조서도 작성하지 않았음), **검사는 甲에게 반환하는 등의 조치를 취하지 않고 보유하고 있다가** 2009.5.1.에 이르러 피고인 丙의 동생 乙을 검사실로 불러 '일시 보관 서류 등의 목록', '압수물건 수령서 및 승낙서'를 작성하게 한 다음(이 서류에는 USB는 기재되어 있지 않았음) 당시 검사실로 오게 한 세무공무원 丁에게 이를 제출하도록 한 경우, **설령 乙이 USB를 세무공무원에게 제출하였다고 하더라도 그 제출에 임의성이 있는지가 증명되었다고 할 수 없다면** 乙이 압수물건 수령서 및 승낙서를 제출하였다는 사정만으로 영장 기재 혐의사실과 무관한 USB가 압수되었다는 절차위반행위와 최종적인 증거수집 사이의 인과관계가 단절되었다고 보기 어려워 **USB 및 그에 저장되어 있던 영업실적표는 증거능력이 없다**(대판 2016.3.10, 2013도11233 **광우병의심 소고기 유통 사건**).

6 위법하게 수집된 증거를 기초로 하여 획득한 2차적 증거의 증거능력을 인정한 경우

① 피고인의 **제1심 법정 자백은** (수사기관이 법관의 영장 없이 그 거래명의자에 관한 정보를 알아낸 후 그 정보에 기초하여 긴급체포함으로써 구금 상태에 있던 피고인으로부터 받아낸) **최초 자백 이후 약 3개월이 지난 시점에 공개된 법정에서 적법한 절차를 통하여 임의로 이루어진 것**이라는 점 등을 고려하여 볼 때 유죄 인정의 증거로 사용할 수 있는 경우에 해당한다. 나아가 **피해자들 작성의 진술서는** 제3자인 **피해자들이 범행일로부터 약 3개월, 11개월 이상 지난 시점에서 기존의 수사절차로부터 독립하여 자발적으로 자신들의 피해 사실을 임의로 진술한 것**이므로 역시 유죄 인정의 증거로 사용할 수 있는 경우에 해당한다(대판 2013.3.28, 2012도13607 **대구할머니 절도 사건**). 14. 국가직 7급, 15. 변호사, 18. 경찰승진

② 사전에 구속영장을 제시하지 아니한 채 구속영장을 집행하고, 그 구속 중 수집한 피고인의 진술증거 중 **피고인의 제1심 법정진술**은, 피고인이 구속집행절차의 위법성을 주장하면서 청구한 구속적부심사의 심문 당시 구속영장을 제시받은 바 있어, 그 이후에는 구속영장에 기재된 범죄사실에 대하여 숙지하고 있었던 것으로 보이고, 구속 이후 원심에 이르기까지 구속적부심사와 보석의 청구를 통하여 구속집행절차의 위법성만을 다투었을 뿐, 그 **구속 중 이루어진 진술증거의 임의성이나 신빙성에 대하여는 전혀 다투지 않았을 뿐만 아니라, 변호인과의 충분한 상의를 거친 후 공소사실 전부에 대하여 자백한 것**이라면 유죄 인정의 증거로 삼을 수 있는 예외적인 경우에 해당한다(대판 2009.4.23, 2009도526 **강남경찰서 경위 수뢰 사건**). 14. 경찰간부, 16. 법원직 9급

③ (강도 현행범으로 체포된 피고인에게 진술거부권을 고지하지 아니한 채 강도범행에 대한 자백을 받고, 이를 기초로 여죄에 대한 진술과 증거물을 확보한 후 진술거부권을 고지하여 피고인의 임의자백 및 피해자의 피해사실에 대한 진술을 수집한 사안에서) **제1심 법정에서의 피고인의 자백은 진술거부권을 고지받지 않은 상태에서 이루어진 최초 자백 이후 40여 일이 지난 후에 변호인의 충분한 조력을 받으면서 공개된 법정에서 임의로 이루어진 것이고, 피해자의 진술은 법원의 적법한 소환에 따라 자발적으로 출석하여 위증의 벌을 경고받고 선서한 후 공개된 법정에서 임의로 이루어진 것**이어서 예외적으로 유죄 인정의 증거로 사용할 수 있는 2차적 증거에 해당한다(대판 2009.3.12, 2008도11437 **40여 일 뒤 자백 사건**). 14. 법원직 9급, 15. 경찰채용 · 국가직 7급, 16. 경찰승진, 19. 경찰간부, 20. 법원직 9급 · 경찰승진

④ 수사기관의 연행이 위법한 체포에 해당하고 그에 이은 제1차 채뇨에 의한 증거 수집이 위법하다고 하더라도, 피고인은 이후 법관이 발부한 구속영장에 의하여 적법하게 구금되었고 법관이 발부한 압수영장에 의하여 2차 채뇨 및 채모 절차가 적법하게 이루어진 이상, 그와 같은 2차적 증거 수집이 위법한 체포 · 구금절차에 의하여 형성된 상태를 직접 이용하여 행하여진 것으로는 쉽사리 평가할 수 없다. 메스암페타민 투약 범행과 같은 중대한 범행의 수사를 위하여 피고인을 경찰서로 동행하는 과정에서 위법이 있었다는 사유만으로 법원의 영장발부에 기하여 수집된 2차적 증거의 증거능력마저 부인한다면, 이는 오히려 헌법과 형사소송법이 형사소송에 관한 절차조항을 마련하여 적법절차의 원칙과 실체적 진실 규명의 조화를 도모하고 이를 통하여 형사사법 정의를 실현하려 한 취지에 반하는 결과를 초래하게 될 것이라는 점도 아울러 참작하면 **법관이 발부한 압수영장에 의하여 이루어진 2차 채뇨 및 채모 절차를 통해 획득된 감정서는 모두 증거능력이 인정된다**(대판 2013.3.14, 2012도13611 **부산 마약피의자 강제연행 사건**). 14. 국가직 7급, 15. 변호사 · 경찰간부

7 위법수집증거에 해당하지 않는 경우

① **(처벌 기준치에 미달한 호흡측정 결과에 오류가 있다고 인정할 만한 객관적이고 합리적인 사정이 있어)** 교통사고 조사를 담당한 경찰관이 피고인의 음주운전 혐의를 제대로 밝히기 위하여 **피고인의 자발적인 동의를 얻어 혈액채취에 의한 측정방법으로 다시 음주측정을 한 조치를 위법하다고 할 수 없고**, 이를 통하여 획득한 혈액측정 결과 또한 위법한 절차에 따라 수집한 증거라고 할 수 없으므로 그 **증거능력을 부정할 수 없다**(대판 2015.7.9, 2014도16051 **멍청한 음주운전자 사건**).

② [1] 범죄의 피해자인 검사가 그 사건의 수사에 관여하거나 **압수 · 수색영장의 집행에 참여한 검사가 다시 수사에 관여**하였다는 이유만으로 바로 그 수사가 **위법하다거나** 그에 따른 참고인이나 **피의자의 진술에 임의성이 없다고 볼 수는 없다**. [2] 압수 · 수색영장의 집행과정에서 폭행 등의 피해를 당한 검사 등이 수사에 관여하였다는 이유만으로 그 검사 등이 작성한 참고인진술조서 등의 증거능력이 부정될 수 없다(대판 2013.9.12, 2011도12918 **한화그룹 압수 · 수색 방해 사건**). 14. 경찰간부, 14 · 17. 경찰채용, 14. 국가직 7급, 16. 법원직 9급, 18. 경찰승진

③ 검찰관이 피고인 甲을 뇌물수수 혐의로 기소한 후 **형사사법공조절차를 거치지 아니한 채 과테말라공화국에 현지출장하여 그 곳 호텔에서 뇌물공여자 乙을 상대로 참고인진술조서를 작성한 경우** 피고인에 대한 국내 형사소송절차에서 위와 같은 사유로 인하여 **위법수집증거배제법칙이 적용된다고 할 수 없다**(대판 2011.7.14, 2011도3809 **해병대 소령 수뢰 사건**). 14 · 15. 경찰간부, 17. 국가직 9급, 20. 경찰채용

④ **범행 현장에서 지문채취 대상물(맥주병, 맥주컵, 물컵)에 대한 지문채취가 먼저 이루어진 이상**, 수사기관이 그 이후에 **지문채취 대상물을 적법한 절차에 의하지 아니한 채 압수하였다고 하더라도 위와 같이 채취된 지문은** 위법하게 압수한 지문채취 대상물로부터 획득한 2차적 증거에 해당하지 아니함이 분명하여 이를 가리켜 **위법수집증거라고 할 수 없다**(대판 2008.10.23, 2008도7471 **인천 주점 강도강간 사건**). 15. 변호사, 15 · 18. 경찰승진 · 경찰채용, 17. 국가직 7급, 20. 국가직 7급 · 해경채용

⑤ 압수 · 수색 · 검증영장 법관의 서명 · 날인란에 **서명만 있고 날인이 없는 경우 형사소송법이 정한 요건을 갖추지 못하여 적법하게 발부되었다고 볼 수 없으나**, 위와 같은 결함은 피고인의 기본적 인권보장 등 법익 침해 방지와 관련성이 적으므로 **절차조항 위반의 내용과 정도가 중대하지 않고 절차 조항이 보호하고자 하는 권리나 법익을 본질적으로 침해하였다고 볼 수 없다**. 오히려 이러한 경우에까지 공소사실과 관련성이 높은 파일 출력물의 증거능력을 배제하는 것은 적법절차의 원칙과 실체적 진실규명의 조화를 도모하고 이를 통하여 형사 사법 정의를 실현하려는 취지에 반하는 결과를 초래할 수 있다(대판 2019.7.11, 2018도20504 **판사 날인 누락 사건**).

⑥ 수사기관이 범죄를 수사하면서 **불특정, 다수의 출입이 가능한 장소에 통상적인 방법으로 출입하여 아무런 물리력이나 강제력을 행사하지 않고 통상적인 방법으로 위법행위를 확인하는 것은** 특별한 사정이 없는 한 임의수사의 한 방법으로서 허용되므로 **영장 없이 이루어졌다고 하여 위법하다고 할 수 없다**(대판 2023.7.13, 2019도7891 **춤추는 손님들 촬영사건 Ⅰ**).

⑦ 식품위생법 제22조 제3항에 따라 권한을 표시하는 증표 및 조사기간 등이 기재된 서류를 제시하여야 하는 경우는 식품위생법 제22조 제1항 제2호에 따라 영업소에 출입하여 식품 등 또는 영업 시설 등에 대하여 검사하거나 식품 등의 무상 수거, 장부 또는 서류를 열람하는 등의 행정조사를 하려는 경우에 한정된다. 따라서 형사소송법 제197조[24년 현재 제245조의10], 구 「사법경찰관리의 직무를 수행할 자와 그 직무범위에 관한 법률」 제5조 제8호에 근거하여 **특별사법경찰관리로 지명된 공무원이 범죄수사를 위하여 음식점 등 영업소에 출입하여 증거수집 등 수사를 하는 경우에는 식품위생법 제22조 제3항이 정한 절차를 준수하지 않았다고 하여 위법하다고 할 수 없다**(대판 2023.7.13, 2021도10763 **춤추는 손님들 촬영사건 Ⅱ**).

8 일반 사인의 불법수집 증거의 증거능력을 인정한 사례

① **甲이 乙과 통화를 마친 후 전화가 끊기지 않은 상태에서 휴대전화를 통하여 '우당탕', '악' 소리를 들었는데**, 甲의 청취행위가 乙 등의 사생활의 영역에 관계된 것이라 하더라도 甲이 그와 같은 소리를 들었다는 진술을 상해 부분에 관한 증거로 사용하는 것이 乙 등의 사생활의 비밀과 자유 또는 인격권을 위법하게 침해한다고 볼 수 없어 **그 증거의 제출은 허용된다**(대판 2017.3.1, 2016도19843 **우당탕 악 사건**).

② 피고인들 사이의 간통 범행을 고소한 **피고인 甲의 남편 乙이 甲의 주거에 침입하여 수집한 후 수사기관에 제출한 혈흔이 묻은 휴지들 및 침대시트를 목적물로 하여 이루어진 감정의뢰회보**에 대하여, 乙이 甲의 주거에 침입한 시점은 甲이 그 주거에서의 실제상 거주를 종료한 이후이고, 감정의뢰회보는 피고인들에 대한 형사소추를 위하여 반드시 필요한 증거라 할 것이므로 **공익의 실현을 위해서 감정의뢰회보를 증거로 제출하는 것이 허용되어야 하고**, 이로 말미암아 甲의 주거의 자유나 사생활의 비밀이 일정 정도 침해되는 결과를 초래한다 하더라도 이는 甲이 수인하여야 할 기본권의 제한에 해당된다(대판 2010.9.9, 2008도3990 **별거 배우자 원룸침입 사건**). 15. 변호사, 16 · 20. 법원직 9급

✎ 취지만 유효

③ 사문서위조 · 위조사문서행사 및 소송사기로 이어지는 일련의 범행에 대하여 피고인을 형사소추하기 위해서는 **업무일지**가 반드시 필요한 증거로 보이므로 설령 그것이 **제3자에 의하여 절취된 것으로서 소송사기 등의 피해자측이 이를 수사기관에 증거자료로 제출하기 위하여 대가를 지급하였다 하더라도 공익의 실현을 위하여는 업무일지를 범죄의 증거로 제출하는 것이 허용**되어야 하고, 이로 말미암아 피고인의 사생활 영역을 침해하는 결과가 초래된다 하더라도 이는 피고인이 수인하여야 할 기본권의 제한에 해당된다(대판 2008.6.26, 2008도1584 **위조연습 업무일지 사건**). 15. 변호사, 16. 법원직 9급, 19. 경찰간부, 20. 해경채용

④ **피고인의 동의하에 촬영된 나체사진**의 존재만으로 피고인의 인격권과 초상권을 침해하는 것으로 볼 수 없고 가사 사진을 촬영한 제3자가 그 사진을 이용하여 피고인을 공갈할 의도였다고 하더라도 사진의 촬영이 임의성이 배제된 상태에서 이루어진 것이라고 할 수는 없으며 그 사진은 범죄현장의 사진으로서 피고인에 대한 형사소추를 위하여 반드시 필요한 증거로 보이므로 **공익의 실현을 위하여는 그 사진을 범죄의 증거로 제출하는 것이 허용**되어야 하고, 이로 말미암아 피고인의 사생활의 비밀을 침해하는 결과를 초래한다 하더라도 이는 피고인이 수인하여야 할 기본권의 제한에 해당된다(대판 1997.9.30, 97도1230 **나체사진 사건**). 14. 국가직 9급, 15. 경찰승진

✎ 취지만 유효

제5절 전문법칙

01 전문법칙과 전문증거

전문법칙의 의의	**전문증거의 증거능력을 부정하는 증거법칙**	
전문증거의 개념	사실인정의 기초가 되는 요증사실을 경험자 자신이 직접 법원에 진술하지 않고 다른 매체를 통해서 간접적으로 법원에 보고하는 경우 그러한 매체를 전문증거라고 함	
전문증거의 종류	전문진술	요증사실을 경험한 자로부터 그 경험내용을 전해들은 자가 그 내용을 법원에 진술할 때 그 진술(예 피고인의 진술을 그 내용으로 하는 증인의 증언 등)
	진술서	요증사실을 경험자 자신이 서면에 기재하여 법원에 제출할 때 그 서면(예 진술서, 자술서, 전말서, 진단서, 수첩 등)
	진술녹취서	요증사실을 경험자로부터 전해들은 자가 그 내용을 서면에 기재하여 법원에 제출할 때 그 서면(예 피의자신문조서, 참고인진술조서, 증인신문조서 등)

재전문증거	재전문증거에는 전문진술을 기재한 조서(재전문서류), 재전문진술, 재전문진술을 기재한 서류(재재전문서류)등이 있다. 판례는 전문진술을 기재한 조서(재전문서류)의 경우 전문진술(제316조)에 대한 요건과 기재한 조서(제312조 내지 제314조)에 대한 **요건을 둘 다 구비하거나 증거동의하면 증거능력이 있다**는 입장이지만 재전문진술이나 재전문진술을 기재한 조서(재재전문서류)의 경우 **피고인이 증거로 함에 동의하지 않는 한 증거능력이 없다**는 입장이다.

판례 |

1 재전문진술이나 재전문진술을 기재한 조서의 증거능력 유무(= 피고인이 증거로 함에 동의하지 않는 한 증거능력 없음)

형사소송법은 전문진술에 대하여 제316조에서 실질상 단순한 전문의 형태를 취하는 경우에 한하여 예외적으로 그 증거능력을 인정하는 규정을 두고 있을 뿐 **재전문진술이나 재전문진술을 기재한 조서**에 대하여는 달리 그 증거능력을 인정하는 규정을 두고 있지 아니하고 있으므로, **피고인이 증거로 하는 데 동의하지 아니하는 한 형사소송법 제310조의2의 규정에 의하여 이를 증거로 할 수 없다**(대판 2012.5.24, 2010도5948 **대전 동거남 폭행치사 사건**). 14·17. 경찰승진, 14·16·17. 경찰간부, 14·15·20. 경찰채용, 16·17. 변호사

2 전문증거의 범위

① 타인의 진술을 내용으로 하는 진술이 전문증거인지는 요증사실과 관계에서 정하여지는데, **원진술의 내용인 사실이 요증사실인 경우에는 전문증거**이나, **원진술의 존재 자체가 요증사실인 경우에는 본래증거**이지 전문증거가 아니다(대판 2014.2.27, 2013도12155 **최태원 SK그룹회장 사건**). 14·18. 경찰간부, 18. 국가직 9급

② **어떤 진술을 범죄사실에 대한 직접증거로 사용**할 때에는 그 진술이 **전문증거**가 된다고 하더라도 **그와 같은 진술을 하였다는 것 자체 또는 그 진술의 진실성과 관계없는 간접사실에 대한 정황증거로 사용**할 때에는 반드시 **전문증거가 되는 것은 아니다**[대판 2015.1.22, 2014도10978(전합) **이석기 의원 사건**]. 14·16. 법원직 9급, 15. 국가직 7급

③ **어떤 진술이 기재된 서류가 그 내용의 진실성이 범죄사실에 대한 직접증거로 사용**될 때에는 **전문증거가 된다**고 하더라도, **그와 같은 진술을 하였다는 것 자체 또는 그 진술의 진실성과 관계없는 간접사실에 대한 정황증거로 사용**될 때에는 반드시 **전문증거가 되는 것은 아니다**(대판 2013.6.13, 2012도16001 **이언주 의원 선거사무장 사건**). 14. 경찰채용, 16. 국가직 7급·국가직 9급, 17. 경찰간부, 18. 경찰승진

3 원본증거(본래증거)에 해당하는 경우

① 피해자 A 등이 제1심 법정에서 **"피고인이 88체육관 부지를 공시지가로 매입하게 해 주고 KBS와의 시설이주 협의도 2개월 내로 완료하겠다고 말하였다."**고 진술한 경우, **피고인의 위와 같은 원진술의 존재 자체가 사기죄 또는 변호사법 위반죄에 있어서의 요증사실**이므로 이를 직접 경험한 A 등이 피고인으로부터 위와 같은 말을 들었다고 하는 진술은 전문증거가 아니라 **본래증거에 해당**한다(대판 2012.7.26, 2012도2937 **지원장 출신 원로변호사 사기 사건**). 17. 경찰간부

② A가 **"피고인으로부터 '건축허가 담당 공무원이 외국연수를 가므로 사례비를 주어야 한다'는 말과 '건축허가 담당 공무원이 4,000만원을 요구하는데 사례비로 2,000만원을 주어야 한다'는 말을 들었다."**는 취지로 진술한 경우, **피고인의 위와 같은 원진술의 존재 자체가 알선수재죄에 있어서의 요증사실**이므로 이를 직접 경험한 A가 피고인으로부터 위와 같은 말들을 들었다고 하는 진술들은 전문증거가 아니라 **본래증거에 해당**된다(대판 2008.11.13, 2008도8007). 18. 국가직 7급, 20. 변호사

4 비진술증거로서 전문법칙이 적용되지 않는 경우

① [1] 피고인이 수표를 발행하였으나 예금부족 또는 거래정지처분으로 지급되지 아니하게 하였다는 **부정수표단속법 위반의 공소사실을 증명하기 위하여 제출되는 수표는 그 서류의 존재 또는 상태 자체가 증거가 되는 것이어서 증거물인 서면에 해당하고** 어떠한 사실을 직접 경험한 사람의 진술에 갈음하는 대체물이 아니므로, 그 증거능력은 증거물의 예에 의하여 판단하여야 하고, 이에 대하여는 형사소송법 제310조의2에서 정한 **전문법칙이 적용될 여지가 없다**. [2] 이때 수표 원본이 아니라 전자복사기를 사용하여 복사한 사본이 증거로 제출되었고 피고인이 이를 증거로 하는 데 부동의한 경우 수표 사본을 증거로 사용하기 위해서는 수표 원본을 법정에 제출할 수 없거나 그 제출이 곤란한 사정이 있고 수표 원본이 존재하거나 존재하였으며 증거로 제출된 수표 사본이 이를 정확하게 전사한 것이라는 사실이 증명되어야 한다(대판 2015.4.23, 2015도2275 **당좌수표사본 사건**). 16. 변호사, 16 · 17. 국가직 7급, 17. 경찰간부, 17 · 20. 법원직 9급

② "정보통신망을 통하여 공포심이나 불안감을 유발하는 글을 반복적으로 상대방에게 도달하게 하는 행위를 하였다."는 공소사실에 대하여 휴대전화기에 저장된 문자정보가 그 증거가 되는 경우와 같이 **그 문자정보가 범행의 직접적인 수단이 될 뿐 경험자의 진술에 갈음하는 대체물에 해당하지 않는 경우**에는 형사소송법 제310조의2에서 정한 **전문법칙이 적용될 여지가 없다**(대판 2008.11.13, 2006도2556 **횡설수설 문자협박 사건**). 14 · 18 · 20. 경찰승진, 14 · 16 · 19 · 20. 경찰채용, 16. 법원직 9급, 16 · 17. 국가직 7급, 17 · 18. 국가직 9급, 18 · 19 · 21. 경찰간부, 20. 변호사

③ '상해부위를 촬영한 사진'은 비진술증거로서 전문법칙이 적용되지 않는다(대판 2007.7.26, 2007도3906). 23. 경찰간부

02 전문법칙의 예외

SUMMARY | 전문법칙의 예외

구분	적용대상	증거능력 인정요건
제311조	법원 · 법관의 면전 조서	당연히 증거능력 인정
제312조 제1항	검사 작성 피의자신문조서	적법성 + 내용의 인정
제312조 제3항	사법경찰관 작성 피의자신문조서	적법성 + 내용의 인정
제312조 제4항	검사 또는 사법경찰관 작성 참고인진술조서	적법성 + 성립의 진정 + 특신상태 + 반대신문의 기회보장
제312조 제6항	검사 또는 사법경찰관 작성 검증조서	적법성 + 작성자가 성립의 진정
제313조	사인 작성 진술서 · 진술녹취서, 감정서 등 다만, 수사과정에서 작성한 진술서는 제312조 제1항 내지 제4항 적용(제312조 제5항)	성립의 진정(또는 디지털포렌식 자료, 감정 등 객관적 방법) + 피고인 아닌 자가 작성한 진술서는 작성자 반대신문 기회보장(피고인의 진술을 기재한 서류는 성립의 진정 + 특신상태)
제314조	제312조 및 제313조의 증거에 적용 다만, 제312조 제3항의 증거에는 적용되지 않음(판례)	사망 · 질병 · 외국거주 · 소재불명 기타 + 특신상태
제315조	당연히 증거능력이 있는 서류	당연히 증거능력 인정
제316조 제1항	피고인의 진술을 그 내용으로 하는 전문진술	특신상태
제316조 제2항	피고인 아닌 타인의 진술을 그 내용으로 하는 전문진술	사망 · 질병 · 외국거주 · 소재불명 기타 + 특신상태

① 적법한 절차와 방식에 따라 작성: 일차적으로 형식적 진정성립(기명날인 · 서명 등의 진정)을 의미하며, 나아가 제243조(피의자신문과 참여자), 제244조(피의자신문조서 작성), 제243조의2(변호인의 참여 등), 제244조의4(수사과정의 기록) 등 조서 작성의 절차와 방식에 따라 작성된 것으로 해석됨

② 진술의 임의성: 진술이 자유로운 심리상태에서 행하여짐
③ 성립의 진정: 진술자가 진술한 내용과 동일하게 기재되어 있음
④ 특신상태: 특히 신빙할 수 있는 상태
⑤ 내용의 인정: 서류에 기재된 내용이 실제 객관적 사실과 부합함

1. 법원 또는 법관의 면전조서

의의	법원 또는 법관의 면전조서는 그 성립이 진정하고 신용성의 정황적 보장이 높기 때문에 **당연히 증거능력이 인정됨**
내용	① 공판준비 또는 공판기일에 피고인이나 피고인 아닌 자의 진술을 기재한 조서(당해 사건의 공판조서, 증인신문조서 등)는 당연히 증거능력이 인정됨 18. 경찰승진 ② 법원 · 법관 작성의 검증조서는 당연히 증거능력이 인정됨 18. 경찰승진 ③ 증거보전이나 증인신문절차에서 작성된 조서도 당연히 증거능력이 인정됨

판례 |

1 당해 사건의 공판조서의 증거능력(= 당연히 증거능력 인정)
피고인이나 피고인 아닌 자의 진술을 기재한 **당해 사건의 공판조서**는 형사소송법 제311조 전문의 규정에 의하여 당연히 증거능력이 있다(대판 2003.10.10, 2003도3282).

2 법원 작성 검증조서 중 진술자의 상태에 대한 증거능력(= 당연히 증거능력 인정)
녹음된 진술자의 상태 등을 확인하기 위하여 법원이 녹음테이프에 대한 검증을 실시한 경우, 그 검증조서는 당연히 증거능력이 인정된다(대판 2008.7.10, 2007도10755). 16. 국가직 9급, 18. 변호사 · 경찰간부

3 법원 작성 검증조서 중 녹음된 대화내용 자체의 증거능력(제313조 제1항 진술서에 해당)
[1] **피고인과 상대방 사이의 대화내용**에 관한 녹취서가 공소사실의 증거로 제출되어 그 녹취서의 기재내용과 녹음테이프의 녹음내용이 동일한지 여부에 대하여 **법원이 검증을 실시한 경우**에, 증거자료가 되는 것은 녹음테이프에 녹음된 대화내용 그 자체이고, 그중 피고인의 진술내용은 실질적으로 형사소송법 제311조, 제312조의 규정 이외에 피고인의 진술을 기재한 서류와 다름없어 피고인이 그 녹음테이프를 증거로 할 수 있음에 동의하지 않은 이상 그 녹음테이프 검증조서의 기재 중 피고인의 진술내용을 증거로 사용하기 위해서는 [2] **형사소송법 제313조 제1항 단서**에 따라 공판준비 또는 공판기일에서 그 작성자인 상대방의 진술에 의하여 녹음테이프에 녹음된 피고인의 진술내용이 피고인이 진술한 대로 녹음된 것임이 증명되고 나아가 그 진술이 특히 신빙할 수 있는 상태하에서 행하여진 것임이 인정되어야 하며, [3] 또한 녹음테이프는 그 성질상 작성자나 진술자의 서명 혹은 날인이 없을 뿐만 아니라 녹음자의 의도나 특정한 기술에 의하여 그 내용이 편집, 조작될 위험성이 있음을 고려하여 그 대화내용을 녹음한 원본이거나 혹은 원본으로부터 복사한 사본일 경우에는 복사과정에서 편집되는 등의 인위적 개작 없이 원본의 내용 그대로 복사된 사본임이 증명되어야만 한다(대판 2008.12.24, 2008도9414). 16. 국가직 9급

2. 피의자신문조서

의의	① 수사기관이 피의자를 신문하고 그 진술을 기재한 조서 ② 피의자를 신문하고 그 진술을 기재한 서류라면, 그 명칭이 진술조서 · 진술서라고 하더라도 피의자신문조서와 동일함
검사 작성	적법성과 피고인 또는 변호인이 **그 내용을 인정할 때에 한하여** 증거능력이 인정됨
사법경찰관 작성	① 적법성과 피고인 또는 변호인이 **그 내용을 인정할 때에 한하여** 증거능력이 인정됨 14 · 16 · 17 · 18. 경찰승진, 14 · 18. 경찰간부, 14 · 17 · 18. 경찰채용 ② '다른 피의자에 대한 사법경찰관 작성 피의자신문조서' 및 '별개 사건에서의 사법경찰관 작성 피의자신문조서'에 대하여도 제312조 제3항이 적용됨(판례) ③ 사법경찰관 작성 피의자신문조서에 대해서는 형사소송법 제314조는 적용되지 않음(판례)

판례 |

1 수사기관에서의 조사과정에서 작성된 진술조서, 진술서, 자술서 등의 증거능력 판단

피의자의 진술을 녹취 내지 기재한 서류 또는 문서가 수사기관에서의 조사과정에서 작성된 것이라면 그것이 '진술조서, 진술서, 자술서'라는 형식을 취하였다고 하더라도 **피의자신문조서와 달리 볼 수 없다**(대판 2014.4.10, 2014도1779). 14 · 16 · 18. 경찰채용, 15. 변호사 · 경찰승진, 16 · 17. 경찰간부

2 '검사 작성' 조서라고 할 수 있는 경우

검사가 피의사실에 관하여 전반적 핵심적 사항을 질문하고 이를 토대로 신문에 참여한 검찰주사보가 직접 문답하여 작성한 피의자신문조서(대판 1984.7.10, 84도846 **녹용밀수단 사건**)

3 '검사 작성' 조서라고 할 수 없는 경우

① **검찰주사가** 담당 검사의 지시에 따라 **검사가 참석하지 않은 상태에서 피의자를 신문**한 후 작성한 피의자신문조서. 다만, 검사는 검찰주사의 조사 직후 피의자에게 개괄적으로 질문한 사실이 있을 뿐임(대판 1990.9.28, 90도1483) 17. 경찰채용, 19. 경찰간부

② **검찰주사가 담당 검사가 임석하지 아니한 상태에서 피의자를 신문**한 후 작성한 피의자신문조서. 다만, 검사는 조사가 끝난 후 피의자에게 **'이것이 모두 사실이냐'**는 취지로 개괄적으로 질문만 했을 뿐임(대판 2003.10.9, 2002도4372)

4 조세범칙조사 담당 세무공무원 작성 심문조서의 증거능력에 관하여 형사소송법 제312조의 적용 여부(소극)

조세범칙조사를 담당하는 세무공무원이 피고인이 된 혐의자 또는 참고인에 대하여 심문한 내용을 기재한 조서는 검사 · 사법경찰관 등 수사기관이 작성한 조서와 동일하게 볼 수 없으므로 **형사소송법 제312조에 따라 증거능력의 존부를 판단할 수는 없고,** 피고인 또는 피고인이 아닌 자가 작성한 진술서나 그 진술을 기재한 서류에 해당하므로 형사소송법 제313조에 따라 공판준비 또는 공판기일에서 작성자 · 진술자의 진술에 따라 성립의 진정함이 증명되고 나아가 그 진술이 특히 신빙할 수 있는 상태 아래에서 행하여 진 때에 한하여 증거능력이 인정된다(대판 2022.12.15, 2022도8824 **범칙혐의자심문조서 사건**). 23. 경찰채용

5 적법한 절차와 방식에 따라 작성되지 않아 증거능력이 부정되는 경우

① 조서말미에 피고인의 서명만이 있고, 그 **날인(무인 포함)이나 간인이 없는** 검사 작성의 피의자신문조서는 증거능력이 없다(대판 1999.4.13, 99도237). 16. 변호사, 18. 국가직 9급

② 검사 작성의 피의자신문조서에 작성자인 **검사의 서명 · 날인이 되어 있지 아니한** 경우 그 피의자신문조서는 공무원이 작성하는 서류로서의 요건을 갖추지 못한 것으로서 형사소송법 제57조 제1항에 위반되어 무효이고 따라서 이에 대하여 증거능력을 인정할 수 없다(대판 2001.9.28, 2001도4091 **민원사무처리부 변조 사건**). 16. 국가직 7급, 18. 경찰채용

6 형사소송법 제312조 제1항에서 '내용을 인정할 때'의 의미(=진술한 내용이 실제 사실과 부합한다는 것을 의미)

2022.1.1.부터 시행된 형사소송법 제312조 제1항에서 **'그 내용을 인정할 때'라 함은** 피의자신문조서의 기재 내용이 진술 내용대로 기재되어 있다는 의미가 아니고 **그와 같이 진술한 내용이 실제 사실과 부합한다는 것을 의미한다**(대판 2023.6.1, 2023도3741 **필로폰 매수인에 대한 검찰 피신조서사본 사건**)(同旨 대판 2023.4.27, 2023도2102 **칠곡 필로폰 투약사건**).

7 검사 작성 피의자신문조서의 성립의 진정의 의미와 방법

검사가 피고인이 된 피의자의 진술을 기재한 조서는 그 작성절차와 방식의 적법성과 별도로 그 내용이 검사 앞에서 진술한 것과 동일하게 기재되어 있다는 점, 즉 **실질적 진정성립**이 인정되어야 증거로 사용할 수 있다. 여기서 기재내용이 동일하다는 것은 적극적으로 **진술한 내용이 그 진술대로 기재되어 있어야 한다는 것 뿐 아니라 진술하지 아니한 내용이 진술한 것처럼 기재되어 있지 아니할 것을 포함하는 의미이다**(대판 2013.3.14, 2011도8325). 18. 법원직 9급, 19. 경찰간부

8 검사 작성 피의자신문조서의 실질적 진정성립 증명수단인 '영상녹화물이나 그 밖의 객관적인 방법'의 의미 및 조사관 또는 통역인 등의 증언이 이에 해당하는지의 여부(소극)

검사 작성의 피의자신문조서에 대한 실질적 진정성립을 증명할 수 있는 수단으로서 형사소송법 제312조 제2항에 규정된 **'영상녹화물이나 그 밖의 객관적인 방법'이라 함은** 형사소송법 및 형사소송규칙에 규정된 방식과 절차에 따라 제작된 **영상녹화물 또는 그러한 영상녹화물에 준할 정도로 피고인의 진술을 과학적 · 기계적 · 객관적으로 재현해 낼 수 있는 방법만을 의미한다고 봄이 타당하고,** 그 외에 **조사관 또는 조사 과정에 참여한 통역인 등의 증언은 이에 해당한다고 볼 수 없다**(대판 2016.2.18, 2015도16586 **통역인 진정성립 증언 사건**). 16 · 17. 국가직 7급, 17. 경찰간부 · 경찰채용, 17 · 18. 국가직 9급, 18. 변호사 · 경찰승진 · 법원직 9급

➔ 다만, 개정 형사소송법에 의하면 적법성 내용인정으로 요건이 바뀌었지만, 영상녹화물에 대한 쟁점이 남아 있어서 남겨둠

9 검사 작성 피의자신문조서의 증거능력 관련 판례

① 수사기관이 작성한 조서의 내용이 **원진술자가 진술한 대로 기재된 것**이라 함은 조서 작성 당시 원진술자의 진술대로 기재되었는지의 여부만을 의미하는 것으로 **그와 같이 진술하게 된 연유나 그 진술의 신빙성 여부는 고려할 것이 아니다**(대판 2008.3.27, 2007도11400). 18. 변호사

② 피고인이 그 진술을 기재한 검사 작성의 **피의자신문조서 중 일부에 관하여만 실질적 진정성립을 인정하는 경우**에는 법원은 당해 조서 중 어느 부분이 그 진술대로 기재되어 있고 어느 부분이 달리 기재되어 있는지 여부를 구체적으로 심리한 다음 **진술한 대로 기재되어 있다고 하는 부분에 한하여 증거능력을 인정**하여야 하고, 그 밖에 실질적 진정성립이 인정되지 않는 부분에 대해서는 증거능력을 부정하여야 한다(대판 2013.3.14, 2011도8325). 15. 변호사, 16 · 18. 경찰간부, 16 · 17. 경찰채용

➔ 다만, 개정 형사소송법에 의하면 적법성 내용인정으로 요건이 바뀌었지만, 영상녹화물에 대한 쟁점이 남아 있어서 남겨둠

10 검찰송치 전 피의자로부터 받은 검사 작성 피의자신문조서의 증거능력(= 송치 후에 작성된 피의자신문조서와 같이 볼 수 없음)

검찰에 송치되기 전에 구속피의자로부터 받은 검사 작성의 피의자신문조서는 극히 이례에 속하는 것으로 그렇게 했어야 할 특별한 사정이 보이지 않는 한 **송치 후에 작성된 피의자신문조서와 마찬가지로 취급하기는 어렵다**(대판 1994.8.9, 94도1228 **친누나 강간치사 사건**). 15 · 18. 변호사, 16. 경찰간부

11 형사소송법 제312조 제1항이 '다른 피고인이나 피의자에 대한 검사 작성 피의자신문조서'에도 적용되는지의 여부(적극)

형사소송법 제312조 제1항에서 정한 '검사가 작성한 피의자신문조서'란 당해 피고인에 대한 피의자신문조서만이 아니라 **당해 피고인과 공범관계에 있는 다른 피고인이나 피의자에 대하여 검사가 작성한 피의자신문조서도 포함되고,** 여기서 말하는 '공범'에는 형법 총칙의 공범 이외에도 서로 대향된 행위의 존재를 필요로 할 뿐 각자의 구성요건을 실현하고 별도의 형벌 규정에 따라 처벌되는 **강학상 필요적 공범 또는 대향범까지 포함한다.** 따라서 **피고인이 자신과 공범관계에 있는 다른 피고인이나 피의자에 대하여 검사가 작성한 피의자신문조서의 내용을 부인하는 경우에는 형사소송법 제312조 제1항에 따라 유죄의 증거로 쓸 수 없다**(대판 2023.6.1, 2023도3741 **필로폰 매수인에 대한 검찰 피신조서사본 사건**).

12 형사소송법 제312조 제3항의 '검사 이외의 수사기관'의 의미

[1] 형사소송법 제312조 제3항의 '**검사 이외의 수사기관**'에는 달리 특별한 사정이 없는 한 **외국의 권한 있는 수사기관도 포함된다**고 봄이 상당하다. [2] 미국 범죄수사대(CID), 연방수사국(FBI)의 수사관들이 작성한 수사보고서 및 피고인이 위 수사관들에 의한 조사를 받는 과정에서 작성하여 제출한 진술서는 피고인이 그 내용을 부인하는 이상 증거로 쓸 수 없다(대판 2006.1.13, 2003도6548 **이태원 미국여대생 피살 사건**). 15. 경찰승진, 17. 경찰채용

13 형사소송법 제312조 제3항 소정의 '내용을 인정할 때'의 의미(= 피의자신문조서의 기재 내용이 실제사실과 부합한다는 것을 인정)

'**그 내용을 인정할 때**'라 함은 위 피의자신문조서의 기재 내용이 진술내용대로 기재되어 있다는 의미가 아니고 그와 같이 **진술한 내용이 실제사실과 부합한다는 것을 의미**한다(대판 2010.6.24, 2010도5040). 15 · 16 · 18. 경찰채용

14 형사소송법 제312조 제3항이 '다른 피고인에 대한 사법경찰관 작성 피의자신문조서'에도 적용되는지의 여부(적극)

① 피고인과 공범관계가 있는 다른 피의자에 대한 **검사 이외의 수사기관 작성의 피의자신문조서는** 그 피의자의 법정진술에 의하여 성립의 진정이 인정되더라도 당해 **피고인이 공판기일에서 그 조서의 내용을 부인하면 증거능력이 부정된다**(대판 2015.10.29, 2014도5939 **서울시 공무원 간첩 사건**). 15 · 16 · 18 · 20. 경찰채용, 20. 해경채용

② [1] **형사소송법 제312조 제3항**은 검사 이외의 수사기관이 작성한 당해 피고인에 대한 피의자신문조서를 유죄의 증거로 하는 경우뿐만 아니라 **검사 이외의 수사기관이 작성한 당해 피고인과 공범관계에 있는 다른 피고인이나 피의자에 대한 피의자신문조서를 당해 피고인에 대한 유죄의 증거로 채택할 경우에도 적용**된다. [2] 따라서 당해 피고인과 공범관계가 있는 다른 피의자에 대하여 검사 이외의 수사기관이 작성한 피의자신문조서는 그 피의자의 법정진술에 의하여 그 성립의 진정이 인정되는 등 형사소송법 제312조 제4항의 요건을 갖춘 경우라고 하더라도 당해 피고인이 공판기일에서 그 조서의 내용을 부인한 이상 이를 유죄 인정의 증거로 사용할 수 없다(대판 2010.2.25, 2009도14409 **소고기 원산지 허위표시 사건**). 14 · 18. 변호사, 14 · 15. 경찰승진, 14. 법원직 9급, 15. 국가직 9급, 18. 경찰간부 · 경찰채용

③ [1] 당해 피고인과 공범관계에 있는 공동피고인에 대해 검사 이외의 수사기관이 작성한 피의자신문조서는 그 공동피고인의 법정진술에 의하여 성립의 진정이 인정되더라도 당해 피고인이 공판기일에서 그 조서의 내용을 부인하면 증거능력이 부정된다. [2] 그리고 이러한 경우 그 **공동피고인이 법정에서 경찰 수사 도중 피의자신문조서에 기재된 것과 같은 내용으로 진술하였다는 취지로 증언하였다고 하더라도,** 이러한 증언은 원진술자인 공동피고인이 그 자신에 대한 경찰 작성의 피의자신문조서의 진정성립을 인정하는 취지에 불과하여 위 조서와 분리하여 독자적인 증거가치를 인정할 것은 아니므로, 앞서 본 바와 같은 이유로 위 조서의 증거능력이 부정되는 이상 위와 같은 **증언 역시 이를 유죄 인정의 증거로 쓸 수 없다**고 보아야 한다(대판 2009.10.15, 2009도1889 **포승창고 유사휘발유 사건**). 17. 국가직 9급

15 형사소송법 제312조 제3항이 양벌규정에 따라 처벌되는 행위자와 행위자가 아닌 법인 또는 개인간의 관계에 적용되는지 여부(적극)

양벌규정에 따라 처벌되는 행위자와 행위자가 아닌 법인 또는 개인간의 관계는, 행위자가 저지른 법규위반행위가 사업주의 법규위반행위와 사실관계가 동일하거나 적어도 중요부분을 공유한다는 점에서 내용상 불가분적 관련성을 지니므로 형법총칙의 공범관계 등과 마찬가지로 인권보장적인 요청에 따라 **형사소송법 제312조 제3항이 이들 사이에서도 적용된다**(대판 2020.6.11, 2016도9367 병원 사무국장 사망 사건). 21. 경찰간부

16 사법경찰관 작성 피의자신문조서에 대하여 형사소송법 제314조가 적용되는지의 여부(소극)

당해 피고인과 공범관계에 있는 다른 피의자에 대한 검사 이외의 수사기관 작성의 피의자신문조서는 그 피의자의 법정진술에 의하여 그 성립의 진정이 인정되더라도 당해 피고인이 공판기일에서 그 조서의 내용을 부인하면 증거능력이 부정되므로 그 당연한 결과로 그 피의자신문조서에 대하여는 사망 등 사유로 인하여 법정에서 진술할 수 없는 때에 예외적으로 증거능력을 인정하는 규정인 **형사소송법 제314조가 적용되지 아니한다**(대판 2009.11.26, 2009도6602 **필로폰 매수인 사망 사건**). 14. 경찰승진, 15 · 17. 변호사, 17 · 18. 경찰채용, 17. 국가직 7급, 20. 경찰승진 · 변호사, 21. 경찰간부

3. 진술조서, 검증조서, 진술서 등

진술조서	① 수사기관이 피의자 아닌 자의 진술을 기재한 조서 ② 적법성을 갖추며, 원진술자의 진술이나 영상녹화물 등에 의하여 **성립의 진정**이 증명되고, 피고인 또는 변호인이 그 기재 내용에 관하여 **원진술자를 신문할 수 있었던 때**에 증거능력이 인정됨. 다만, 그 조서에 기재된 진술이 **특히 신빙할 수 있는 상태**하에서 행하여졌음이 증명된 때에 한함 14. 경찰간부 · 법원직 9급, 15. 경찰승진
검증조서	① 법원 또는 수사기관이 검증의 결과를 기재한 조서 ② 법원 · 법관 작성 검증조서는 **당연히 증거능력이 인정됨** 18. 경찰승진 ③ 수사기관 작성 검증조서는 적법성과 **작성자의 진술**에 따라 그 **성립의 진정**이 증명되면 증거능력이 인정됨(《주의 피고인의 진술에 따라 ×) 18. 경찰승진 · 경찰채용
진술서	① 일반 사인이 자기의 의사나 사실관계 등을 기재한 서면(자술서, 전말서, 시말서 등 명칭 불문), 사인인 의사가 작성한 진단서도 진술서에 해당 ② 수사과정에서 작성한 진술서는 수사기관 작성 피의자신문조서 또는 참고인진술조서에 준하여 증거능력 유무를 판단함 14. 경찰채용 ③ 수사과정 이외에서 작성한 진술서는 자필이거나 서명 · 날인이 있는 것으로 그 작성자 또는 진술자의 진술에 의하여 **성립의 진정**함이 증명된 때에 증거능력이 인정됨. 다만, 피고인의 진술을 기재한 서류는 그 작성자의 진술에 의하여 **성립의 진정**함이 증명되고 그 진술이 **특히 신빙할 수 있는 상태**하에서 행하여진 때에 한하여 피고인의 진술에도 불구하고 증거로 할 수 있음 ④ 진술서 외에 문자 · 사진 · 영상 등의 정보로서 컴퓨터용디스크, 그 밖에 이와 비슷한 정보저장매체에 저장된 것을 포함함 ⑤ 작성자가 성립의 진정을 부인하는 경우 과학적 분석결과에 기초한 디지털포렌식 자료, 감정 등 객관적 방법으로 성립의 진정함이 증명되는 때에는 증거로 할 수 있음 17. 변호사 · 국가직 7급 ⑥ 피고인 아닌 자가 작성한 진술서는 피고인 또는 변호인이 공판준비 또는 공판기일에 그 기재 내용에 관하여 작성자를 신문할 수 있었을 것을 요함 17. 변호사 · 국가직 7급

감정서	① 감정의 경과와 결과를 기재한 서류 ② 감정인의 진술에 의하여 **성립의 진정이 증명되고**, 피고인 또는 변호인이 감정인을 신문할 수 있었을 때에 증거능력이 인정됨 14. 변호사

판례 |

1 적법한 절차와 방식에 따라 작성되지 않은 것으로 볼 수 없어 진술조서의 증거능력이 부정되지 않는 경우

진술자와 피고인의 관계, 범죄의 종류, 진술자 보호의 필요성 등 여러 사정으로 볼 때 **상당한 이유가 있는 경우에는 수사기관이 진술자의 성명을 가명으로 기재하여 조서를 작성**하였다고 해서 그 이유만으로 그 조서가 '적법한 절차와 방식'에 따라 작성되지 않았다고 할 것은 아니다. 그러한 조서라도 공판기일 등에 원진술자가 출석하여 자신의 진술을 기재한 조서임을 확인함과 아울러 그 조서의 실질적 진정성립을 인정하고 나아가 그에 대한 반대신문이 이루어지는 등 **형사소송법 제312조 제4항에서 규정한 요건이 모두 갖추어진 이상 그 증거능력을 부정할 것은 아니라고 할 것이다**(대판 2012.5.24, 2011도7757 **조폭이 무서워 가명으로 사건**). 16. 변호사

2 적법한 절차와 방식에 따라 작성되지 않아 진술조서의 증거능력이 부정되는 경우

① 외국에 거주하는 참고인과의 전화 대화내용을 문답형식으로 기재한 검찰주사보 작성의 수사보고서에는 검찰주사보의 기명날인만 되어 있을 뿐 **원진술자인 甲이나 乙의 서명 또는 기명날인이 없으므로** 각 수사보고서는 제313조(개정법 제312조 제4항)에 정한 진술을 기재한 서류가 아니어서 제314조에 의한 증거능력의 유무를 따질 필요가 없다(대판 1999.2.26, 98도2742 **중국교포 사기 사건**). 14. 변호사, 15. 국가직 7급

② 사법경찰리 작성의 피해자에 대한 진술조서가 **피해자의 화상으로 인한 서명불능**을 이유로 입회하고 있던 피해자의 동생에게 대신 읽어 주고 그 **동생으로 하여금 서명 · 날인하게 하는 방법으로 작성**된 경우 이는 증거로 사용할 수 없다(대판 1997.4.11, 96도2865 **동생이 대신 서명 · 날인 사건**). 15 · 20. 경찰승진, 15. 경찰간부, 16. 국가직 9급

3 성립의 진정이 인정되지 않아 진술조서의 증거능력이 부정되는 경우

검사 또는 사법경찰관리 작성의 참고인에 대한 각 진술조서에 관하여 원진술자가 법정에서 **"진술조서들의 진술기재 내용이 자기가 진술한 것과 다른데도** 검사 또는 사법경찰관리가 마음대로 공소사실에 부합되도록 기재한 다음 '괜찮으니 서명 · 날인하라'고 요구하여서 할 수 없이 각 진술조서의 끝 부분에 서명 · 날인한 것이다."라고 진술하였다면 위 진술조서들은 증거능력이 없다(대판 1990.10.16, 90도1474). 15. 경찰승진

4 진술서와 감정서 관련 판례

① (피해자 A가 남동생 B에게 도움을 요청하면서 피고인이 협박한 말을 포함하여 공갈 등 피해를 입은 내용이 들어 있는) **문자메시지**의 내용을 촬영한 사진은 피해자의 진술서에 준하는 것으로 취급함이 상당할 것인바, 진술서에 관한 형사소송법 제313조에 따라 **문자메시지의 작성자인 A가 법정에 출석하여 자신이 문자메시지를 작성하여 동생에게 보낸 것과 같음을 확인하고, 동생인 B도 법정에 출석하여 A가 보낸 문자메시지를 촬영한 사진이 맞다고 확인한 이상**, 문자메시지를 촬영한 사진은 그 성립의 진정함이 증명되었다고 볼 수 있으므로 이를 증거로 할 수 있다(대판 2010.11.25, 2010도8735 **공갈당했다 문자 사건**). 15. 국가직 7급, 17. 변호사 · 국가직 9급, 18. 경찰채용

② **감정서**에는 감정인의 기명날인이 있고, 감정인이 공판기일에서 **작성명의가 진정하고 감정인의 관찰대로 기술되었다고 진술함으로써 그 성립의 진정함이 증명되었다 할 것이므로** 증거능력이 인정된다(대판 2011.5.26, 2011도1902 **장흥 방호벽충돌 아내살해 사건**).

③ 휴대전화기에 대한 압수조서 중 '압수경위'란에 기재된 내용은 피고인이 공소사실과 같은 범행을 저지르는 현장을 직접 목격한 사람의 진술이 담긴 것으로서 형사소송법 제312조 제5항에서 정한 '**피고인이 아닌 자가 수사과정에서 작성한 진술서**'에 준하는 것으로 볼 수 있고, 이에 따라 **휴대전화기에 대한 임의제출 절차가 적법하였는지 여부에 영향을 받지 않는 별개의 독립적인 증거에 해당한다**(대판 2019.11.14, 2019도13290 **지하철 몰카 사건 I**). 20. 경찰채용 · 국가직 9급

5 **피고인의 자필로 작성된 진술서의 경우에는 서류의 작성자가 동시에 진술자이므로 진정하게 성립된 것으로 인정되어 형사소송법 제313조 단서에 의하여 그 진술이 특히 신빙할 수 있는 상태하에서 행하여진 때에는 증거능력이 있고**, 이러한 특신상태는 증거능력의 요건에 해당하므로 검사가 그 존재에 대하여 구체적으로 주장 · 입증하여야 하는 것이지만, 이는 소송상의 사실에 관한 것이므로, 엄격한 증명을 요하지 아니하고 자유로운 증명으로 족하다(대판 2001.9.4, 2000도1743).

6 **피고인이 피고인의 진술을 기재한 서류를** 증거로 할 수 있음에 동의하지 않은 이상 그 서류에 기재된 피고인의 진술 내용을 증거로 사용하려면 형사소송법 제313조 제1항 단서에 따라 공판준비 또는 공판기일에서 **작성자의 진술에 의하여 그 서류에 기재된 피고인의 진술 내용이 피고인이 진술한 대로 기재된 것이 증명되고 나아가 진술이 특히 신빙할 수 있는 상태하에서 행하여진 것임이 인정되어야 한다.** 여기서 '특히 신빙할 수 있는 상태'라 함은 진술 내용이나 서류의 작성에 허위개입의 여지가 거의 없고, 진술 내용의 신빙성이나 임의성을 담보할 구체적이고 외부적인 정황이 있는 것을 말한다(대판 2022.4.28, 2018도3914 **점검단원 작성 확인서 사건**).

7 **수사기관이 작성한 수사보고서는 전문증거로서** 형사소송법 제311조, 제312조, 제315조, 제316조의 적용대상이 아니함이 분명하므로 **형사소송법 제313조의 서류에 해당하여야만 증거능력이 인정될 수 있는바,** 형사소송법 제313조가 적용되기 위해서는 그 서류에 진술자의 서명 또는 날인이 있어야 한다(대판 2023.1.12, 2022도14645 **여친 필로폰 주입사건**).

4. 제314조의 적용

의의	필요성(원진술자의 사망 · 질병 등)과 신용성의 정황적 보장(특히 신빙할 수 있는 상태)을 전제로 전문증거에 대하여 예외적으로 증거능력을 인정하는 규정
내용	① 적용대상 ㉠ 제312조 및 제313조의 서류(수사기관 및 일반 사인 작성 서류) ㉡ 다만, 제312조 제3항의 사법경찰관 작성 피의자신문조서에는 적용되지 않음(판례) ② 증거능력 인정요건 ㉠ 필요성: 원진술자가 **사망 · 질병 · 외국거주 · 소재불명 그 밖에 이에 준하는 사유**로 인하여 진술할 수 없음 ㉡ 신용성의 정황적 보장: 그 진술 또는 작성이 **특히 신빙할 수 있는 상태**하에서 행하여졌음이 증명됨

판례 |

1 형사소송법 제314조에 해당하는 경우

① 진술을 요할 자가 **중풍 · 언어장애 등 장애등급 3급 5호의 장애**로 인하여 법정에 출석할 수 없었고, 그 후 신병을 치료하기 위하여 속초로 간 후에는 그에 대한 소재탐지가 불가능하게 된 경우(대판 1999.5.14, 99도202) 16 · 17. 경찰승진

② 피해자가 증인으로 소환당할 당시부터 **노인성 치매로 인한 기억력 장애, 분별력 상실 등**으로 인하여 진술할 수 없는 경우(대판 1992.3.13, 91도2281) 15. 국가직 9급, 16. 법원직 9급 · 경찰승진

③ **이메일의 작성자인 乙은 프랑스에 거주하고 있고**, 코리아연대의 총책으로 피고인 甲 등에 대한 공소사실 중 코리아연대 구성에 의한 국가보안법 위반(이적단체의 구성 등) 부분의 공동정범에 해당하기 때문에 법원으로부터 소환장을 송달받는다고 하더라도 법정에 증인으로 출석할 것을 기대하기 어려운 경우(대판 2016.10.13, 2016도8137 **코리아연대 사건**)

④ 진술을 요할 자가 **일본으로 이주**한 이래 전자우편에 의한 연락 이외에 그 주거지나 거소 등이 파악되지 않았고, 수사기관이 전자우편 주소로 증인 출석을 수차례 권유하였으나 자필진술서를 통하여 증언을 거부할 뜻을 명확히 표시한 경우(대판 2013.7.26, 2013도2511 **왕재산 간첩단 사건**) 16. 경찰승진

⑤ 증인이 **미국으로 출국하여 그 곳에 거주**하고 있음이 밝혀지고 또한 증인이 제1심 법원에 경위서를 제출하면서 장기간 귀국할 수 없음을 통보한 경우(대판 2007.6.14, 2004도5561 **신승남 전 검찰총장 사건**) 14. 경찰채용, 15. 국가직 9급, 17. 경찰승진

⑥ 진술을 요할 자가 차량공급업체 선정과 관련한 특정범죄가중법 위반(알선수재) 혐의로 수사를 받던 중 **미국으로 불법도피하여 그 곳에 거주**하고 있는 경우(대판 2002.3.26, 2001도5666 **로비스트 최만석 사건**)

⑦ **일본에 거주**하는 사람을 증인으로 채택하여 환문코자 하였으나, 외무부로부터 현재 일본측에서 형사사건에 대하여는 양국 형법체계상의 상이함을 이유로 송달에 응하지 않고 있어 그 송달이 불가능하다는 취지의 회신을 받은 경우(대판 1987.9.8, 87도1446 **간첩 김병련 사건**)

⑧ 법원이 수회에 걸쳐 진술을 요할 자에 대한 **증인소환장이 송달되지 아니하여 그 소재탐지촉탁까지 하였으나 그 소재를 알지 못하게 된 경우** 또는 진술을 요할 자가 일정한 주거를 가지고 있더라도 법원의 **소환에 계속 불응하고 구인하여도 구인장이 집행되지 않는 경우**(대판 2005.9.30, 2005도2654)

⑨ 증인에 대한 **소환장이 송달불능되어 수회에 걸쳐 그 소재탐지촉탁을 하였으나, 그 소재를 알지 못하게 된 경우**(대판 2004.3.11, 2003도171)

⑩ 진술을 요할 자가 일정한 주거를 가지고 있더라도 법원의 **소환에 계속 불응하고 구인하여도 구인장이 집행되지 않는 경우**(대판 2000.6.9, 2000도1765) 16. 법원직 9급

⑪ 원진술자가 공판정에서 진술을 한 경우라도 증인신문 당시 일정한 사항에 관하여 **"기억이 나지 않는다."는 취지로 진술하여 그 진술의 일부가 재현 불가능하게 된 경우**(대판 1999.11.26, 99도3786 **후암동 방화살인 사건**) 14. 변호사, 17. 국가직 9급, 17 · 18. 경찰승진

2 형사소송법 제314조에 해당하지 않는 경우

① 진술자가 만 5세 무렵에 당한 **성추행으로 인하여 외상 후 스트레스 증후군을 앓고 있다**는 등의 이유로 공판정에 출석하지 아니한 경우(대판 2006.5.25, 2004도3619 **외상 후 스트레스증후군 사건**) 14. 경찰채용, 16. 경찰승진

② 원진술자가 공판기일에 증인으로 소환받고도 **출산을 앞두고 있다**는 이유로 출석하지 아니한 경우(대판 1999.4.23, 99도915) 14. 경찰채용, 15. 경찰간부 · 국가직 9급

③ 증인으로 소환받은 자가 "현재 호주에 거주하고 있고, 비자 조건이 외국 또는 대한민국으로 방문을 하였을 시 3년간 호주 입국을 할 수 없는 임시 체류 비자 'E'라는 조건으로 있어 증인으로 참석이 불가능하다."라는 이유로 불출석하자, (대한민국과 호주 양국간에 형사사법공조 양자조약이 체결되어 발효되어 있음에도) 법원이 증인에 대하여 **국제형사사법공조를 통한 증인소환이나 호주 법원에 대한 증인신문 요청 등의 조치를 전혀 시도해 보지 않고 증인채택을 취소한 경우**(대판 2016.2.18, 2015도17115 **호주 거주 증인 사건**)

④ 피해자 등을 증인으로 채택하여 수회에 걸쳐 증인소환장의 송달을 실시하였으나 송달이 되지 아니하자 **증인에 대한 소재탐지촉탁을 하는 등 소재수사를 한 바 없이 증인 채택을 취소한 경우**(대판 2010.9.9, 2010도2602)

⑤ **경찰이 증인과 가족의 실거주지를 방문하지 않은 상태에서** 전화상으로 "증인의 모(母)로부터 법정에 출석케 할 의사가 없다."는 취지의 진술을 들었다는 내용의 구인장 집행불능 보고서를 제출하고 있을 뿐이고, **검사가 증인의 법정 출석을 위하여 상당한 노력을 기울이지 않은 경우**(대판 2007.1.11, 2006도7228)

⑥ 증인에 대한 소환장이 송달불능되자 소재탐지를 촉탁하여 소재탐지 불능보고서를 제출받은 경우. 다만, **검사가** 직접 또는 경찰을 통하여 기록에 나타난 **증인의 전화번호로 연락하여 법정 출석의사가 있는지 확인하는 등의 방법으로 법정 출석을 위하여 상당한 노력을 기울이지 않았음**(대판 2013.4.11, 2013도1435 **대구 동구 술집싸움 사건**) 14. 변호사

⑦ 증인소환장이 송달되지 아니함에 따라 검사의 주소보정, 소재탐지촉탁 등을 거친 경우. 다만, **검사가** 직접 또는 경찰을 통하여 수사기록에 기재된 **증인의 휴대전화번호들로 연락하여 법정 출석의사가 있는지를 확인하는 등의 방법으로 증인의 법정 출석을 위하여 상당한 노력을 기울였다는 자료가 보이지 않음**(대판 2013.10.17, 2013도5001) 18. 변호사

⑧ 법정에 출석한 증인이 증언거부권을 행사하여 **증언을 거부한 경우**[대판 2012.5.17, 2009도6788(전합) **법무법인 의견서 사건**] 14 · 15 · 16. 변호사, 14 · 15 · 16 · 17. 법원직 9급, 15 · 17. 국가직 9급, 17. 경찰승진 · 국가직 7급, 18. 경찰채용 20. 변호사

⑨ 증거서류의 진정성립을 묻는 검사의 질문에 대하여 피고인이 진술거부권을 행사하여 **진술을 거부한 경우**(대판 2013.6.13, 2012도16001 **이언주 의원 선거사무장 사건**) 14. 변호사, 15. 국가직 7급, 16. 법원직 9급

⑩ 수사기관에서 진술한 참고인이 **법정에서 증언을 거부하여 피고인이 반대신문을 하지 못한 경우에는 정당하게 증언거부권을 행사한 것이 아니라도,** 피고인이 증인의 증언거부 상황을 초래하였다는 등의 특별한 사정이 없는 한 **형사소송법 제314조의 '그 밖에 이에 준하는 사유로 인하여 진술할 수 없는 때'에 해당하지 않으므로** 수사기관에서 그 증인의 진술을 기재한 서류는 증거능력이 없다[대판 2019.11.21, 2018도13945(전합) **필로폰 매수인 증언거부사건**]. 20. 경찰채용

3 형사소송법 제314조의 '특히 신빙할 수 있는 상태하에서 행하여졌음'의 증명 방법

참고인의 소재불명 등의 경우 형사소송법 제314조의 의하여 그 참고인이 진술하거나 작성한 진술조서나 진술서에 대하여 증거능력을 인정하는 것은 (중략) 원진술자 등에 대한 반대신문의 기회조차 없이 증거능력을 부여할 수 있도록 한 것이므로, 그 경우 참고인의 진술 또는 작성이 **'특히 신빙할 수 있는 상태하에서 행하여졌음에 대한 증명'**은 단지 그러할 개연성이 있다는 정도로는 부족하고 **합리적인 의심의 여지를 배제할 정도에 이르러야 한다**(대판 2014.2.21, 2013도12652). 17. 법원직 9급, 18. 국가직 9급, 20. 경찰간부 · 경찰채용

4 형사소송법 제312조, 제313조는 진술조서 등에 대하여 피고인 또는 변호인의 반대신문권이 보장되는 등 엄격한 요건이 충족될 경우에 한하여 증거능력을 인정할 수 있도록 함으로써 직접심리주의 등 기본원칙에 대한 예외를 정하고 있는데, **형사소송법 제314조는** 원진술자 또는 작성자가 사망 · 질병 · 외국거주 · 소재불명 등의 사유로 공판준비 또는 공판기일에 출석하여 진술할 수 없는 경우에 그 진술이 특히 신빙할 수 있는 상태하에서 행하여졌다는 점이 증명되면 **원진술자 등에 대한 반대신문의 기회조차도 없이 증거능력을 부여할 수 있도록 함으로써 보다 중대한 예외를 인정한 것이므로 그 요건을 더욱 엄격하게 해석 · 적용하여야 한다**(대판 2022.3.17, 2016도17054 상해 피해자 불출석 사건).

5. 당연히 증거능력이 있는 서류

의의	전문서류에 해당하지만 특히 신용성이 높고 그 작성자를 증인으로 신문하는 것이 부적당하고 실익이 없기 때문에 **당연히 증거능력을 인정**하는 규정
내용	① 공무원이 직무상 증명할 수 있는 사항에 관하여 작성한 문서 14·15. 경찰승진 ㉠ 가족관계기록사항에 관한 증명서, 공정증서등본 기타 공무원 또는 외국공무원의 직무상 증명할 수 있는 사항에 관하여 작성한 문서 ㉡ 부동산등기부, 상업등기부, 인감증명서, 신원증명서, 주민등록등본, 운전면허증 등 ② 업무상 필요로 작성한 통상문서 ㉠ 상업장부, 항해일지 기타 업무상 필요로 작성한 통상문서 ㉡ 금전출납부, 전표, 통계표, 의사의 진료부 등(주의 의사의 진단서 ×) ③ 기타 특히 신용할 만한 정황에 의하여 작성된 문서 ㉠ 다른 사건의 공판조서, 구속적부심문조서 등 ㉡ 공공기록, 역서, 정기간행물의 시장가격표, 스포츠기록 등

판례 |

1 제315조 제1호에 의하여 당연히 증거능력이 인정되는 서류

① 시가감정 업무에 4~5년 종사해 온 **세관공무원**이 세관에 비치된 기준과 수입신고서에 기재된 가격을 참작하여 작성한 감정서(대판 1985.4.9, 85도225 **벤츠승용차 밀수 사건**) 18. 법원직 9급, 20. 국가직 9급·국가직 7급

② **일본 하관(下關)세관서 통괄심리관** 작성의 범칙물건감정서등본과 분석의뢰서 및 분석회답서등본(대판 1984.2.28, 83도3145 **시모노세끼 필로폰 밀수출 사건**) 14. 국가직 9급, 15. 경찰채용, 16. 경찰승진

③ **국립과학수사연구소장** 작성의 감정의뢰회보서(대판 1982.9.14, 82도1504 **기소 후 아버지 고소 사건**) 15. 경찰채용

④ **군의관**이 작성한 진단서(대판 1972.6.13, 72도922) 14. 경찰승진

2 제315조 제2호 관련 판례

상업장부나 항해일지, 진료일지 또는 이와 유사한 금전출납부 등과 같이 **범죄사실의 인정 여부와는 관계없이 자기에게 맡겨진 사무를 처리한 내역을 그때그때 계속적·기계적으로 기재한 문서**는 사무처리 내역을 증명하기 위하여 존재하는 문서로서 **형사소송법 제315조 제2호에 의하여 당연히 증거능력이 인정된다**(대판 2017.12.5, 2017도12671 **건보심사평가원 회신자료 사건**). 16. 경찰채용, 18. 경찰승진, 20. 국가직 9급

3 제315조 제2호에 의하여 당연히 증거능력이 인정되는 서류

성매매업소에서 **영업에 참고하기 위하여 성매매 상대방에 관한 정보를 입력하여 작성한 메모리카드의 내용**(대판 2007.7.26, 2007도3219 **23-1, 보통 사건**) 14·15. 경찰승진, 14·20. 국가직 9급, 15·17. 경찰채용, 15. 국가직 7급, 17. 법원직 9급

4 제315조 제2호가 적용되지 않아 당연히 증거능력이 인정된다고 할 수 없는 서류

변호사가 피고인에 대한 **법률자문 과정에 작성하여 피고인에게 전송한 전자문서를 출력한 법률의견서**[대판 2012.5.17, 2009도6788(전합)] 20. 국가직 7급

5 제315조 제3호에 의하여 당연히 증거능력이 인정되는 서류

① **다른 피고사건의 공판조서**(대판 2005.1.14, 2004도6646 **김운용 태권도연맹회장 횡령 사건**) 14·16. 변호사, 14. 국가직 9급, 17. 경찰채용·법원직 9급

② 법원이 구속피의자를 심문하고 그 진술을 기재한 **구속적부심문조서**(대판 2004.1.16, 2003도5693) 14·15. 경찰승진, 14·17·18·19. 경찰채용, 14. 국가직 9급, 17. 경찰간부, 18. 법원직 9급, 20. 경찰채용·경찰승진, 21. 경찰간부

③ **군법회의 판결사본**(교도소장이 교도소에 보관 중인 판결등본을 사본한 것)(대판 1981.11.24, 81도2591)
④ 사법경찰관 작성의 **'새세대 16호'**에 대한 수사보고서(피고인이 검찰에서 소지 탐독사실을 인정하고 있는 '새세대 16호'라는 유인물의 내용을 분석하고 이를 기계적으로 복사하여 그 말미에 그대로 첨부한 문서)(대판 1992.8.14, 92도1211) 20. 국가직 9급

6 제315조가 적용되지 않아 당연히 증거능력이 인정된다고 할 수 없는 서류

① 이른바 보험사기 사건에서 **건강보험심사평가원이 수사기관의 의뢰에 따라** 그 보내온 자료를 토대로 입원진료의 적정성에 대한 의견을 제시하는 내용의 **'건강보험심사평가원의 입원진료 적정성 여부 등 검토의뢰에 대한 회신'**(대판 2017.12.5, 2017도12671 **건보심사평가원 회신자료 사건**) 18. 법원직 9급, 20. 국가직 7급·변호사, 21. 경찰간부
② **425지논 파일**(국정원장의 업무 지시 사항에 따라 심리전단이 활동해야 할 주제와 그에 관련된 2~3줄의 짧은 설명을 담고 있는 구체적 활동 지침에 해당하는 이른바 '이슈와 논지', 심리전단 직원으로서 수행함에 있어 필요한 자료, 심리전단 활동의 수행 방법 등 업무와 관련한 내용을 주로 담고 있음) 및 **시큐리티 파일**(269개 트위터 계정을 포함하고 있는 심리전단 직원별 트위터 계정 정보, 트위터피드 계정에 관한 비밀번호 등 기본 정보, 직원들과 보수논객 등의 트위터 계정의 정보 및 구체적인 심리전 활동 내역 등 업무와 관련한 내용을 주로 담고 있음)[대판 2015.7.16, 2015도2625(전합) **국정원 대선개입 사건**]
③ 유치장 근무자가 작성한 **체포 · 구속인접견부** 사본(대판 2012.10.25 2011도5459) 16. 국가직 9급
④ 대한민국 주중국 대사관 영사가 작성한 **사실확인서 중 공인 부분을 제외한 나머지 부분**(공적인 증명보다는 상급자 등에 대한 보고를 목적으로 하는 것임)(대판 2007.12.13, 2007도7257 **일심회 사건**) 20. 국가직 9급
⑤ **주민**들의 진정서 사본(대판 1983.12.13, 83도2613)
⑥ 사법경찰관사무취급 작성 **실황조사서**(대판 1982.9.14, 82도1504)
⑦ **외국수사기관이 수사결과 얻은 정보를 회답하여 온 문서들**(미육군 범죄수사대 한국지구대 대구파견대장 甲, 乙이 작성한 수사협조의뢰에 대한 회신이나 미군 한국교역처 남부영업소 안전보안관 丙, 丁이 작성한 특별주문상품처리회신 등)(대판 1979.9.25, 79도1852) 14. 경찰승진, 19. 경찰채용
⑧ **육군과학수사연구소 실험분석관**이 작성한 감정서(대판 1976.10.12, 76도2960) 15. 경찰채용, 16. 경찰승진
⑨ **사인인 의사**가 작성한 진단서(대판 1976.4.13, 76도500)
⑩ 검사의 공소장(대판 1978.5.23, 78도575)
⑪ 청와대 경제수석비서관이 **사무처리의 편의를 위하여 자신이 경험한 사실** 등을 기재한 업무수첩[대판 2019.8.29, 2018도14303(전합) **국정농단 박근혜 전대통령 사건**]
⑫ 대한민국 법원의 **형사사법공조요청에 따라** 미합중국 법원의 지명을 받은 수명자(미합중국 검사)가 작성한 피해자 및 공범에 대한 증언녹취서(deposition)(대판 1997.7.25, 97도1351) 19. 경찰채용

6. 전문진술

의의	피고인 또는 피고인 아닌 타인의 진술을 그 내용으로 하는 전문의 진술로써 일정한 요건하에 증거능력이 인정됨
내용	① 피고인의 진술을 내용으로 하는 전문진술 ㉠ 피고인이 아닌 자의 진술이 피고인의 진술을 그 내용으로 하는 것인 때에는 그 진술이 **특히 신빙할 수 있는 상태**하에서 행하여졌음이 증명되면 증거능력이 인정됨 14. 경찰승진, 18. 경찰채용 ㉡ '피고인이 아닌 자'에는 공소제기 전에 피고인을 피의자로 조사하였거나 그 조사에 참여하였던 자도 포함됨 14. 경찰채용

② 피고인 아닌 타인의 진술을 내용으로 하는 전문진술

㉠ 피고인 아닌 자의 진술이 피고인 아닌 타인의 진술을 그 내용으로 하는 것인 때에는 원진술자가 **사망, 질병, 외국거주, 소재불명 그 밖에 이에 준하는 사유**로 인하여 진술할 수 없고, 그 진술이 **특히 신빙할 수 있는 상태**하에서 행하여졌음이 증명되면 증거능력이 인정됨 18. 경찰승진

㉡ '피고인이 아닌 자'에는 공소제기 전에 피고인을 피의자로 조사하였거나 그 조사에 참여하였던 자도 포함됨

판례 |

1 전문진술 적용 여부

피고인이 공소외 1에게 말한 내용에 관한 공소외 1의 업무수첩 등에는 '피고인이 공소외 1에게 지시한 내용'(이하 '지시 사항 부분'이라 한다)과 '피고인과 개별 면담자가 나눈 대화 내용을 피고인이 단독 면담 후 공소외 1에게 불러주었다는 내용'(이하 '대화 내용 부분'이라 한다)이 함께 있다. 첫째, 공소외 1의 진술 중 지시 사항 부분은 피고인이 공소외 1에게 **지시를 한 사실을 증명하기 위한 것이라면 원진술의 존재 자체가 요증사실인 경우에 해당하여 본래증거이고 전문증거가 아니다.** 그리고 공소외 1의 **업무수첩 중 지시 사항 부분은 형사소송법 제313조 제1항에 따라 공판준비나 공판기일에서 그 작성자인 공소외 1의 진술로 성립의 진정함이 증명된 경우에는 진술증거로 사용할 수 있다.** 둘째, 공소외 1의 업무수첩 등의 대화 내용 부분이 **피고인과 개별 면담자 사이에서 대화한 내용을 증명하기 위한 진술증거인 경우에는 전문진술로서 형사소송법 제316조 제1항에 따라 그 진술이 특히 신빙할 수 있는 상태에서 한 것임이 증명된 때에 한하여 증거로 사용할 수 있다.** 이 사건에서 공소외 1의 업무수첩 등이 이 요건을 충족하지 못한다. 따라서 공소외 1의 업무수첩 등은 피고인과 개별 면담자가 나눈 대화 내용을 추단할 수 있는 간접사실의 증거로 사용하는 것도 허용되지 않는다. 이를 허용하면 대화 내용을 증명하기 위한 직접증거로 사용할 수 없는 것을 결국 대화 내용을 증명하는 증거로 사용하는 결과가 되기 때문이다[대판 2019.8.29, 2018도14303(전합)]. 23. 경찰채용

2 피고인 아닌 자의 진술 또는 그 진술을 기재한 조서가 '피고인의 진술'을 그 내용으로 하는 경우, 증거능력 인정 요건(= 제312조 내지 제314조의 요건과 제316조 제1항의 요건 충족)

피고인 아닌 자의 공판준비 또는 공판기일에서의 진술이 피고인의 진술을 그 내용으로 하는 것인 때에는 형사소송법 제316조 제1항의 규정에 따라 그 진술이 특히 신빙할 수 있는 상태하에서 행하여진 때에 한하여 이를 증거로 할 수 있고, 그 **전문진술이 기재된 조서**는 형사소송법 **제312조 내지 314조의 규정**에 의하여 그 증거능력이 인정될 수 있는 경우에 해당하여야 함은 물론, 나아가 형사소송법 **제316조 제1항의 규정**에 따른 위와 같은 조건을 갖춘 때에 예외적으로 증거능력을 인정하여야 할 것이다(대판 2007.7.27, 2007도3798). 14. 경찰간부, 19. 경찰채용

3 형사소송법 제316조 제1항에 규정된 '그 진술이 특히 신빙할 수 있는 상태하에서 행하여졌음이 증명된 때'의 의미

형사소송법 제316조 제1항에서 말하는 '그 진술이 특히 신빙할 수 있는 상태하에서 행하여진 때'라 함은 **그 진술을 하였다는 것에 허위 개입의 여지가 거의 없고, 그 진술 내용의 신빙성이나 임의성을 담보할 구체적이고 외부적인 정황이 있는 경우**를 가리킨다(대판 2007.7.27, 2007도3798). 14·17. 경찰승진, 15. 경찰채용, 17. 경찰간부

4 형사소송법 제316조 제2항 소정의 '피고인 아닌 타인'의 의미(= 공동피고인이나 공범자를 모두 포함한 제3자)

형사소송법 제316조 제2항에 의하면 "피고인 아닌 자(甲)의 공판준비 또는 공판기일에서의 진술이 **피고인 아닌 타인(乙)**의 진술을 그 내용으로 하는 것인 때에는 원진술자가 사망, 질병 기타 사유로 인하여 진술할 수 없고 그 진술이 특히 신빙할 수 있는 상태 하에서 행하여진 때에 한하여 이를 증거로 할 수 있다."고 규정하고 있는데, 여기서 말하는 **'피고인 아닌 자(乙)'라고 함은 제3자는 말할 것도 없고 공동피고인이나 공범자를 모두 포함한다**고 해석된다(대판 2007.2.23, 2004도8654). 14. 경찰승진, 15. 경찰간부·경찰채용

5 전문진술에 있어 원진술자가 증언능력에 준하는 능력을 갖춘 상태에 있어야 하는지의 여부(적극)

전문의 진술을 증거로 함에 있어서는 전문진술자가 원진술자로부터 진술을 들을 당시 **원진술자가 증언능력에 준하는 능력을 갖춘 상태에 있어야 할 것**이다(대판 2006.4.14, 2005도9561 **대전 관저동 여아 강간 사건**). 15. 경찰채용, 17 · 18. 경찰승진, 17. 경찰간부

6 형사소송법 제316조 제2항에 의하여 증거능력이 인정되는 경우

증인 A가 "B도 저와 똑같은 방법으로 금품을 강취당하고 윤간을 당하였다고 하더라."라고 증언한 경우, **B가 소재불명으로 인하여 진술할 수 없고** 그 진술내용은 B가 범행을 당한 직후 같이 범행을 당한 A에게 한 그 범행 당한 경위와 내용에 관한 진술로서 **특히 신빙할 수 있는 상태하에서 행하여진 것으로 인정되므로** A의 진술은 증거능력이 있다(대판 1981.7.7, 81도1282 **윤간당했다 하더라 사건**).

7 형사소송법 제316조 제2항에 해당하지 않아 증거능력이 인정되지 않는 경우

① **피해자가 제1심 법정에 출석하여 증언**을 한 사건에 있어서는 원진술자인 피해자가 질병, 외국거주, 소재불명 그 밖에 이에 준하는 사유로 인하여 진술할 수 없는 때에 해당되지 아니하므로, 피해자의 진술을 그 내용으로 하는 증인의 증언은 전문증거로서 증거능력이 없다(대판 2011.11.24, 2011도7173).

② 형사소송법 제316조 제2항에 따라 조사자의 증언에 증거능력이 인정되기 위해서는 원진술자가 사망, 질병, 외국거주, 소재불명, 그 밖에 이에 준하는 사유로 인하여 진술할 수 없어야만 하는 것이라서, **원진술자가 법정에 출석하여 수사기관에서의 진술을 부인하는 취지로 증언**을 한 이상 원진술자의 진술을 내용으로 하는 조사자의 증언은 증거능력이 없다(대판 2008.9.25, 2008도6985 **서울 합정동 강간 사건**). 14 · 17. 경찰승진, 17. 경찰간부, 20. 경찰승진 · 경찰승진

8 피고인 아닌 자의 진술 또는 그 진술을 기재한 조서가 '피고인 아닌 타인의 진술'을 그 내용으로 하는 경우, 증거능력 인정 요건(= 제312조 내지 제314조의 요건과 제316조 제2항의 요건 충족)

전문진술이나 전문진술을 기재한 조서는 형사소송법 제310조의2의 규정에 따라 원칙적으로 증거능력이 없고, 다만 전문진술은 형사소송법 제316조 제2항의 규정에 따라 원진술자가 사망, 질병, 외국거주 기타 사유로 인하여 진술할 수 없고 그 진술이 특히 신빙할 수 있는 상태하에서 행하여진 때에 한하여 예외적으로 증거능력이 있으며, **전문진술이 기재된 조서**는 형사소송법 **제312조 또는 제314조의 규정**에 따라 증거능력이 인정될 수 있는 경우에 해당하여야 함은 물론 형사소송법 **제316조 제2항의 규정**에 따른 요건을 갖추어야 예외적으로 증거능력이 있다(대판 2001.9.4, 2001도3081). 14. 경찰간부, 16 · 18. 변호사, 19. 경찰채용

9 형사소송법 제316조 제2항에 규정된 '그 진술이 특히 신빙할 수 있는 상태하에서 행하여졌음이 증명된 때'의 의미

형사소송법 제316조 제2항의 규정된 '그 진술이 특히 신빙할 수 있는 상태하에서 행하여진 때'라 함은 **그 진술을 하였다는 것에 허위개입의 여지가 거의 없고, 그 진술내용의 신빙성이나 임의성을 담보할 구체적이고 외부적인 정황이 있는 경우**를 가리킨다(대판 2000.3.10, 2000도159 **성룡이 아저씨 사건**). 14 · 17. 경찰승진, 15. 경찰채용, 17. 경찰간부

03 전문법칙 관련 문제

녹음테이프	① 진술녹음은 진술증거의 일종이므로 전문법칙이 적용됨 ② **작성주체와 작성시기에 따라 제311조 내지 제315조를 적용**하여 증거능력 유무를 판단함
비디오테이프 등	비디오테이프, 컴퓨터 디스켓, CD, USB, MP3, Smart Phone 등도 녹음테이프에 관한 증거능력 이론이 그대로 적용됨

판례 |

1 녹음테이프 등의 증거능력 인정요건('피고인'에 대한 진술녹취서와 유사)

① [1] 피고인과 상대방 사이의 대화내용에 관한 녹취서가 공소사실의 증거로 제출되어 그 녹취서의 기재내용과 녹음테이프의 녹음내용이 동일한지 여부에 대하여 법원이 검증을 실시한 경우에, 증거자료가 되는 것은 녹음테이프에 녹음된 대화내용 그 자체이고, 그중 **피고인의 진술내용**은 실질적으로 형사소송법 제311조, 제312조의 규정 이외에 피고인의 진술을 기재한 서류와 다름없어 피고인이 그 녹음테이프를 증거로 할 수 있음에 동의하지 않은 이상 그 녹음테이프 검증조서의 기재 중 피고인의 진술내용을 증거로 사용하기 위해서는 [2] **형사소송법 제313조 제1항 단서에 따라** 공판준비 또는 공판기일에서 **그 작성자인 상대방의 진술에 의하여 녹음테이프에 녹음된 피고인의 진술내용이 피고인이 진술한 대로 녹음된 것임이 증명되고 나아가 그 진술이 특히 신빙할 수 있는 상태하에서 행하여진 것임이 인정되어야 하며**, [3] 또한 녹음테이프는 그 성질상 작성자나 진술자의 서명 혹은 날인이 없을 뿐만 아니라 녹음자의 의도나 특정한 기술에 의하여 그 내용이 편집, 조작될 위험성이 있음을 고려하여 그 **대화내용을 녹음한 원본이거나 혹은 원본으로부터 복사한 사본일 경우에는 복사과정에서 편집되는 등의 인위적 개작 없이 원본의 내용 그대로 복사된 사본임이 증명되어야만 한다**(대판 2008.12.24, 2008도9414). 16. 국가직 7급·국가직 9급, 17. 변호사

② [1] 녹음테이프에 대하여 실시한 검증의 내용은 녹음테이프에 녹음된 대화의 내용이 검증조서에 첨부된 녹취서에 기재된 내용과 같다는 것에 불과하여 증거자료가 되는 것은 여전히 녹음테이프에 녹음된 대화의 내용이라 할 것인바, 그중 위 **피고인의 진술내용**은 실질적으로 형사소송법 제311조, 제312조 규정 이외에 위 피고인의 진술을 기재한 서류와 다를 바 없으므로, 위 피고인이 그 녹음테이프를 증거로 할 수 있음에 동의하지 않은 이상 그 녹음테이프 검증조서의 기재 중 위 피고인의 진술내용을 증거로 사용하기 위해서는 [2] **형사소송법 제313조 제1항 단서에 따라** 공판준비 또는 공판기일에서 **그 작성자인 고소인의 진술에 의하여 녹음테이프에 녹음된 위 피고인의 진술내용이 위 피고인이 진술한 대로 녹음된 것이라는 점이 증명되고 그 진술이 특히 신빙할 수 있는 상태하에서 행하여진 것으로 인정되어야 할 것이다**(대판 2001.10.9, 2001도3106 **간통녀 강간당했다 변명 사건**). 16. 변호사·국가직 9급

2 녹음테이프 등의 증거능력 인정요건('피고인 아닌 자'에 대한 진술녹취서와 유사)

[1] 수사기관이 아닌 **사인이 피고인 아닌 사람과의 대화내용을 녹음한 녹음테이프**는 형사소송법 제311조, 제312조 규정 이외의 피고인 아닌 자의 진술을 기재한 서류와 다를 바 없으므로 피고인이 그 녹음테이프를 증거로 할 수 있음에 동의하지 아니하는 이상 그 증거능력을 부여하기 위하여는 [2] 첫째, **녹음테이프가 원본이거나 원본으로부터 복사한 사본일 경우(녹음디스크에 복사할 경우에도 동일하다)에는 복사과정에서 편집되는 등의 인위적 개작 없이 원본의 내용 그대로 복사된 사본일 것**, [3] 둘째, **형사소송법 제313조 제1항에 따라** 공판준비나 공판기일에서 **원진술자의 진술에 의하여 그 녹음테이프에 녹음된 각자의 진술내용이 자신이 진술한 대로 녹음된 것이라는 점이 인정되어야 할 것이다**(대판 2011.9.8, 2010도7497 **정신병이 있었다고 하더라 사건**). 14. 경찰채용, 15. 변호사, 16. 국가직 9급, 16·17. 경찰간부

3 녹음테이프 등의 증거능력 인정요건('진술서'와 유사)

① [1] **컴퓨터 디스켓에 담긴 문건이 증거로 사용되는 경우** 그 기재 내용의 진실성에 관하여는 전문법칙이 적용된다 할 것이고, 따라서 피고인 또는 피고인 아닌 자가 작성하거나 또는 그 진술을 기재한 문건의 경우 [2] 원칙적으로 **형사소송법 제313조 제1항 본문에 의하여** 그 작성자 또는 진술자의 진술에 의하여 그 성립의 진정함이 인정된 때에 이를 증거로 사용할 수 있다(대판 2001.3.23, 2000도486 **영남위원회 사건**). 16. 경찰간부

② [1] 압수물인 **디지털 저장매체로부터 출력한 문건을 증거로 사용하기 위해서는 디지털 저장매체 원본에 저장된 내용과 출력한 문건의 동일성이 인정되어야 하고, 이를 위해서는 디지털 저장매체 원본이 압수시부터 문건 출력시까지 변경되지 않았음이 담보되어야 한다.** 특히 디지털 저장매체 원본을 대신하여 저장매체에 저장된 자료를 '하드카피' 또는 '이미징'한 매체로부터 출력한 문건의 경우에는 디지털 저장매체 원본과 '하드카피' 또는 '이미징'한 매체 사이에 자료의 동일성도 인정되어야 할 뿐만 아니라, 이를 확인하는 과정에서 이용한 컴퓨터의 기계적 정확성, 프로그램의 신뢰성, 입력 · 처리 · 출력의 각 단계에서 조작자의 전문적인 기술능력과 정확성이 담보되어야 한다.

[2] 그리고 압수된 **디지털 저장매체로부터 출력한 문건을 진술증거로 사용하는 경우** 그 기재 내용의 진실성에 관하여는 전문법칙이 적용되므로 [3] **형사소송법 제313조 제1항에 따라 그 작성자 또는 진술자의 진술에 의하여 그 성립의 진정함이 증명된 때에 한하여 이를 증거로 사용할 수 있다**(대판 2007.12.13, 2007도7257 **일심회 사건**). 14 · 15. 경찰채용, 15. 변호사, 15 · 16 · 17 · 18. 국가직 7급, 16 · 17. 법원직 9급, 16. 경찰승진, 17 · 19. 경찰간부

③ 압수물인 디지털 저장매체로부터 출력된 문건이 증거로 사용되기 위해서는 디지털 저장매체 원본에 저장된 내용과 출력된 문건의 **동일성이 인정되어야 하며**, 저장된 내용과 출력된 문건의 동일성을 확인하는 과정에서 이용된 **컴퓨터의 기계적 정확성, 프로그램의 신뢰성, 입력 · 처리 · 출력의 각 단계에서 조작자의 전문적인 기술능력과 정확성이 담보되어야 한다**(대판 2013.7.26, 2013도2511 **왕재산 간첩단 사건**). 15. 국가직 7급, 17. 경찰간부 · 경찰채용

4 녹음테이프 등의 증거능력이 인정되는 경우

① **피고인과의 대화내용을 녹음한 보이스펜 자체에 대하여는 증거동의**가 있었지만 그 녹음내용을 재녹음한 녹음테이프, 녹음테이프의 음질을 개선한 후 재녹음한 CD 및 녹음테이프의 녹음내용을 풀어 쓴 녹취록 등에 대하여는 증거로 함에 부동의한 경우, 극히 일부의 청취가 불가능한 부분을 제외하고는 **보이스펜, 녹음테이프 등에 녹음된 대화내용과 녹취록의 기재가 일치하는 것으로 확인되고 그 진술이 특히 신빙할 수 있는 상태하에서 행하여진 것으로 인정**되므로 이를 증거로 사용할 수 있다(대판 2008.3.13, 2007도10804 **강종만 영광군수 사건**). 14. 경찰채용

② 디지털 저장매체가 봉인된 상태에서 서울중앙지방검찰청에 송치된 후 피고인들이 입회한 상태에서 봉인을 풀고 이미징 작업을 하였는데, **디지털 저장매체 원본의 해쉬(Hash)값과 이미징 작업을 통해 생성된 파일의 해쉬 값이 동일**한 사실, 제1심 법원은 피고인들 및 검사, 변호인이 모두 참여한 가운데 검증을 실시하여 **이미징 작업을 통해 생성된 파일의 내용과 출력된 문건에 기재된 내용이 동일**함을 확인한 사실을 알 수 있는바, 그렇다면 출력된 문건은 압수된 디지털 저장매체 원본에 저장되었던 내용과 동일한 것으로 인정할 수 있어 증거로 사용할 수 있다(대판 2007.12.13, 2007도7257 **일심회 사건**). 20. 법원직 9급

③ 비디오테이프에 촬영, 녹음된 내용을 재생기에 의해 시청을 마친 **원진술자가 비디오테이프의 피촬영자의 모습과 음성을 확인하고 자신과 동일인이라고 진술**한 것은 비디오테이프에 녹음된 진술내용이 자신이 진술한 대로 녹음된 것이라는 취지의 진술을 한 것으로 보아야 할 것이다(대판 2004.9.13, 2004도3161 **원장 할아버지가 때렸어 사건**).

5 녹음테이프 등의 증거능력이 인정되지 않는 경우

① (피고인과 甲과의 대화에 관한 녹취록에 대하여) 甲이 대화를 자신이 녹음하였고 녹취록의 기재내용이 피고인의 진술내용과 맞다고 진술하였을 뿐이고, **검사가 녹취록 작성의 토대가 된 원본 녹음테이프 등을 증거로 제출하지 않은 경우** 증거능력이 없다(대판 2012.2.9, 2011도17658). 16. 국가직 9급

② 제1심이 검증을 실시한 2개의 **녹음테이프**는 **원본이 아니라 당초 디지털 녹음기에 녹음된 내용을 전자적 방법으로 테이프에 전사한 사본**임이 명백한바, 변호인은 원본을 사본한 위 녹음테이프의 녹음내용을 풀어쓴 녹취록에 대하여는 증거로 함에 부동의하였고, 나아가 **피고인은 검증기일에서 녹음테이프의 내용에 녹음 당일 피고인이 말하지 않은 부분이 녹음되어 있어 의도적으로 편집된 의심이 있다고 주장**한 사실, 그럼에도 불구하고 위 검증기일에는 녹음테이프에 수록된 대화내용이 녹취록의 기재와 일치하고 그 음성이 피고인의 음성임을 확인하는 데 그치고, 녹음테이프가 인위적 개작 없이 원본의 내용 그대로 복사된 것인지 여부에 대하여 별도로 확인하거나 달리 증거조사를 실시하지 아니한 사실을 알 수 있다(대판 2008.12.24, 2008도9414). 16. 법원직 9급 · 국가직 9급, 18. 경찰승진

③ **甲은 디지털 녹음기로 피고인의 발언내용을 녹음하였고, 그 내용이 콤팩트디스크에 다시 복사**되어 위 콤팩트디스크가 검찰에 압수되었으며, 그 콤팩트디스크에 녹음된 내용을 담은 녹취록이 증거로 제출되었고, 위 **콤팩트디스크가 현장에서 피고인의 발언내용을 녹음하는 데 사용된 디지털 녹음기의 녹음내용 원본을 그대로 복사한 것이라는 입증이 없는 이상** 그 콤팩트디스크의 내용이나 이를 녹취한 녹취록의 기재는 증거능력이 없다(대판 2007.3.15, 2006도8869 **이완구 충남지사 사건**). 14. 경찰채용

6 디지털 저장매체에 저당된 로그파일의 증거능력 인정방법

디지털 저장매체에 저장된 **로그파일의 원본이 아니라 그 복사본의 일부 내용을 요약 · 정리하는 방식으로 새로운 문서파일이 작성된 경우** 그 문서파일 또는 거기에서 출력한 문서를 **로그파일 원본의 내용을 증명하는 증거로 사용하기 위하여는** 피고인이 이를 증거로 하는 데 동의하지 아니하는 이상 그 문서파일의 기초가 된 **로그파일 복사본과 로그파일 원본의 동일성도 인정되어야 하고** 나아가 새로운 문서파일 또는 거기에서 출력한 문서를 진술증거로 사용하는 경우 그 기재 내용의 진실성에 관하여는 전문법칙이 적용되므로 형사소송법 **제313조 제1항**에 따라 공판준비기일이나 공판기일에서 그 작성자 또는 진술자의 진술에 의하여 성립의 진정함이 증명된 때에 한하여 이를 증거로 사용할 수 있다(대판 2015.8.27, 2015도3467 **구미 KEC 사건**). 19. 경찰채용 · 국가직 9급

제6절 당사자의 동의와 증거능력

의의	① **검사와 피고인이 증거로 할 수 있음을 동의한 서류 또는 물건**은 법원이 진정한 것으로 인정한 때에 **증거능력이 인정됨** 15 · 18. 경찰채용, 16. 경찰승진 ② 증거동의는 전문법칙이 적용되지 않는 경우이고, 증거동의의 본질은 반대신문권의 포기에 있음
주체 · 상대방 · 대상	① 동의의 주체는 당사자인 검사와 피고인임. **변호인은 피고인의 명시한 의사에 반하지 않는 한 증거동의를 할 수 있음** ② 증거동의의 상대방은 법원임 ③ 증거동의의 대상은 증거능력 없는 전문증거에 한정됨. 증거능력이 있는 전문증거나 비진술증거는 증거동의의 대상이 아님
시기와 방식	① 동의는 원칙적으로 증거조사 전에 하여야 함 ② 증거동의의 방식 ㉠ "별 의견이 없다."는 정도의 묵시적 의사표시로도 족함(판례) ㉡ "검사가 제시한 모든 증거에 대하여 증거로 함에 동의한다."는 포괄적인 동의도 가능(판례) ③ 증거가 가분적(可分的)인 경우 일부에 대한 증거동의도 허용됨

동의의 의제	① **피고인의 출정 없이 증거조사를 할 수 있는 경우**에는 피고인이 출정하지 아니한 때에는 증거동의가 있는 것으로 간주함. 다만, 대리인 또는 변호인이 출정한 때에는 예외로 함 16. 변호사·법원직 9급, 17. 경찰승진 ② **간이공판절차의 결정이 있는 사건**에 있어서는 전문증거에 대하여 증거동의가 있는 것으로 간주함. 다만, 검사·피고인 또는 변호인이 증거로 함에 이의가 있는 때에는 그렇지 않음 14·16. 변호사, 15·16. 법원직 9급
효과	① 당사자가 동의한 서류 또는 물건은 법원이 진정한 것으로 인정하면 증거능력이 인정됨 ② 증거동의는 동의한 피고인에 대해서만 그 효력이 미치고 다른 공동피고인에게는 미치지 않음
동의의 철회	증거동의는 **증거조사 완료 전까지** 철회할 수 있음

판례 |

1 증거동의의 본질(= 반대신문권의 포기) 및 전문법칙과의 관계(= 전문법칙의 예외)

형사소송법 제318조 제1항은 **전문증거금지의 원칙에 대한 예외**로서 **반대신문권을 포기하겠다는 피고인의 의사표시**에 의하여 서류 또는 물건의 증거능력을 부여하려는 규정이다(대판 1983.3.8, 82도2873 **이철희·장영자 사건**). 15. 경찰채용

2 변호인이 증거동의를 할 수 있는지의 여부(= 피고인의 명시한 의사에 반하지 않는 한 가능)

① 형사소송법 제318조에 규정된 증거동의의 주체는 소송주체인 검사와 피고인이고, **변호인은 피고인을 대리하여 증거동의에 관한 의견을 낼 수 있을 뿐이므로 피고인의 명시한 의사에 반하여 증거로 함에 동의할 수는 없다.** 따라서 피고인이 출석한 공판기일에서 증거로 함에 부동의한다는 의견이 진술된 경우에는 그 후 피고인이 출석하지 아니한 공판기일에 변호인만이 출석하여 종전 의견을 번복하여 증거로 함에 동의하였다 하더라도 이는 특별한 사정이 없는 한 효력이 없다(대판 2013.3.28, 2013도3). 14·16. 경찰채용, 15. 국가직 9급, 18. 변호사·국가직 7급

② 증거로 함에 대한 동의의 주체는 소송주체인 당사자라 할 것이지만 **변호인은 피고인의 명시한 의사에 반하지 아니하는 한 피고인을 대리하여 증거로 함에 동의할 수 있으므로** 피고인이 증거로 함에 동의하지 아니한다고 명시적인 의사표시를 한 경우 이외에는 변호인은 서류나 물건에 대하여 증거로 함에 동의할 수 있고, 이 경우 변호인의 동의에 대하여 피고인이 즉시 이의하지 아니하는 경우에는 변호인의 동의로 증거능력이 인정되어 증거조사 완료 전까지 그 동의를 취소 또는 철회하지 아니한 이상 일단 부여된 증거능력은 그대로 존속한다(대판 2005.4.28, 2004도4428). 16·18·20. 국가직 7급, 18. 경찰간부·법원직 9급, 18·20. 경찰채용

3 증거동의의 방법

법원이 직권으로 증거조사를 할 때에는 양 당사자의 동의가 필요함은 물론이라 하겠으나 **당해 서류를 제출한 당사자는 그것을 증거로 함에 동의하고 있음은 명백한 것이므로 상대방의 동의만 얻으면 충분**하다(대판 1989.10.10, 87도966 **마산청과시장 조세포탈 사건**).

4 수사보고에 대한 증거동의의 효력이 첨부된 고발장에도 당연히 미치는지 여부(소극)

피검찰관이 공판기일에 제출한 증거 중 뇌물공여자 갑이 작성한 고발장에 대하여 피고인의 변호인이 증거부동의 의견을 밝히고, 같은 고발장을 첨부문서로 포함하고 있는 검찰주사보 작성의 수사보고에 대하여는 증거에 동의하여 증거조사가 행하여졌는데, 피고인이나 변호인도 수사보고의 증명력을 위와 같은 취지로 이해하여 공소사실을 부인하면서도 수사보고의 증거능력을 다투지 않은 것으로 보이는 등의 제반 사정에 비추어, **위 고발장은 군사법원법에 따른 적법한 증거신청·증거결정·증거조사 절차를 거쳤다고 볼 수 없거나 공소사실을 뒷받침하는 증명력을 가진 증거가 아니므로 이를 유죄의 증거로 삼을 수 없다**(대판 2011.7.14, 2011도3809). 20. 경찰간부

5 유죄증거에 대한 반대증거도 동의의 대상이 되는지의 여부(소극)

① 검사가 지적하는 증거들은 유죄의 자료로 제출한 증거들로서 **그 진정성립이 인정되지 아니하고 이를 증거로 함에 상대방의 동의가 없었기는 하나**, 그러한 증거라고 하더라도 **유죄사실을 인정하는 증거로 사용하는 것이 아닌 이상 공소사실과 양립할 수 없는 사실을 인정하는 자료로 쓸 수 있다**(대판 1994.11.11, 94도1159).

② 유죄의 자료가 되는 것으로 제출된 증거의 반대증거 서류에 대하여는 그것이 유죄사실을 인정하는 증거가 되는 것이 아닌 이상, 반드시 **그 진정성립이 증명되지 아니하거나 이를 증거로 함에 있어서의** 상대방의 동의가 없다고 하더라도 증거판단의 자료로 할 수 있다(대판 1981.12.22, 80도1547). 15. 국가직 7급, 16 · 18. 경찰간부, 17. 경찰승진

6 포괄적 증거동의도 가능한지의 여부(적극)

피고인들의 의사표시가 하나 하나의 증거에 대하여 형사소송법상의 증거조사방식을 거쳐 이루어진 것이 아니라 **"검사가 제시한 모든 증거에 대하여 증거로 함에 동의한다."**는 방식으로 이루어진 것이라 하여 그 효력을 부정할 이유가 되지 못한다(대판 1983.3.8, 82도2873 **이철희 · 장영자 사건**). 16. 국가직 7급, 17 · 18. 경찰채용, 20. 경찰채용 · 변호사, 21. 경찰간부

7 피고인이나 변호인의 재정 없이도 심리판결할 수 있어 증거동의가 간주되는 경우

① (소송촉진법 제23조에 의하여) 피고인이 공시송달의 방법에 의한 공판기일의 소환을 2회 이상 받고도 출석하지 아니하여 법원이 **피고인의 출정 없이 증거조사를 하는 경우에는** 형사소송법 제318조 제2항에 따른 **피고인의 증거동의가 있는 것으로 간주**된다(대판 2011.3.10, 2010도15977). 15 · 20. 국가직 9급, 16 · 20. 법원직 9급, 17. 국가직 7급, 20. 변호사

② 약식명령에 불복하여 정식재판을 청구한 피고인이 정식재판절차에서 2회 불출정하여 법원이 **피고인의 출정 없이 증거조사를 하는 경우에 형사소송법 제318조 제2항에 따른 피고인의 증거동의가 간주**된다(대판 2010.7.15, 2007도5776). 14 · 17. 경찰채용, 17 · 18. 국가직 9급, 18 · 20. 법원직 9급, 20. 경찰승진

8 증거동의의 철회 허용시기(= 증거조사 완료 전)

① 형사소송법 제318조에 규정된 증거동의의 의사표시는 증거조사가 완료되기 전까지 취소 또는 철회할 수 있으나, 일단 증거조사가 완료된 뒤에는 취소 또는 철회가 인정되지 아니하므로 취소 또는 철회 이전에 이미 취득한 증거능력은 상실되지 않는다(대판 2007.7.26, 2007도3906). 14 · 15 · 16 · 18. 경찰채용, 14 · 16 · 18. 국가직 7급, 16. 경찰승진, 17. 변호사, 17 · 18. 법원직 9급, 18. 경찰간부

② 형사소송법 제318조에 규정된 **증거동의의 의사표시는 증거조사가 완료되기 전까지 취소 또는 철회할 수 있으나**, 일단 증거조사가 완료된 뒤에는 취소 또는 철회가 인정되지 아니하므로 제1심에서 한 증거동의를 제2심에서 취소할 수 없다(대판 2005.4.28, 2004도4428). 16 · 17. 경찰간부, 17. 경찰채용 · 국가직 9급, 18. 법원직 9급

제7절 탄핵증거

<table>
<tr><td>의의</td><td colspan="2">증거능력 없는 전문증거라도 피고인 또는 피고인 아닌 자의 진술의 증명력을 다투기 위하여 사용할 수 있음 17. 국가직 9급</td></tr>
<tr><td>탄핵의 대상과 범위</td><td colspan="2">① 탄핵의 대상
㉠ 탄핵의 대상은 진술의 증명력임
㉡ 피고인, 피고인 아닌 자 및 공소제기 전에 피고인 또는 피의자를 조사하였거나 그 조사에 참여한 자의 진술은 모두 탄핵의 대상이 됨
② 탄핵의 범위
㉠ 탄핵증거는 진술의 증명력을 다투기 위한 경우에만 허용됨
㉡ 처음부터 증명력을 지지하거나 보강하는 것은 허용되지 않지만, 일단 감쇄된 증명력을 회복하는 경우에는 허용됨
③ 탄핵증거는 적극적으로 범죄사실이나 그 간접사실을 인정하는 증거로 사용될 수 없음</td></tr>
<tr><td>탄핵증거의 범위</td><td colspan="2">탄핵증거로 할 수 있는 증거는 진술자의 자기모순의 진술. 즉, 공판정 진술과 상이한 공판정 외의 진술이나 진술을 기재한 서류에 한정됨(한정설 · 다수설)</td></tr>
<tr><td rowspan="2">탄핵증거의 제한</td><td>사용 ○</td><td>① 형식적 진정성립이 인정되지 아니하는 전문증거(판례)
② 피고인이 내용을 부정하는 사법경찰관 작성 피의자신문조서(판례)</td></tr>
<tr><td>사용 ×</td><td>① 임의성 없는 자백
② 위법하게 수집된 증거
③ 영상녹화물
㉠ 영상녹화물은 (탄핵증거로는 사용할 수 없고) 피고인 또는 피고인이 아닌 자가 진술함에 있어서 기억이 명백하지 아니한 사항에 관하여 기억을 환기시켜야 할 필요가 있다고 인정되는 때에 한하여 피고인 또는 피고인이 아닌 자에게 재생하여 시청하게 할 수 있음 14 · 18. 경찰간부, 15 · 18. 변호사, 17. 경찰승진, 18. 경찰채용
㉡ 영상녹화물의 재생은 검사의 신청이 있는 경우에 한하고, 기억의 환기가 필요한 피고인 또는 피고인 아닌 자에게만 이를 재생하여 시청하게 해야 함(≪주의 검사 또는 피고인에게 이를 재생하여 ×) 17. 경찰승진, 18. 변호사</td></tr>
<tr><td>증거조사방법</td><td colspan="2">탄핵증거는 범죄사실을 인정하는 증거가 아니므로 정식의 증거조사절차를 거칠 필요가 없음. 다만, 공판중심주의 원칙상 공판정에서 행해질 것이 요구됨</td></tr>
</table>

판례 |

1 탄핵증거도 엄격한 증거능력을 요하는지의 여부(소극)

탄핵증거는 범죄사실을 인정하는 증거가 아니므로 그것이 증거서류이든 진술이든 간에 유죄증거에 관한 소송법상의 **엄격한 증거능력을 요하지 아니한다**(대판 1985.5.14, 85도441). 14 · 16. 경찰채용, 16. 법원직 9급, 18. 변호사, 20. 국가직 9급

2 탄핵증거를 범죄사실 또는 간접사실을 인정하기 위한 증거로 사용할 수 있는지의 여부(소극)

① **탄핵증거**는 진술의 증명력을 감쇄하기 위하여 인정되는 것이고 **범죄사실 또는 그 간접사실의 인정의 증거로서는 허용되지 않는다**(대판 2012.10.25, 2011도5459). 16. 국가직 7급, 17. 변호사, 17 · 20.국가직 9급, 18. 경찰간부, 18 · 20. 경찰채용

② 원심이 검사가 **탄핵증거로 신청한 체포 · 구속인접견부 사본은 피고인의 부인 진술을 탄핵한다는 것이므로** 결국 검사에게 입증책임이 있는 **공소사실 자체를 입증하기 위한 것에 불과**하므로 피고인의 진술의 증명력을 다투기 위한 탄핵증거로 볼 수 없다는 이유로 **그 증거신청을 기각한 것은 정당하다**(대판 2012.10.25, 2011도5459). 15. 국가직 7급, 16. 법원직 9급, 20. 경찰채용

③ 원심이 피고인이 **탄핵증거로 제출한 검사 작성의 A에 대한 진술조서 사본의 진술 기재에 의하여 피해자 B의 상해 부위를 인정**하는 듯한 설시를 한 것은 **부적절하다**(대판 1996.9.6, 95도2945).

3 탄핵증거도 성립의 진정을 요하는지의 여부(소극)

유죄의 자료가 되는 것으로 제출된 증거의 반대증거 서류에 대하여는 그것이 유죄사실을 인정하는 증거가 되는 것이 아닌 이상 반드시 **그 진정성립이 증명되지 아니하거나 이를 증거로 함에 있어서의 상대방의 동의가 없다고 하더라도 증거판단의 자료로 할 수 있다**(대판 1981.12.22, 80도1547). 15 · 16. 국가직 7급, 16. 경찰간부, 17. 국가직 9급

4 피고인이 내용을 부인하는 사법경찰리 작성의 피의자신문조서 등을 탄핵증거로 사용할 수 있는지의 여부(적극)

사법경찰리 작성의 피고인에 대한 피의자신문조서는 피고인이 그 내용을 부인하는 이상 증거능력이 없으나, 그것이 임의로 작성된 것이 아니라고 의심할 만한 사정이 없는 한 **피고인의 법정에서의 진술을 탄핵하기 위한 반대증거로 사용할 수 있다**(대판 2005.8.19, 2005도2617). 14 · 16. 경찰채용, 15. 국가직 7급, 16. 법원직 9급, 17 · 18. 변호사, 18. 경찰간부, 20. 경찰채용

5 탄핵증거의 증거조사방법

① 탄핵증거는 범죄사실을 인정하는 증거가 아니므로 **엄격한 증거조사를 거쳐야 할 필요가 없음은 형사소송법 제318조의2의 규정에 따라 명백하다고 할 것이나, 법정에서 이에 대한 탄핵증거로서의 증거조사는 필요하다**(대판 2005.8.19, 2005도2617). 14 · 18. 경찰간부, 14 · 15 · 16 · 18. 경찰채용, 15. 국가직 7급, 17. 변호사

② 탄핵증거의 제출에 있어서도 상대방에게 이에 대한 공격방어의 수단을 강구할 기회를 사전에 부여하여야 한다는 점에서 그 증거와 증명하고자 하는 사실과의 관계 및 입증취지 등을 미리 구체적으로 명시하여야 할 것이므로, **증명력을 다투고자 하는 증거의 어느 부분에 의하여 진술의 어느 부분을 다투려고 한다는 것을 사전에 상대방에게 알려야 한다**(대판 2005.8.19, 2005도2617). 14 · 15 · 16 · 18 · 20. 경찰채용, 15. 경찰승진, 17 · 18. 변호사, 17 · 20. 국가직 9급, 18 · 21. 경찰간부, 20. 국가직 7급

③ 피고인이 내용을 부인하여 증거능력이 없는 사법경찰리 작성의 피의자신문조서에 대하여 비록 당초 증거제출 당시 탄핵증거라는 입증취지를 명시하지 아니하였지만 **피고인의 법정 진술에 대한 탄핵증거로서의 증거조사절차가 대부분 이루어졌다고 볼 수 있는 점 등의 사정에 비추어** 피의자신문조서를 피고인의 법정 진술에 대한 탄핵증거로 사용할 수 있다(대판 2005.8.19, 2005도2617). 15. 경찰승진 · 경찰채용, 18. 변호사

제8절 자백의 보강법칙

개념	**피고인의 자백이 그 피고인에게 불이익한 유일의 증거**인 때에는 이를 **유죄의 증거로 하지 못함** ➜ 자유심증주의에 대한 예외
취지	① 오판의 방지 ② 인권침해의 방지 ➜ 자백편중 수사의 억제
적용되는 절차	① 자백의 보강법칙은 정식의 형사사건에서 적용됨 ➜ 간이공판절차, 약식절차 포함 18. 경찰승진 ② **즉결심판절차와 소년보호사건에서는 적용되지 않음** 17. 법원직 9급
보강이 필요한 자백	① 피고인의 공판정 자백의 경우에도 자백의 보강법칙이 적용됨 ➜ 보강증거 필요 17. 법원직 9급 ② 공범자의 자백은 피고인의 자백이 아니기 때문에 자백의 보강법칙이 적용되지 않음 ➜ 보강증거 불요 · 판례
보강증거의 자격	① 보강증거는 증거능력이 있고 자백과는 실질적으로 독립된 증거이어야 함 ② 증거능력이 없다면 비록 독립된 증거라도 보강증거가 될 수 없고, 증거능력이 있더라도 그것이 자백이라면 보강증거가 될 수 없음
보강증거의 범위	① 보강증거는 **자백의 진실성을 담보하는 정도**면 족함 ② 자백과 보강증거 사이에 어느 정도의 차이가 있어도 중요부분이 일치하고 그로써 진실성이 담보되면 보강증거로서의 자격이 있음
자백의 보강법칙 위반의 효과	자백을 유일한 증거로 하여 유죄판결을 선고한 경우 법률 위반으로 상소의 이유가 되고, 그 판결이 확정된 경우에는 비상상고의 이유가 됨

판례 |

1 형사소송법 제310조의 '피고인의 자백'에 공범인 공동피고인의 자백이 포함되는지의 여부(소극)

형사소송법 제310조의 '피고인의 자백'에는 **공범인 공동피고인의 진술이 포함되지 아니하므로** 공범인 공동피고인의 진술은 다른 공동피고인에 대한 범죄사실을 인정하는 데 있어서 증거로 쓸 수 있고 그에 대한 보강증거의 여부는 법관의 자유심증에 맡긴다(대판 1985.3.9, 85도951). 14·16·18·19. 경찰채용, 14. 법원직 9급, 15. 경찰승진, 15·18. 국가직 7급, 16. 변호사·국가직 9급, 17. 경찰간부

2 자백을 자백으로 보강할 수 있는지의 여부(소극)

① **피고인의 법정에서의 진술**과 **피고인에 대한 검찰 피의자신문조서의 진술기재**들은 피고인의 법정 및 검찰에서의 자백으로서 형사소송법 제310조에서 규정하는 자백의 개념에 포함되어 그 자백만으로는 유죄의 증거로 삼을 수 없다(대판 2008.2.14, 2007도10937 **대구 신천동 필로폰 투약 사건**). 16. 변호사

② **"피고인이 범행을 자인하는 것을 들었다."는 피고인 아닌 자의 진술 내용**은 형사소송법 제310조의 피고인의 자백에는 포함되지 아니하나, 이는 **피고인의 자백의 보강증거로 될 수 없다**(대판 2008.2.14, 2007도10937 **대구 신천동 필로폰 투약 사건**). 14. 경찰간부, 14·15·16·18. 경찰채용, 14·18. 국가직 9급, 14·15·17. 법원직 9급, 16·20. 국가직 7급, 17. 변호사, 18. 경찰승진

3 보강증거가 될 수 없는 경우

① **"필로폰 약 0.03g을 투약하였다."**라는 자백에 대한 '피고인이 甲으로부터 **필로폰을 매수하면서 그 대금을 甲이 지정하는 은행계좌로 송금한 사실**'에 대한 압수·수색검증영장 집행보고 및 필로폰 시가보고(대판 2008.2.14, 2007도10937 **대구 신천동 필로폰 투약 사건**) ➜ 마약류관리에 관한 법률 위반 16. 국가직 9급

② "**1994.6. 중순, 7. 중순, 10. 중순, 11.20.에** 각 메스암페타민 0.03g을 **투약하였다.**"는 자백에 대한 "피고인이 검거된 **1995.1.18.에 채취한 소변에서 메스암페타민 양성반응이 나왔다.**"는 내용의 감정회보의뢰서와 '피고인으로부터 검거 당시 압수된 메스암페타민 7.94g'의 현존(대판 1996.2.13, 95도1794 **투약과 소변채취 날짜가 떨어진 사건**) ➜ 마약류관리에 관한 법률 위반

③ "현대자동차 점거로 甲이 처벌받은 것은 학교측의 제보 때문이라 하여 그 보복으로 **학교총장실을 침입·점거했다.**"는 자백에 대한 '**피고인과 甲이 현대자동차 춘천영업소를 점거했다가 甲이 처벌받았다**'는 취지의 증거(대판 1990.12.7, 90도2010 **현대자동차 사건**) ➜ 주거침입죄 14. 국가직 7급

4 보강증거가 될 수 있는 경우 I

① "내가 거주하던 다세대주택의 **여러 세대에서 7건의 절도행위를 하였다.**"는 자백에 대한 '**각 절취품의 압수조서 및 압수물 사진**'의 존재. 다만, 이 중 4건은 범행장소인 구체적 호수가 특정되지 않았지만 위 4건에 관한 피고인의 진술이 매우 사실적·구체적·합리적이고 그 진술의 신빙성을 의심할 만한 사유도 없었음(대판 2008.5.29, 2008도2343 **이웃집 잡범 사건**) ➜ 절도죄 17. 경찰승진·경찰채용

② **야간주거침입절도** 자백에 대한 '**압수된 피해품**'의 현존(대판 1985.6.25, 85도848) ➜ 야간주거침입절도죄

③ "**노루발못뽑이로 컨테이너 박스 출입문의 시정장치를 부수고 들어가 재물을 절취하려고 하였고**, 甲은 망을 보았다."는 자백에 대한 "노루발못뽑이로 **컨테이너 박스 출입문의 시정장치를 부수는 피고인을 현행범으로 체포하였다.**"는 피해자의 진술과 범행에 사용된 '**노루발못뽑이와 손괴된 쇠창살 사진**'이 첨부된 수사보고서(대판 2011.9.29, 2011도8015 **노루발못뽑이 사건**) ➜ 특수절도미수죄 16. 변호사·국가직 7급, 17·20. 경찰채용, 20. 경찰간부

④ "1984.4. 중순경 甲으로부터 **금반지 1개를 편취한 후** 이를 1984.4.20.경 명금당의 乙에게 **11만원에 매도하였다.**"는 자백에 대한 "1984.4.20.경 **피고인으로부터 금반지 1개를 11만원에 매입하였다.**"는 검사 작성 乙에 대한 진술조서(대판 1985.11.12, 85도1838) ➜ 사기죄 14. 국가직 7급

⑤ "**공문서인 형사민원사무처리부의 기재 내용을 변조하였다.**"는 자백에 대한 '피고인이 **변조하였다는 내용이 기재되어 있는 형사민원사무처리부**'의 현존(대판 2001.9.28, 2001도4091) ➜ 공문서변조죄

⑥ "**위조신분증을 제시·행사하였다.**"는 자백에 대한 '**제시·행사한 신분증**'의 현존(대판 1983.2.22, 82도3107) ➜ 위조공문서행사죄 14. 국가직 7급, 15. 경찰승진, 20. 경찰채용

⑦ **뇌물수수** 자백에 대한 "(뇌물의 주요 사용처에 관하여) **친구인 甲과 함께 양평 소재의 토지 및 잠실 1단지 상가 구입자금으로 사용하였다.**"는 **피고인의 진술과 일치하는 내용의 甲 작성 진술서**(대판 2010.4.29, 2010도2556 **재건축조합장 2억 수뢰 사건**) ➜ 특정범죄가중법 위반(뇌물)

⑧ "甲에게 1988.10. 중순 **200만원을** 슬롯머신 영업허가를 해 달라는 취지로 **교부하고**, 1990.3. **100만원**, 같은 해 11. **현금 200만원을** 각 자신이 경영하는 슬롯머신 업소들의 위법행위시 잘 보살펴 달라는 취지로 **각 교부하였다.**"는 자백에 대한 '**뇌물을 주고받은 각 일시경에 피고인을 만났던 사실 및 슬롯머신 영업허가에 관한 청탁을 받기도 한 사실**'을 시인한 甲의 진술(대판 1995.6.30, 94도993 **천기호 치안감 수뢰 사건**) ➜ 증뢰죄 14. 변호사, 16. 경찰채용

⑨ "甲에게 잔여 공사를 하도급받아 시공할 수 있도록 **편의를 제공한 데에 대한 사례금 명목으로 300만원을 교부하였다.**"는 자백에 대한 '甲은 피고인으로 하여금 잔여 공사를 하도급받도록 알선하고 그 하도급계약을 승인받을 수 있도록 하였으며 또한 그 공사대금도 피고인측에게 직접 지불하는 등 **각종의 편의를 보아주었다**'는 사실(대판 1998.12.22, 98도2890 **국립식물검역소 사무과장 수뢰 사건**) ➜ 증뢰죄 17. 경찰채용

⑩ 휴대전화기에 대한 압수조서 중 '압수경위'란에 기재된 내용("경찰관이 검정 재킷, 검정 바지, 흰색 운동화를 착용한 20대가량 남성이 짧은 치마를 입고 에스컬레이터를 올라가는 여성을 쫓아가 뒤에 밀착하여 치마 속으로 휴대폰을 집어넣는 등 해당 여성의 신체를 몰래 촬영하는 행동을 하였다"라는 내용)은, 피고인이 범행을 저지르는 현장을 직접 목격한 사람의 진술이 담긴 것으로서 형사소송법 제312조 제5항에서 정한 '피고인이 아닌 자가 수사과정에서 작성한 진술서'에 준하는 것으로 볼 수 있고, 피고인이 증거로 함에 동의한 이상 유죄를 인정하기 위한 증거로 사용할 수 있을 뿐 아니라 **피고인의 자백을 보강하는 증거가 된다고 볼 여지가 많다**(대판 2019.11.14, 2019도13290 **지하철 몰카 사건 I**). 20. 경찰채용

5 보강증거가 될 수 있는 경우(마약류관리에 관한 법률 위반) II

① **"甲으로부터 메스암페타민을 매수하여 그중 일부를 투약하였다."**라는 자백에 대한 **"투약 전날 피고인으로부터 돈 100만원을 받고 메스암페타민이 든 주사기 2개를 건네주었다."**라는 甲에 대한 경찰 작성 피의자신문조서(대판 2008.11.27, 2008도7883)

② "2006.3. 초순 대마 1주를 집으로 가지고 와서 잎을 따고 **약 0.5g을 놋쇠 담배파이프에 넣고 흡연하였다.** 피워보니 질이 안 좋은 것 같았고, **남은 대마는 보관하고 있었다.**"는 자백에 대한 '2006.4.6.경 피고인의 주거지에서 압수된 **대마 잎 약 14.32g 및 놋쇠 담배파이프**'의 현존(대판 2007.9.20, 2007도5845 **부산 구포동 대마흡연 사건**)

③ **"2000.10.13. 22:00경** 메스암페타민 약 0.03g을 **투약하고, 10.17. 23:00경** 메스암페타민 약 0.03g을 **투약하였다."**는 자백에 대한 **"2000.10.19. 21:50경 피고인으로부터 채취한 소변을 검사한 결과 메스암페타민 성분이 검출되었다."**는 취지의 대구광역시 보건환경연구원장 작성의 시험성적서(대판 2002.1.8, 2001도1897)

6 보강증거가 될 수 있는 경우 III

① "2010.2.18. 02:00경 **필로폰 약 0.03g을 커피에 타 마신 후 스타렉스 차량을 1km 가량 운전하였다.**"라는 자백에 대한 **"**2010.2.18. 01:35경 스타렉스 차량을 타고 온 **피고인으로부터 필로폰 0.06g을 건네받은 후 피고인이 차량을 운전해 갔다."**는 甲의 진술과 **'2010.2.20. 피고인으로부터 채취한 소변에서 필로폰 양성 반응이 나왔다'**는 감정의뢰회보(대판 2010.12.23, 2010도11272) ➜ 도로교통법 위반 17. 경찰채용, 18. 변호사

② "내가 운영하는 **게임장에서 미등급 게임기 60대를 판매 · 유통시켰다.**"라는 자백에 대한 **'미등급 게임기가 설치된 게임장 내부 사진 및 피고인 명의의 게임제공업자등록증 등'**의 증거(대판 2008.9.25, 2008도6045) ➜ 게임산업진흥에 관한 법률 위반

③ **"면허 없이 내 차량을 운전하였다."**는 자백에 대한 **'차량이 피고인의 소유로 등록되어 있다'**는 내용의 자동차등록증(대판 2000.9.26, 2000도2365) ➜ 도로교통법 위반 16. 경찰채용

④ **"면허 없이 절취한 오토바이를 타고** 경북 화원읍 소재 영남맨션 앞길까지 약 2km를 **운전하였다.**"는 자백에 대한 '(오토바이를 절취당한) 甲으로부터 오토바이가 영남맨션 앞길에 옮겨져 세워 있다는 신고를 받고 그 곳에 출동한 경찰관이 잠복근무하다가 **피고인이 오토바이의 시동을 걸려는 것을 보고 그를 즉시 체포하면서 그로부터 오토바이를 압수하였다.**'는 내용의 압수조서(대판 1994.9.30, 94도1146) ➜ 도로교통법 위반

7 상업장부 · 항해일지 · 진료일지 · 금전출납부 등 사무 내역을 기재한 문서가 자백에 대한 보강증거가 될 수 있는지의 여부(적극)

피고인이 뇌물공여 혐의를 받기 전에 이와는 관계없이 준설공사에 필요한 각종 인 · 허가 등의 업무를 위임받아 이를 추진하는 과정에서 **그 업무수행에 필요한 자금을 지출하면서**, 스스로 그 지출한 자금내역을 자료로 남겨두기 위하여 뇌물자금과 기타 자금을 구별하지 아니하고 **그 지출 일시, 금액, 상대방 등 내역을 그때그때 계속적 · 기계적으로 기입한 수첩의 기재 내용**은 피고인이 자신의 범죄사실을 시인하는 자백이라고 볼 수 없으므로 증거능력이 있는 한 피고인의 금전출납을 증명할 수 있는 별개의 증거라고 할 것인즉, **피고인의 검찰에서의 자백에 대한 보강증거가 될 수 있다**[대판 1996.10.17, 94도2865(전합) **뇌물수첩 사건**].
14. 변호사, 14 · 18. 경찰간부, 15 · 16 · 17. 경찰승진, 16. 국가직 9급, 18 · 20. 경찰채용, 18.국가직 7급

8 공동피고인의 자백이 보강증거가 될 수 있는지의 여부(적극)

① **공동피고인의 자백**은 이에 대한 피고인의 반대신문권이 보장되어 있어 증인으로 신문한 경우와 다를 바 없으므로 **독립한 증거능력이 있다**(대판 2007.10.11, 2007도5577). 14 · 17 · 20. 변호사, 15. 국가직 7급, 17. 경찰간부, 18. 경찰승진, 18 · 20.경찰채용, 20. 해경채용

② 공범인 공동피고인의 진술은 다른 공동피고인에 대한 범죄사실을 인정하는 증거로 할 수 있는 것일 뿐만 아니라 **공범인 공동피고인들의 각 진술은 상호간에 서로 보강증거가 될 수 있다**(대판 1990.10.30, 90도1939). 14. 경찰간부, 14 · 15 · 16. 법원직 9급, 15 · 16. 경찰채용, 16 · 17. 국가직 9급 · 경찰승진, 20. 해경채용

9 자백에 대한 보강증거의 정도

자백에 대한 보강증거는 **범죄사실의 전부 또는 중요 부분을 인정할 수 있는 정도가 되지 아니하더라도 피고인의 자백이 가공적인 것이 아닌 진실한 것임을 인정할 수 있는 정도만 되면 족할 뿐만 아니라,** 직접증거가 아닌 간접증거나 정황증거도 보강증거가 될 수 있고, 또한 자백과 보강증거가 서로 어울려서 전체로서 범죄사실을 인정할 수 있으면 유죄의 증거로 충분하다(대판 2010.12.23, 2010도11272 등 다수). 14. 경찰간부, 14 · 15. 법원직 9급, 15 · 18 · 20. 경찰채용, 16 · 17 · 18. 국가직 9급, 16 · 17 · 18. 경찰승진

10 범의나 전과 등을 피고인의 자백만으로 인정할 수 있는지의 여부(적극)

① **고의와 같은 주관적 구성요건도 자백의 대상이 된다**고 할 것이므로, 피고인이 필로폰 투약으로 인하여 정상적으로 운전하지 못할 우려가 있는 상태에 있었다는 구성요건도 자백의 대상이 된다(대판 2010.12.23, 2010도11272).

② **범의**는 자백만으로 인정할 수 있다(대판 1961.8.16, 61도171). 17. 법원직 9급

③ **확정판결**은 엄격한 의미의 범죄사실과는 구별되는 것이어서 피고인의 자백만으로서도 그 존부를 인정할 수 있다(대판 1983.8.23, 83도820).

④ **전과에 관한 사실**은 엄격한 의미에서의 범죄사실과는 구별되는 것으로서 피고인의 자백만으로서도 이를 인정할 수 있다(대판 1979.8.21, 79도1528). 14. 법원직 9급, 15. 경찰간부, 18. 변호사, 20. 경찰승진

11 포괄일죄 및 실체적 경합범의 경우 각 행위에 대하여 보강증거를 요하는지의 여부(적극)

① 피고인의 습벽을 범죄구성요건으로 하는 **포괄일죄인 상습범**에 있어서도 이를 구성하는 **각 행위에 관하여 개별적으로 보강증거가 필요하다**(대판 1996.2.13, 95도1794). 15. 경찰간부, 18. 변호사

② **실체적 경합범**은 실질적으로 수죄이므로 **각 범죄사실에 관하여 자백에 대한 보강증거가 있어야 한다**(대판 2008.2.14, 2007도10937 **대구 신천동 필로폰 투약 사건**). 16. 경찰승진, 18. 변호사, 20. 경찰채용 · 국가직 7급

12 자백의 보강법칙위반의 효과

피고인의 자백이 그 피고인에게 불이익한 유일의 증거인 때에는 이를 유죄의 증거로 하지 못하는 것이므로, **보강증거가 없이 피고인의 자백만을 근거로 공소사실을 유죄로 판단한 경우에는 그 자체로 판결 결과에 영향을 미친 위법이 있는 것으로 보아야 한다**(대판 2007.11.29, 2007도7835). 15. 경찰채용

제9절 공판조서의 증명력

의의	**공판기일의 소송절차로서 공판조서에 기재된 것은 그 조서만으로써 증명함** ➜ 자유심증주의에 대한 예외
배타적 증명력의 범위	① 공판조서의 증명력은 **공판기일**의 절차에 한하여 인정됨 ② 공판기일의 절차 중 특히 **소송절차**에 대해서만 배타적 증명력이 인정됨 ③ 배타적 증명력은 공판조서에 기재된 것에 한하여 인정됨 ④ 공판조서의 기재가 명백한 오기인 경우에는 올바른 내용대로 증명력을 가짐

판례 |

1 공판조서의 증명력(= 명백한 오기인 경우를 제외하고는 절대적 증명력을 가짐)

① 공판조서의 기재가 명백한 오기인 경우를 제외하고는 **공판기일의 소송절차로서 공판조서에 기재된 것은 조서만으로써 증명**하여야 하고, 그 증명력은 공판조서 이외의 자료에 의한 반증이 허용되지 않는 절대적인 것이다(대판 2012.6.14, 2011도12571). 17·20. 국가직 7급, 18. 경찰승진·법원직 9급

② 검사 제출의 증거서류에 대하여 공판기일에 공판정에서 증거조사가 실시된 것으로 증거목록에 기재된 경우에는 그 **증거목록의 기재는 공판조서의 일부**로서 명백한 오기가 아닌 이상 **절대적인 증명력을 가지게 된다**(대판 2015.8.27, 2015도3467 **구미 KEC 사건**). 17. 변호사, 18. 경찰승진·법원직 9급

2 공판조서의 기재가 명백한 오기인 경우 공판조서의 증명력(= 올바른 내용대로 증명력을 가짐)

공판조서의 기재가 명백한 오기인 경우에는 공판조서는 **그 올바른 내용에 따라 증명력을 가진다**(대판 1995.12.22, 95도1289 **불출석을 출석으로 사건**). 14. 경찰간부

3 어떤 소송절차가 진행된 내용이 공판조서에 기재되지 않은 경우 그 부존재가 추정되는지의 여부(소극)

공판기일의 소송절차로서 판결 기타의 재판을 선고 또는 고지한 사실은 공판조서에 기재되어야 하는데, 공판조서의 기재가 명백한 오기인 경우를 제외하고는 공판기일의 소송절차로서 공판조서에 기재된 것은 조서만으로써 증명하여야 하고 그 증명력은 공판조서 이외의 자료에 의한 반증이 허용되지 않는 절대적인 것이다. 반면에 **어떤 소송절차가 진행된 내용이 공판조서에 기재되지 않았다고 하여 당연히 그 소송절차가 당해 공판기일에 행하여지지 않은 것으로 추정되는 것은 아니고** 공판조서에 기재되지 않은 소송절차의 존재가 공판조서에 기재된 다른 내용이나 공판조서 이외의 자료로 증명될 수 있고, 이는 **소송법적 사실이므로 자유로운 증명의 대상이 된다**(대판 2023.6.15, 2023도3038 **병원장 기여금·보험료 횡령사건**).

4 공판기일의 소송절차의 증명방법(= 원칙적으로 공판조서만으로써 증명)

① 증거동의는 소송주체인 검사와 피고인이 하는 것이고, 변호인은 피고인을 대리하여 증거동의에 관한 의견을 낼 수 있을 뿐이므로 **피고인이 변호인과 함께 출석한 공판기일의 공판조서에 검사가 제출한 증거에 대하여 동의한다는 기재가 되어 있다면 이는 피고인이 증거동의를 한 것으로 보아야 하고,** 그 기재는 절대적인 증명력을 가진다(대판 2016.3.10, 2015도19139). 16·17·20. 국가직 7급, 20. 경찰간부

② 제1심 제26회 공판조서에 제1심법원이 **공개금지결정을 선고한 후 위 수사관들에 대하여 비공개 상태에서 증인신문절차를 진행한 것으로 기재**된 이상 그 공개금지결정 선고 여부에 대하여 공판조서 이외의 다른 방법에 의한 증명이나 반증은 허용되지 않는다(대판 2013.7.26, 2013도2511). 14. 경찰간부

③ 검찰 피의자신문조서 중 피고인의 진술기재 부분에 관하여 제1심 작성의 **증거목록에 피고인이 그 진정성립 및 임의성을 인정한 것으로 기재되어 있음**이 분명하고 그 기재가 명백한 오기라고 볼 만한 아무런 자료가 없으므로, 제1심에서의 증거조사 당시 피고인이 위 피의자신문조서 중 자신의 진술기재 부분에 관하여 부동의하였음을 전제로 한 상고이유의 주장은 받아들일 수 없다(대판 2012.5.10, 2012도2496).

④ 원심 공판기록에 의하면, 원심 제6회 공판기일에 **공판절차 갱신절차에 따른 재판장과 소송관계인의 진술, 검사의 항소이유서 진술, 피고인의 진술, 증거관계에 대한 진술 등이 있었던 것으로 기재되어 있음**을 알 수 있고, 그 기재가 명백한 오기라고 볼 만한 자료가 없으므로, 공판조서의 기재 내용을 다투는 상고이유는 받아들이지 아니한다(대판 2010.12.9, 2007도10121).

⑤ **공판조서에 재판장이 판결서에 의하여 판결을 선고하였음이 기재**되어 있다면 동 판결선고 절차는 적법하게 이루어졌음이 증명되었다고 할 것이며 여기에는 다른 자료에 의한 반증을 허용하지 못하는 바이니 검찰서기의 판결서 없이 판결선고되었다는 내용의 보고서로써 공판조서의 기재내용이 허위라고 판정할 수 없다(대판 1983.10.25, 82도571). 19. 법원직 9급, 20. 국가직 7급

police.Hackers.com

해커스경찰

police.Hackers.com

부록

공수처법

부록 공수처법

고위공직자범죄 수사처 설치 및 운영에 관한 법률(2020.12.15, 법률 제17646호)

1. 고위공직자의 분류

A급 고위공직자	B급 고위공직자
① 대법원장 및 대법관 ② 검찰총장 ③ 판사 및 검사 ④ 경무관 이상 경찰공무원 ✎ 수사와 공소제기 · 유지를 공수처가 함	① 대통령 ② 국회의장 및 국회의원 ③ 헌법재판소장 및 헌법재판관 ④ 국무총리와 국무총리비서실 소속 정무직공무원 ⑤ 중앙선관위의 정무직공무원 ⑥ 중앙행정기관의 정무직공무원 ⑦ 대통령비서실 등 소속 3급 이상 공무원 ⑧ 국회사무처 등의 정무직공무원 ⑨ 대법원장비서실 등의 정무직공무원 ⑩ 시 · 도지사 및 교육감 ⑪ 장성급 장교 ⑫ 금융감독원 원장 · 부원장 · 감사 ⑬ 감사원 · 국세청 · 공정거래위원회 · 금융위원회 소속 3급 이상 공무원 ✎ 수사는 공수처가 하고, 공소제기 · 유지는 검찰이 함

2. 고위공직자범죄 등

구분	내용	
고위공직자 범죄	형법	① 직무유기 ② 직권남용권리행사방해, 직권남용(체포 · 감금), 독직(폭행 · 가혹행위) ③ 피의사실공표 ④ 공무상비밀누설 ⑤ 선거방해 ⑥ 뇌물(수수 · 요구 · 약속), 사전뇌물(수수 · 요구 · 약속), 제3자뇌물(수수 · 요구 · 약속), 수뢰후부정처사, 부정처사후수뢰, 사후수뢰죄, 알선뇌물(수수 · 요구 · 약속), 뇌물(공여 · 공여약속 · 공여의사표시), 제3자뇌물(교부 · 취득) ⑦ 공용(서류 · 물건 · 전자기록 등)(손상 · 은닉 · 무효), 공용(건조물 · 선박 · 기차 · 항공기) 파괴 ⑧ (공문서 · 공도화)(위조 · 변조), 허위(공문서 · 공도화)(작성 · 변개), 공전자기록 등(위작 · 변작), (위조 · 변조)(공문서 · 공도화)행사, 허위(작성 · 변개)(공문서 · 공도화)행사, (위작 · 변작)공전자기록 등 행사

		⑨ 횡령, 배임, 업무상(횡령 · 배임), 배임수재, 배임증재 ✎ ⑦부터 ⑨의 범죄는 직무와 관련되는 경우에 한하여 고위공직자범죄가 됨
	특별법	① 알선수재(특정범죄 가중처벌 등에 관한 법률 제3조) ② 알선수재(변호사법 제111조) ③ 정치자금부정수수(정치자금법 제45조) ④ 정치관여(국가정보원법 제21조), 직권남용(동법 제22조) ⑤ 국회위증(국회에서의 증언 · 감정 등에 관한 법률 제14조 제1항)
관련 범죄	① 고위공직자와 공동정범 · 교사범 · 방조범 관계에 있는 자가 범한 고위공직자범죄 해당 범죄 ② 고위공직자를 상대로 한 자의 뇌물(공여 · 공여약속 · 공여의사표시), 제3자뇌물(교부 · 취득), 배임증재 ③ 고위공직자범죄와 관련된 범인(은닉 · 도피), 위증, 모해위증, (허위 · 모해허위)(감정 · 통역 · 번역), 증거(인멸 · 은닉 · 위조 · 변조), (위조 · 변조)증거사용, 증인(은닉 · 도피), 무고, 국회위증 ④ 고위공직자범죄 수사과정에서 인지한 그 고위공직자범죄와 직접관련성이 있는 죄로서 해당 고위공직자가 범한 죄	

✎ 고위공직자범죄로 인한 범죄수익은닉의 규제 및 처벌 등에 관한 법률 제2조 제4호의 범죄수익 등과 관련된 같은 법 제3조(범죄수익 등의 은닉 및 가장) 및 제4조(범죄수익 등의 수수)의 죄도 고위공직자범죄가 됨

✎ 고위공직자범죄와 관련 범죄를 합하여 '고위공직자범죄 등'이라고 함

3. 수사처의 설치와 조직 등

수사처의 설치와 독립성	① 고위공직자범죄 등에 관하여 다음 각 호에 필요한 직무를 수행하기 위하여 고위공직자범죄 수사처를 둠 ㉠ 고위공직자범죄 등에 관한 **수사** ㉡ **대법원장, 대법관, 검찰총장, 판사, 검사 및 경무관 이상 경찰공무원으로** 재직 중에 본인 또는 본인의 가족이 범한 고위공직자범죄 및 관련 범죄의 **공소제기와 그 유지** ② 수사처는 그 권한에 속하는 직무를 독립하여 수행함 ③ 대통령, 대통령비서실의 공무원은 수사처의 사무에 관하여 업무보고나 자료제출 요구, 지시, 의견제시, 협의, 그 밖에 직무수행에 관여하는 일체의 행위를 하여서는 아니 됨 ④ 수사처 소속 공무원은 정치적 중립을 지켜야 하며, 그 직무를 수행함에 있어 외부로부터 어떠한 지시나 간섭을 받지 아니함
수사처 기관의 직무와 권한	① 처장 ㉠ 처장은 수사처의 사무를 통할하고 소속 직원을 지휘 · 감독함 ㉡ 처장은 국회에 출석하여 수사처의 소관 사무에 관하여 의견을 진술할 수 있고, 국회의 요구가 있을 때에는 수사나 재판에 영향을 미치지 않는 한 국회에 출석하여 보고하거나 답변하여야 함 ㉢ 처장은 소관 사무와 관련된 안건이 상정될 경우 국무회의에 출석하여 발언할 수 있으며, 그 소관 사무에 관하여 법무부장관에게 의안의 제출을 건의할 수 있음 ㉣ 처장은 그 직무를 수행함에 있어서 필요한 경우 대검찰청, 경찰청 등 관계 기관의 장에게 고위공직자범죄 등과 관련된 사건의 수사기록 및 증거 등 자료의 제출과 수사활동의 지원 등 수사협조를 요청할 수 있음 ㉤ 처장은 수사처검사의 직을 겸함 ㉥ 처장은 수사처검사로 하여금 그 권한에 속하는 직무의 일부를 처리하게 할 수 있음. 처장은 수사처검사의 직무를 자신이 처리하거나 다른 수사처검사로 하여금 처리하게 할 수 있음

② 차장
㉠ 차장은 처장을 보좌하며, 처장이 부득이한 사유로 그 직무를 수행할 수 없는 때에는 그 직무를 대행함
㉡ 차장은 수사처검사의 직을 겸함
③ 수사처검사
㉠ 수사처검사는 다음 내용에 따른 수사와 공소의 제기 및 유지에 필요한 행위를 함
ⓐ 고위공직자범죄 등에 관한 **수사**
ⓑ **대법원장, 대법관, 검찰총장, 판사, 검사 및 경무관 이상 경찰공무원으로** 재직 중에 본인 또는 본인의 가족이 범한 고위공직자범죄 및 관련 범죄의 **공소제기와 그 유지**
㉡ 수사처검사는 처장의 지휘 · 감독에 따르며, 수사처수사관을 지휘 · 감독함
㉢ 수사처검사는 구체적 사건과 관련된 지휘 · 감독의 적법성 또는 정당성에 대하여 이견이 있을 때에는 이의를 제기할 수 있음
④ 수사처수사관
㉠ 수사처수사관은 수사처검사의 지휘 · 감독을 받아 직무를 수행함
㉡ 수사처수사관은 고위공직자범죄 등에 대한 수사에 관하여 형사소송법 제197조 제1항에 따른 사법경찰관의 직무를 수행함

SUMMARY | 수사처 관련 위원회

구분	추천위원회	인사위원회	징계위원회
목적 등	처장후보자 추천을 위하여 국회에 설치	처장과 차장을 제외한 수사처검사의 인사에 관한 중요 사항을 심의 · 의결하기 위하여 수사처에 설치	수사처검사의 징계 사건을 심의하기 위하여 수사처에 설치
구성	위원장 1명을 포함한 7명의 위원	위원장 1명을 포함한 7명의 위원	위원장 1명을 포함한 7명의 위원
위원	① 법무부장관 ② 법원행정처장 ③ 대한변호사협회장 ④ 여당이 추천한 2명 ⑤ 야당이 추천한 2명	① 처장 ② 차장 ③ 처장이 위촉한 1명 ④ 여당이 추천한 2명 ⑤ 야당이 추천한 2명	① 위원장이 지명한 수사처검사 2명 ② 위원장이 위촉한 4명
위원장	위원 중에서 호선	수사처 처장	수사처 차장
의결	재적위원 3분의 2 이상의 찬성으로 의결	재적위원 과반수의 찬성으로 의결	재적위원 과반수의 찬성으로 의결

4. 수사처의 기관

구분	임명절차	인원	임기	정년
처장	추천위원회가 추천한 2명 중, 대통령이 1명을 지명한 후 인사청문회를 거쳐 임명	1인	3년, 중임 ×	65세
차장	처장의 제청으로 대통령이 임명	1인	3년, 중임 ×	63세
수사처검사	인사위원회의 추천을 거쳐 대통령이 임명	25명 이내 (처장과 차장 포함)	3년, 3회에 한하여 연임 ○	63세
수사처수사관	처장이 임명	40명 이내	6년, 연임 ○	60세
그 밖의 직원	-	20명 이내	-	

5. 수사처의 수사, 공소제기와 유지 및 형집행 등

<table>
<tr><th>구분</th><th>A급 고위공직자범죄 등</th><th>B급 고위공직자범죄 등</th></tr>
<tr><td>수사</td><td colspan="2">① 원칙적으로 수사처검사가 수사를 함
㉠ 수사처의 범죄수사와 중복되는 다른 수사기관의 범죄수사는 처장이 수사처에서 수사하는 것이 적절하다고 판단하여 이첩을 요청하는 경우 해당 수사기관은 이를 응하여야 함
㉡ 다른 수사기관이 범죄를 수사하는 과정에서 고위공직자범죄 등을 인지한 경우 그 사실을 즉시 수사처에 통보하여야 함
② 예외적으로 처장은 다른 수사기관이 고위공직자범죄 등을 수사하는 것이 적절하다고 판단될 때에는 해당 수사기관에 사건을 이첩할 수 있음</td></tr>
<tr><td>공소제기 및 유지 등</td><td>① 수사처검사가 공소제기 및 유지를 담당함
② 수사처검사가 불기소결정을 함</td><td>① 서울중앙지방검찰청 소속 검사가 공소제기 및 유지를 담당함(수사처검사는 서류와 증거물을 서울중앙지방검찰청 소속 검사에게 송부하여야 함)
② 서울중앙지방검찰청 소속 검사가 불기소결정을 함(검사는 처장에게 공소제기 여부를 신속하게 통보하여야 함)</td></tr>
<tr><td>재정신청</td><td>고소 · 고발인은 서울고등법원에 재정신청할 수 있음</td><td></td></tr>
<tr><td>재판관할</td><td>제1심 재판은 원칙적으로 서울중앙지방법원의 관할로 함. 예외적으로 형사소송법에 따른 관할 법원에 공소를 제기할 수 있음</td><td>형사소송법 규정에 따름</td></tr>
<tr><td>형집행</td><td>제1심 관할지방법원에 대응하는 검찰청 소속 검사가 그 형을 집행함</td><td>"</td></tr>
</table>

☑ SUMMARY | 공수처 vs 검찰 vs 경찰

구분	공수처	검찰	경찰
수사대상	고위공직자범죄 등	원칙적으로 아래의 사건(고위공직자범죄 등을 제외) ① 부패범죄, 경제범죄, 공직자범죄, 선거범죄, 방위사업범죄, 대형참사 등 대통령령으로 정하는 중요범죄 ② 경찰공무원이 범한 범죄 ③ 위 ①, ②의 범죄 및 경찰이 송치한 범죄와 관련하여 인지한 각 해당 범죄와 직접관련성이 있는 범죄	원칙적으로 제한이 없음(고위공직자범죄 등을 제외)
수사의 경합 등	고위공직자범죄 등의 통보를 받은 공수처장은 통보를 한 검찰·경찰에게 수사개시 여부를 회신하여함	고위공직자범죄 등을 인지한 경우 즉시 공수처에 통보하여야 함	
	공수처 검사의 범죄혐의를 발견한 경우 공수처장은 대검찰청에 통보하여야 함	(공수처 검사를 제외한) 검사의 고위공직자범죄 혐의를 발견한 경우 사건을 공수처에 이첩하여야 함	
	공수처 범죄수사와 중복되는 검찰·경찰의 범죄수사가 있는 경우 공수처장은 검찰·경찰에 사건의 이첩을 요청할 수 있음	공수처 범죄수사와 중복되는 범죄수사의 경우 공수처장의 요청이 있으면 사건을 공수처에 이첩하여야 함	
	공수처장은 검찰·경찰이 고위공직자범죄 등을 수사하는 것이 적절하다고 판단될 때에는 검찰·경찰에 사건을 이첩할 수 있음		
		검찰 범죄수사와 중복되는 경찰의 범죄수사가 있는 경우 검찰은 경찰에 사건의 송치를 요구할 수 있음	검찰 범죄수사와 중복되는 범죄수사의 경우 검찰의 요구가 있으면 사건을 검찰에 송치하여야 함. 다만, 검사의 영장청구 전에 동일한 범죄사실에 관하여 경찰이 영장을 신청한 경우 영장에 기재된 범죄사실을 계속 수사할 수 있음
영장의 청구	지방법원판사에게 영장청구		검사에게 영장신청
수사의 종결	① A급 고위공직자범죄 등의 경우 서울중앙지법에 공소를 제기하고 유지함 ② B급 고위공직자범죄 등의 경우 관계 서류와 증거물을 서울중앙지검 검사에게 송부하여야 함	(A급 고위공직자범죄 등의 경우를 제외하고) 법원에 공소를 제기하고 유지함	① 범죄혐의가 있다고 인정되는 경우 검사에게 사건을 송치하여야 함(송치) ② 범죄혐의가 없다고 인정되는 경우 관계 서류와 증거물을 검사에게 송부하여야 함(불송치)

2024 최신개정판

해커스경찰 갓대환 형사법 형사소송법 [수사와 증거] 핵심요약집

개정 4판 1쇄 발행 2024년 4월 1일

지은이	김대환 편저
펴낸곳	해커스패스
펴낸이	해커스경찰 출판팀

주소	서울특별시 강남구 강남대로 428 해커스경찰
고객센터	1588-4055
교재 관련 문의	gosi@hackerspass.com 해커스경찰 사이트(police.Hackers.com) 교재 Q&A 게시판 카카오톡 플러스 친구 [해커스경찰]
학원 강의 및 동영상강의	police.Hackers.com

ISBN	979-11-6999-967-0 (13360)
Serial Number	04-01-01